Marcelo Costa, 17/08/19

Obrigada por ter aceitado este desafio de escrever capítulo e compartilhar conhecimento. Esta é a verdadeira cultura colaborativa! Muita colaboração e automação. E que tenhamos mais oportunidades de trabalharmos juntos :)! :)!

beijo

Jornada DevOps

Marcelo,

Agradeço sua colaboração no livro e palestra e desejo muito sucesso!

17/8/19.

GRANDE MARCELO! VALEU DEMAIS POR TODA COLABORAÇÃO! SUCESSO NA SUA JORNADA!

GRANDE ABRAÇO! RCMOUTINHO

17/08/19

Antonio Muniz
Rodrigo Santos
Analia Irigoyen
Rodrigo Moutinho

Jornada DevOps

Unindo cultura ágil, *Lean* e tecnologia para entrega de software com qualidade

BRASPORT

Rio de Janeiro
2019

Editor: Sergio Martins de Oliveira
Gerente de Produção Editorial: Marina dos Anjos Martins de Oliveira
Editoração Eletrônica: Abreu's System
Capa: Augusto Mello
Arte final: Trama Criações

Dados Internacionais de Catalogação na Publicação (CIP)
Agência Brasileira do ISBN - Bibliotecária Priscila Pena Machado CRB-7/6971

M996 Muniz, Antonio.
Jornada DevOps : unindo cultura ágil, lean e tecnologia para entrega de software com qualidade / Antonio Muniz ... [et al.]. —— Rio de Janeiro : Brasport, 2019.
336 p. ; 24 cm.

Inclui bibliografia.
ISBN 978-85-7452-927-1

1. Sites da Web - Desenvolvimento. 2. Desenvolvimento de software. 3. Tecnologia da informação. I. Santos, Rodrigo. II. Irigoyen, Analia. III. Moutinho, Rodrigo. IV. Título.

CDD 006.76

BRASPORT Livros e Multimídia Ltda.
Rua Teodoro da Silva, 536 A – Vila Isabel
20560-005 Rio de Janeiro-RJ
Tels. Fax: (21)2568.1415/3497.2162
e-mails: marketing@brasport.com.br
vendas@brasport.com.br
editorial@brasport.com.br
www.brasport.com.br

Filial SP
Av. Paulista, 807 – conj. 915
01311-100 São Paulo-SP

Dedicatória

Antonio Muniz

Dedico este livro aos maiores presentes de Deus na minha vida: meus filhos, Lucas e Luísa, minha esposa, Keila, meus pais (*in memoriam*), Iracema e José, minha madrinha, Alice Maria (*in memoriam*), meus irmãos, Simone, Sandra, Paulinho e Vanderlei (*in memoriam*). Dedico o sucesso desta jornada à comunidade que acreditou neste sonho e aceitou meu inusitado convite. Os fantásticos novos amigos que fizemos para a vida recompensaram meu risco de ser visto como um maluco sonhador ao convidar mais de 100 desconhecidos via LinkedIn e eventos.

Rodrigo Santos

Gratidão a Deus por essa conquista e por ter me concedido saúde e sabedoria para concluir esse grande projeto em conjunto com meus amigos. Dedico este livro à minha esposa, Flávia, companheira de jornada que sempre está presente "segurando as pontas" enquanto estudava no mestrado, doutorado, pós-doutorado e agora na escrita deste livro, ufa! Essa mulher é um presente de Deus na minha vida e me ensina a ser uma pessoa melhor a cada dia. Dedico ainda este livro aos meus filhos Júlia e Igor, que são uma benção em minha vida. Que este exemplo sirva de incentivo para que eles sigam o caminho dos estudos, da humildade e da honestidade ao longo de suas vidas!

Analia Irigoyen

Dedico este livro às minhas filhas, Carolina e Daniela, ao meu sócio-companheiro de vida David Zanetti, ao meu sócio-irmão, Mariano Montoni, à minha mãe Liliana (*in memoriam*), ao meu pai Ricardo Irigoyen, aos meus irmãos: Gabriela, Ricardo e Diego Irigoyen, à minha amiga-irmã Roberta Cerqueira, ao meu amigo-tecnológico Fernando Bichara, aos meus sobrinhos: Rafaela, Bernardo e Mariana, e às minhas afilhadas, Raquel e Alice: os maiores presentes de Deus na minha vida. Agradeço aos autores, Antonio Muniz, Rodrigo Moutinho, Rodrigo Santos e à representante fantástica dos líderes Bárbara Cabral, aos líderes de capítulo e colaboradores por este fantástico encontro. Foi uma jornada de bastante dedicação e aprendizado, que fez uma grande diferença na minha vida profissional e pessoal.

Rodrigo Moutinho

Gratidão por essa conquista! Dedico este livro aos meus pais, Ricardo e Valéria, e ao meu irmão Rafael. Não por eles serem família, mas por eles serem os melhores amigos e exemplos de pessoas que sigo e me espelho, me tornando a pessoa que sou hoje e que serei amanhã. Dedico também à minha esposa e parceira de vida, melhor amiga e mulher da minha vida, Flavia. Pessoa fantástica que entrou em minha vida com uma energia única e me inspira a ser uma pessoa melhor, 1% a cada dia. Por último, mas não menos importante, ao meu mentor Bruno Souza, que transformou minha vida nos últimos anos. Ele me mostrou que ao tomar responsabilidade pela própria carreira tudo muda. Sonhos que antes pareciam impossíveis, como escrever um livro, se realizam de forma natural. E muito obrigado também aos meus companheiros de jornada na realização deste livro incrível.

Bárbara Cabral da Conceição

Dedico este livro primeiramente a Deus, que esteve presente me dando força para finalizar este livro, e também ao meu esposo, Gabriel da Conceição, que teve paciência para ceder um pouco do seu espaço na minha vida, além de minha família: meus pais, Roberto e José Luiz, minha mãe, Vera, e minha irmã, Débora, junto com a minha sobrinha linda, Ketlyn, que é o amor das nossas vidas.

Agradecimentos

Este trabalho é a concretização de uma intensa jornada colaborativa unindo amigos das comunidades *DevOps*, Ágil e *Lean*.

Em nome dos autores, líderes de capítulo, colaboradores e toda a comunidade, gostaria de agradecer a todos que tiveram participação direta ou indireta na construção deste sonho e principalmente a:

- ✓ Deus, que concede saúde e sabedoria para superar os desafios cada vez mais complexos do mundo atual. Minha família é um dos presentes que agradeço todos os dias.
- ✓ Minha esposa, Keila, tem um lugar especial em meu coração. A jornada de construção deste livro ocorreu em paralelo ao impactante tratamento de câncer e sempre tive o seu incentivo para prosseguir com este sonho, apesar de todo o processo sofrido com a operação para retirada do tumor, a quimioterapia, a radioterapia, a queda de cabelo, fraqueza, etc. Nossa luta está na reta final em 2019 e confiamos que Deus nos abençoará com sua cura definitiva.
- ✓ Meus pais, Iracema e José, e minha madrinha, Alice Maria, que sempre me apoiaram e incentivaram meus estudos.
- ✓ Meus amados filhos, Lucas e Luísa, merecem todo o agradecimento pela incrível compreensão. Em muitos momentos não foi fácil para crianças com 7 e 3 anos entenderem por que o papai não podia brincar quando chegava do trabalho e nos finais de semana.
- ✓ Meus amados irmãos, Simone, Sandra e Paulo, pelo amor e carinho especial.
- ✓ Minha cunhada, Kátia, pelo habitual carinho e sugestões sempre que precisei.
- ✓ Todos os familiares, que, direta ou indiretamente, apoiaram várias fases da minha vida.
- ✓ Amigos da Igreja Batista Memorial da Tijuca, pelas orações e colaboração sempre que precisamos e em especial aos nossos grandes amigos, Júlio e Neuzeli.

- ✓ Amigos da SulAmérica, pelas grandes oportunidades de aprendizado prático de vários assuntos que me capacitaram a iniciar essa jornada. Agradecimento especial para Cátia Leal pelas palavras certas nas horas certas e seu apoio incondicional que me permitiu estar ao lado da minha esposa em todas as sessões de quimioterapia, radioterapia e consultas de acompanhamento.
- ✓ Meu time direto na SulAmérica e o grupo multidisciplinar da iniciativa *Lean IT* por todo o aprendizado, que foi o gatilho para meu grande interesse em *DevOps*, *Lean* e agilidade. Agradeço a Umberto Reis, Washington Vital, Paulo Sanches, Alexandre Wagner, Luciana Gomes e Marco Antunes, que iniciaram as ações *Lean* nas áreas de tecnologia.
- ✓ Maurício Machado, da SulAmérica, pela liderança inspiradora da iniciativa estratégica do *Hoshin DevSecOps* e toda a equipe participante pela colaboração e troca de experiências.
- ✓ Vanesa Bustamante, da SulAmérica, por aceitar meu convite para escrever um dos capítulos que considero mais lindos do livro, que é o estímulo à cultura de experimentação e aprendizado sem punição através da liderança inspiradora. Fiz questão de sua participação nesta parte, pois você é um exemplo para mim de como usar esses valores na prática para obter resultados sustentáveis.
- ✓ Cristiano Barbieri, pelas suas palestras esclarecedoras e impactantes na SulAmérica. Confesso que fiquei em pânico no primeiro evento e me senti parado no tempo com tanta novidade para assimilar. Foi um marco importante na minha carreira, pois me motivou a participar de mais de 30 eventos e *workshops* nos últimos três anos e me incentivou a criar o propósito de manter essa meta de aprendizado contínuo, assim como compartilhar esse conhecimento com a comunidade e os amigos.
- ✓ Amigos da AdaptNow, pela iniciativa de fomentar e patrocinar diversos eventos da comunidade (*DevOps Days* em BH, Floripa, Belém, Rio de Janeiro, São Paulo, *WoMakersCode Summit*, *MeetUps* locais, etc.), além do seu forte apoio que me permitiu participar de vários desses eventos para aprender e conhecer muita muita gente show.
- ✓ Minha amiga, Milena Andrade, do Exin, pelo forte incentivo quando falei sobre a ideia do livro e por me apresentar ao queridíssimo Sérgio da editora Brasport, que aceitou de imediato minha proposta.
- ✓ Líderes de capítulo e todos os colaboradores do livro, que aceitaram meu convite de contribuir para a comunidade e não pediram contrapartida em nenhum momento da nossa jornada. Em especial, a todos que tiveram o interesse de responder minhas mensagens no LinkedIn sem nunca ter falado comigo antes – essa minha cara de pau gerou novos amigos!

- ✓ Meus grandes amigos coautores: Analia Irigoyen, Rodrigo Santos e Rodrigo Moutinho. Agradecimento especial para minhas amigas Bárbara Cabral da Conceição e Fernanda Reis pela forte participação na reta final, em pleno carnaval, ao assumir, respectivamente, a participação em novos capítulos e a revisão do conteúdo. Agradecimento especial para a minha grande nova amiga Analia, que me contagiou com sua garra e total comprometimento ao assumir todas as tarefas que eu solicitava para resolver os imprevistos na reta final, parabéns pela energia e muito obrigado!
- ✓ Amigos da Dynatrace, Fernando Mellone e Letícia Missali, por todo o suporte e parceria para disseminar o conteúdo do livro nas comunidades, assim como a disponibilização de exemplos reais de ferramenta para telemetria que permitiram enriquecer ainda mais nosso trabalho. Agradecimento especial ao Roberto Carvalho, que respondeu prontamente meu convite no LinkedIn e indicou sua equipe para colaborar com a comunidade em nossa jornada.
- ✓ Amigos Bruno Jardim e André Oliveira, pela colaboração com a comunicação da equipe e as figuras, respectivamente.
- ✓ Amigo Luiz Coelho, que considero uma das pessoas mais agregadoras que conheço na comunidade e está sempre disposto a colaborar.
- ✓ Amigo Augusto Mello, pelo grande comprometimento com a comunidade e ideias agregadoras para o lançamento do livro.
- ✓ Meus milhares de alunos de graduação, pós-graduação, certificação, concursos, *workshops* corporativos e videoaulas, que sempre me tratam com muito carinho e respeito, além de me permitir muito aprendizado com suas dúvidas e considerações.
- ✓ Líderes de comunidades, organizadores de eventos, palestrantes e todos os participantes dos vários eventos pela incrível oportunidade de compartilhar suas experiências.
- ✓ Organizadores e palestrantes das edições *DevOps Days* das cidades de BH, Floripa e Rio de Janeiro, pelo aprendizado exponencial que me capacitou a enriquecer ainda mais o livro.
- ✓ Coordenadores das comunidades pelos convites e aprovação das minhas palestras em vários eventos sobre *DevOps*, agilidade, carreira e transformação digital: *DevOps Days*, *The Developer's Conference* (TDC), *Agile Trends*, *Campus Party*, *Stone DevOps Inside*, *MeetUp* no Senac, Infnet e *workshops* corporativos.
- ✓ Escritores e organizadores dos livros que colaboraram na minha jornada de aprendizado contínuo nesse tema tão abrangente que é o *DevOps*: Entrega Contínua, Projeto Fenix, *The DevOps Handbook*, *Effective DevOps*, Toyota Kata, comunicação não violenta, o poder da empatia, a *startup* enxuta, o estilo

startup, a quarta revolução industrial, organizações exponenciais, vai lá e faz, antifrágil, microsserviços prontos para produção, código limpo, engenharia de confiabilidade do Google, TI *Lean*, Implantando o desenvolvimento *lean* de software, *Scrum* essencial, a meta, holacracia, agilidade emocional, aperte o F5, *design thinking*, *blink*, *mindset*, *management* 3.0, *lean inception*, inevitável, transformação digital, abundância.

Antonio Muniz
Idealizador da Jornada DevOps

Sobre os Autores

Antonio Muniz

Meu propósito é disseminar a cultura ágil, *DevOps* e *Lean*, contagiando organizações e comunidades em todo o Brasil com o *mindset* colaborativo e respeito às pessoas. Sou um eterno aprendiz, entusiasta de Ágil, *DevOps*, Gestão 3.0, *Lean*, mentoria de carreira e transformação digital. Curto muito lecionar e trocar experiências em *workshops* corporativos, congressos e cursos de MBA, graduação, certificação e concursos. Minha formação é na área de Tecnologia com especialização em Gestão de TI, Mestrado em Administração com Ênfase em Tecnologia e Facilitador Oficial *Management* 3.0. Fui aprovado nas certificações internacionais *Exin DevOps Professional*, *Exin DevOps Master*, *Exin Lean IT*, *Exin Agile Service Projects*, *Scrum Master*, PMP, ITIL, Cobit, MCSE e MCT. Além de vivência de 15 anos facilitando *workshops* corporativos e universitários, fiz palestras em vários eventos, tais como *DevOps Days*, TDC, *Agile Trends*, Campus Party e *meetups*. Experiência como consultor e *coach* de carreiras. Líder educacional na ADAPT NOW e idealizador do *workshop* Jornada *DevOps*: Cultura de Facilitação e Automação.

Contatos: <munizprofessor@gmail.com> e
<https://www.linkedin.com/in/muniz-antonio1/>

Rodrigo Santos

Pós-Doutor em Engenharia da Computação pela UC – Universidade de Coimbra – Portugal (2015), Doutor em Engenharia de Sistemas e Computação na COPPE/UFRJ (2014) (CAPES 7), Mestre em Administração com ênfase em Sistemas de Apoio à Decisão pelo IBMEC-RJ (2007), Pós-Graduado em Projetos e Gerência de Sistemas pela PUC-Rio (2003), Bacharel em Análise de Sistemas (2000). Recebeu prêmio da W3C Brasil na primeira edição do Prêmio Nacional de Acessibilidade na Web – Todos@Web. Atualmente é Professor Substituto em Engenharia de Software da UFF (Universidade Federal Fluminense), no IC (Instituto de Computação), Professor Adjunto da Graduação, com Especialização e MBA em TI do Instituto Infnet, Professor de Pós-Graduação em Segurança de Rede e da Informação na UNESA (Universidade Estácio de Sá), Professor de Pós-Graduação em Segurança da Informação na UNISUAM (Universidade Augusto Motta), Professor Conteudista de Segurança de Rede e da Informação da UNIGRANRIO para graduação EaD, professor do curso de MBA em Gestão de Projetos da UCL (Universidade Celso Lisboa). Foi professor do curso de MBA em Gestão de Projetos da UCAM (Universidade Cândido Mendes), foi professor da graduação de informática da FEUDUC (Universidade de Duque de Caxias), foi professor tutor em Gestão de Projetos pela FGV Online (Fundação Getúlio Vargas). No mercado de TI possui mais de 20 anos de experiência como desenvolvedor e consultor nas empresas Oi, Telemar, Claro, Intelig e TV Globo, como analista de sistemas na Casa da Moeda do Brasil e gerente de projetos e programa na Eletrobras, há 15 anos, atuando principalmente nos seguintes temas: Implantação de SAP ERP, Segurança da Informação, Controles Internos de TI para adequação à Lei Sarbanes-Oxley (SOX), Planejamento Estratégico de TI, Escritório de Projetos (PMO) e Escritório de Processos de TI (BPMO). É fundador do Security Thinking e gerente acadêmico da ADAPT NOW. Possui certificações PMP (Project Management Professional), do PMI™, *ITIL® Foundation Certificate in IT Service Management* (ITILF), MCSO – Módulo *Certified Security Officer, Exin VeriSM™ Foundation*, PCI® – *People-Centred Implementation Practitioner* e *EXIN Information Security Foundation based on ISO/IEC 27001.*

Contatos: <prof.rodrigo.santos@gmail.com> e <https://www.linkedin.com/in/rodrigo-costa-dos-santos-phd-pmp-mcso-itil-836725130/>

Analia Irigoyen
Mãe da Carolina e da Daniela: amores da minha vida.

Apaixonada por Melhoria Contínua, Inovação, Agilidade, *DevOps* e Gamificação.

Sócio-fundadora da ProMove Soluções (<www.promovesolucoes.com>), mestre em Engenharia de Sistemas e Computação pela Universidade Federal do Rio de Janeiro (2009), pós-graduada em Análise, Projeto e Gerência de Sistemas pela PUC-RJ (1999) e graduada em Informática pela Universidade Federal Fluminense (1996). Possui experiência na coordenação de projetos, gerência e implantação de fábricas de software e inovação. É consultora na implantação de processos aderentes às normas ISO/IEC 9001, ISO/IEC 20000, ISO/IEC 27001, ISO/IEC 29110 em conjunto com métodos ágeis (*Scrum*, XP, *Lean*, *Kanban*, *LeSS*) e aos modelos de qualidade CMMI-Dev e CMMI-SVC, MPS para software e serviços. Atuou na concepção/desenvolvimento de um *framework* na linguagem Java. Além disso, apresentou dois painéis na RioInfo sobre a TI diante da crise global (2009) e fábricas de software (2007). Apresentou assuntos como CMMi e MPS, melhoria contínua, *gamification*, engenharia e gerência ágil, *mindset* ágil e *DevOps* nos congressos *European Systems & Software Process Improvement and Innovation* (EuroSPI), na Finlândia, em 2007, *International Conference on Software Engineering* (ICSE) em 2007, em Minneapolis, PMI em Lima, Peru, em 2009, Quatic em Portugal, em 2010, *Scrum Gathering* do Rio de Janeiro em 2015, 2016, 2017 e 2018, *Scrum Gathering* de Portugal em 2016 e *DevOps Days* no Rio de Janeiro em 2018. É certificada *EXIN DevOps Professional*, PMP, CSM, CSPO, *Management* 3.0, *Lean-Kanban University* – KMP I e II, *BlackBelt* em *Lean Six Sigma*, *LeSS Practitioner*, implementadora credenciada e avaliadora líder intermediária do modelo MPS software e serviços; Auditora Líder ISO/IEC 9001, ISO/IEC 20000 e ISO/IEC 29110 pela ABNT.

Contatos: <analia@promovesolucoes.com> e
<https://www.linkedin.com/in/analiairigoyen/>

Rodrigo Moutinho

Desenvolvedores estão cansados de trabalhar em projetos estressantes, virando noites repetindo tarefas manuais... por isso, Rodrigo, que é especialista Java e entusiasta *DevOps*, dedica sua carreira a ajudar desenvolvedores como você a automatizar a entrega do projeto sem precisar perder fins de semana ou depender de uma única pessoa no time (o herói do time). Palestrante e coordenador em eventos como Campus Party, The Developer's Conference e Oracle CodeOne, Rodrigo compartilha dicas de *DevOps* no projeto <https://cyborgdeveloper.tech/>.

Sobre a representante da comunidade dos colaboradores e líderes de capítulos:

Bárbara Cabral da Conceição

Sou uma pessoa que ama aprender e compartilhar conhecimento. Eu me formei em Sistemas de Informação na UFSC (Universidade Federal de Santa Catarina). Tenho orgulho em dizer que estudei minha vida toda no ensino público e que fui a primeira da minha família a ser graduada, sonho que meu avô Ivo Arthur Palma tinha e plantou a sementinha desde pequena no meu coração. Depois de formada, me apaixonei por testes e qualidade quando era *trainee* na EDS (hoje adquirida pelo gigante HP – Hewlett Packard). Fiz pós-graduação em Geoprocessamento pela Pontifícia Universidade Católica de Minas Gerais (PUC Minas) e também adquiri o certificado ISTQB CTFL (*International Standards Testing and Quality Board*), que me permitiu conhecer o autor do livro Rex Black em um Congresso Internacional que participei em São Paulo. Daí surgiu o sonho de escrever um livro. Hoje, sou *Senior Quality Assurance Engineer*, por mais de 12 anos trabalhando com testes e qualidade, grande parte com *Agile Testing*, e praticante de automação de testes. Já trabalhei em projetos para: Unimed Florianópolis, Governo de SC, Tractebel, Eletrosul, Celesc, Ceran, CPFL, SSP, Pleno Card, Clear Priority, Lollapalooza, CPqD, Resultados Digitais e Caixa Econômica. Ganhei o prêmio de *Best Product Idea* para o Facebook, em um evento organizado pela *Global App Testing*. Atuo também como consultora em Testes e Qualidade pela minha empresa BC Consultoria e Soluções em TI. Sou entusiasta da cultura ágil, *DevOps* e automação de testes. Apaixonada por comunidades, mentora em qualidade e blogueira. Já palestrei em eventos como *The Developers Conference*, *Agile Testers Conference*, *Agile Trends*, Congresso Nacional de Qualidade de Software (CNQS), OctoberTest, QA Week, *DevFest* do Google Developers Group, etc. Lidero e apoio algumas comunidades como *Community Leader* dos grupos: GUTS-SC, QA Ladies e GDG Floripa. Embaixadora do *Women TechMakers* do Google em Florianópolis, uma das representantes do *Ministry of Testing* no Brasil e também representante da Adapt NOW em Santa Catarina.

Contatos: <barbarcabral@gmail.com> e
<https://www.linkedin.com/in/barbaracabral/>

Prefácio

Quando Antonio Muniz me falou sobre sua vontade de criar um livro de forma colaborativa, conectando pessoas praticamente desconhecidas em torno de um tema ainda mal compreendido na sua plenitude e ainda timidamente adotado na grande parte das organizações, achei a ideia fantástica e ao mesmo tempo muito desafiadora.

Na minha opinião, o desafio não estaria na construção do conteúdo dos capítulos, mas, sim, na efetiva colaboração de diversas pessoas em torno de uma finalidade comum. Curiosamente, essa é a dificuldade central para a adoção do tema deste livro nas mais diversas organizações.

Para se adotar *DevOps* de forma plena, não basta somente criar as capacidades técnicas necessárias e implantar um novo conjunto de ferramentas para automação de uma esteira de desenvolvimento de software. Grande parte do desafio está na esfera cultural da organização, envolvendo mudança de hábitos, valores e até mesmo estruturas.

Dessa forma, como bem colocado no título do livro, os autores não estão falando de uma implantação, não se trata de um projeto com início, meio e fim. Realmente é uma "Jornada DevOps" que precisa conectar conceitos de *lean thinking*, *agile development* e uso de modernas tecnologias para conseguirmos entregar softwares com melhor qualidade, de forma cada vez mais rápida e que tragam cada vez mais valor para nossos clientes e para a sociedade.

Em um mundo cada vez mais digital, onde todas as relações pessoais e comerciais se materializam através de software, as empresas que tiverem enraizados os fundamentos apresentados neste livro terão sem sombra de dúvida um diferencial competitivo relevante: uma base sólida para se transformarem digitalmente.

Os temas aqui apresentados precisam fazer parte da caixa de ferramentas de todo profissional de tecnologia. É uma leitura recomendada para todos aqueles que querem ser protagonistas nesse momento intenso pelo qual passamos na área de tecnologia e em toda a sociedade, que se transforma velozmente em um ambiente totalmente conectado e digital.

Poucos meses depois de compartilhar comigo seu desejo de escrever este livro, Antonio Muniz me pergunta se eu poderia escrever o prefácio. Explicou que o material já estava evoluído e me entregou uma primeira versão para ler. Claro que me senti honrado com o convite, mas fiquei ainda mais surpreso pela agilidade com que o trabalho foi feito; de fato, uma constatação prática da força que existe em um conjunto de pessoas engajadas e trabalhando de forma colaborativa. No final do dia, é disso que se trata *DevOps*: engajamento e colaboração entregando os melhores resultados.

Muniz é um apaixonado pelo tema. Além de estudar profundamente e ministrar diversos cursos sobre o assunto, possui a vivência prática dessa jornada. Um caminho que começou na implantação de conceitos *Lean* em uma área de tecnologia, observou as dificuldades de escalar o *agile development* em uma grande organização e compreendeu que é através do *DevOps* que se pavimenta a estrada que unifica esses conceitos tão importantes e necessários para todos aqueles que buscam excelência em desenvolvimento de software.

Em "Jornada DevOps" os conceitos são apresentados de forma simples e prática, permitindo sua aplicação imediata ao mesmo tempo que cria a base teórica para provas de certificação. Também é um excelente ponto de partida para outros que, assim como os autores deste livro, se apaixonaram pelo tema e irão a partir daqui construir suas próprias jornadas *DevOps*.

Umberto Reis
Superintendente Executivo de TI na SulAmérica

Prefácio Exin

Quando conversei com o Antonio Muniz em um café no centro do Rio de Janeiro em maio de 2018, sabia que faríamos alguns bons projetos juntos, mas não tinha ideia que seria tão produtivo. Entre o café e o credenciamento oficial como parceiro EXIN foram poucas semanas e entre esta mesma conversa (onde brotou mais uma semente – a ideia deste livro) e eu aqui escrevendo este prefácio, apenas uns poucos meses.

Para minha surpresa, o Muniz não só abraçou o projeto do livro sobre *DevOps* (*Professional*, um dos módulos do programa de certificação EXIN), como propôs um conteúdo compartilhado com um time inteiro de entusiastas sobre o tema. Um resultado surpreendente que inclusive comprova, na prática, as boas práticas apresentadas ao longo do material. "Jornada DevOps" traz a essência dessa mudança cultural tão necessária em um mundo acelerado pelas novas tecnologias e pela tão famosa transformação digital, que precisa estar na alma das organizações.

Mais uma vez, a Brasport abraçou esta produção e estamos com nosso sexto livro na coleção EXIN, cada um com a missão de ajudar os profissionais interessados em literatura nacional de qualidade que, além de trazer conteúdo prático, também sirva como um guia para muitos profissionais interessados em ampliar seus estudos para as nossas certificações internacionais.

Gratidão a todos que se lançaram nessa aventura conosco e a você, leitor, os melhores votos de uma leitura agradável, consistente e com grandes dicas para o exame *EXIN DevOps Professional*!

Milena Andrade
Regional Director – EXIN Brasil

Apresentação da Jornada DevOps

Será possível ter uma cultura onde as pessoas têm coragem de falar a verdade quando erram para ajudar os times a resolver mais rápido os problemas em produção e evitar a recorrência? Como aumentar a frequência dos *deploys* sem impactar a qualidade e minimizar a guerra entre os departamentos com a verdadeira colaboração e empatia?

Seria possível escrever um livro de *DevOps* aplicando a cultura *DevOps* com colaboração e automação?

A concretização deste livro tem uma ligação direta com o propósito do movimento *DevOps*, cujo pilar mais importante é a genuína cultura colaborativa dos times. Conheça essa linda história e entenda como essa jornada aconteceu naturalmente aproveitando as práticas ágeis de adaptação, experimentação, aprendizado com falhas, confiança nas pessoas e automação.

Escolhi a palavra "jornada" porque representa muito bem a essência da cultura *DevOps* ao mobilizar a verdadeira colaborAÇÃO de todos os envolvidos na entrega de software com qualidade, em vez de focar exclusivamente no resultado final. Mais do que discursos inflamados que ficam no vento em poucos dias, todos nós somos responsáveis por combater diariamente a fragmentação clássica das atividades entre os departamentos, que costuma potencializar conflitos entre as equipes e gestores.

Outro ponto importante é que essa jornada nunca termina, pois o aprendizado deve ser contínuo, principalmente com o momento em que estamos vivendo de transformação digital, mudança de era, complexidade, velocidade exponencial, etc.

Você observará ao longo dos capítulos que grande parte das práticas está disponível há algum tempo e a grande novidade do *mindset DevOps* é fomentar a verdadeira cultura colaborativa em todas as equipes, expandindo essa atuação além das áreas de TI.

O movimento *DevOps* integra diversas práticas ágeis e *lean* com infraestrutura ágil, aproveitando a criação de tecnologias e ferramentas que permitem forte automação das atividades repetitivas e redução de custos, como *cloud computing*, *container*, Docker, *Git*, Kubernetes, Chef, Jenkins, Puppet, Ansible, Openshift, Sonar, etc.

Lembro-me do primeiro papo muito inspirador em maio de 2018 com a Milena Andrade, do Exin, sobre vários projetos que estávamos iniciando em parceria com a AdaptNow. Quando mencionei o interesse em escrever o livro sobre *DevOps*, ela imediatamente se prontificou em fazer a ponte com a editora. A primeira conversa com o Sérgio foi tão animada que passamos horas na sede da editora Brasport e firmamos o compromisso de seguir adiante, mesmo sem o contrato assinado.

Após a empolgação inicial de escrever os três primeiros capítulos em menos de um mês, o foco no tratamento da minha esposa e outros imprevistos impediram que eu avançasse conforme havia planejado. Durante esse período improdutivo, refleti que seria uma boa alternativa dividir a obra com uma pessoa de confiança, visando enriquecer o conteúdo com qualidade e acelerar a entrega.

O primeiro nome em que pensei foi do meu amigo Rodrigo Santos, que sempre admirei como uma pessoa colaborativa e pela sua força mental para encarar o pós-doutorado em Portugal. Eu já o conhecia desde a época em que foi meu aluno em uma pós-graduação em gestão de TI. Mesmo dominando profundamente vários assuntos, sempre manteve-se com um tom humilde em suas perguntas e considerações para enriquecer as aulas. Depois que assumi a coordenação do curso e criei um MBA em gestão de projetos com oito certificações internacionais, convidei o Rodrigo para lecionar algumas matérias e o resultado foi bastante positivo. Além de sua grande capacidade intelectual, o Rodrigo tem um perfil bastante colaborativo e aceitou de imediato o meu convite.

Não obstante, algo fantástico aconteceu quando nós dois fomos para o evento *DevOps Days*, em Belo Horizonte: no final da minha palestra sobre *DevOps* e gestão de mudanças, vários participantes vieram trocar uma ideia bem animada e tive um *click* de convidar essas pessoas tão receptivas para participar da nossa jornada e enriquecer ainda mais este livro. Tive certeza neste momento de que esta obra tornou-se propriedade da comunidade *DevOps*, que respira uma cultura com foco em diversidade, e que seria maravilhoso ter uma legião de embaixadores para ajudar a explicar um conteúdo tão abrangente e dinâmico. Algumas dessas pessoas tão receptivas que conheci em BH tornaram-se amigas e parceiras de outras iniciativas, como a Lamara Ferreira e Karine Cordeiro, que aceitaram meu convite para facilitar o *workshop* Jornada *DevOps* que desenvolvi para disseminar nossas experiências com a comunidade em várias cidades.

Fiquei tão empolgado com a ideia de aplicar as práticas *DevOps* de equipes auto-organizadas e empoderamento que "pipoquei" mais de 100 convites para amigos e contatos do LinkedIn para enriquecer ainda mais nosso conteúdo.

Muitos dos convites reverteram-se em ações concretas e novos amigos, mas a mensagem que passei no dia 13 de outubro de 2018, via LinkedIn, para o Roberto Carvalho (*Brazil Country Director & Regional Director, South America at Dynatrace*) tornou-se um marco importante para nossa jornada. Além de indicar o Fernando Mellone para enriquecer muito o capítulo de telemetria, a Dynatrace tornou-se um grande parceiro da nossa comunidade, com a participação direta da Letícia Missali, apoiando ações importantes no lançamento do livro e na realização de *workshops* em várias cidades do Brasil para disseminar a cultura *DevOps* junto às comunidades locais.

Chegamos a ter 60 pessoas de várias cidades e empresas no time com os papéis de líder de capítulo (*Scrum Master*) e colaborador (equipe de desenvolvimento), ficando comigo e Rodrigo Santos o papel de Dono do Produto (PO).

O experimento que fizemos com cada líder do capítulo mobilizando sua equipe não surtiu o efeito prático com alguns times. Após um período de resgate das pessoas que não estavam conseguindo avançar por vários motivos e imprevistos, chegou o momento de adaptar o pensamento inicial e *pivotar* em outra direção com a escolha de mais dois autores para assumir completamente a responsabilidade da escrita, visando criar uma força-tarefa para concluir o livro com a qualidade que definimos.

Confesso que fiquei muito dividido na seleção dos nomes para compor o novo contrato com a editora e veio na minha cabeça a lembrança de seis pessoas fantásticas e amigas. Para simplificar minha vida e não sofrer muito com o sentimento de injustiça, decidi usar critérios objetivos, como a entrega do conteúdo no tempo e na qualidade combinada e ter liderado outros capítulos de forma proativa. Nessas condições, os escolhidos foram a Analia, cujo primeiro contato eu tive pelo LinkedIn, e o Rodrigo Moutinho, que conheci através do Gustavo Angelo no aeroporto do Rio voltando do TDC de Porto Alegre mas não havíamos nos esbarrado por lá.

Em paralelo às ações para finalizar o conteúdo específico sobre *DevOps* e certificação, alguns eventos de que participei e palestrei enriqueceram significativamente minha visão sobre diversidade em um sentido mais amplo e a importância das comunidades. Comecei a pensar como poderia incluir no livro esses temas que foram tão impactantes na minha vida e transformar também a vida de outras pessoas. Como a essência do *DevOps* é justamente a cultura colaborativa, minha empolgação aumentava a cada dia.

Amadureci a ideia conversando com muita gente boa da comunidade até chegar aos temas e nomes fantásticos que aceitaram meu convite para escrever a parte final do livro:

- ✓ **Os cinco passos para colocar seu projeto (e sua carreira!) na direção certa:** Rodrigo Moutinho e Bruno Souza (Java Man).
- ✓ **Mulheres na TI podem se destacar?:** Fabiana Ravanêda.
- ✓ **Deficientes visuais podem se destacar na TI?:** Alexandre Magoo, Lucas Tito e Michelle Frasson.
- ✓ **O poder do autoconhecimento:** Jakeliny Gracielly.
- ✓ **O poder de acolhimento das comunidades:** Carol Vilas Boas.

Faço questão de reforçar meu ponto de vista em relação à certificação para que faça a diferença de fato na sua carreira e tenho todo o respeito por quem ama e quem odeia falar desse assunto.

Embora muitas empresas usem como primeiro filtro para iniciar o processo de contratação os títulos que os candidatos colocam no LinkedIn, o maior benefício que você obterá na conquista de qualquer certificado não é o papel em si, mas a jornada de conhecimento que conseguirá acumular ao longo do caminho e principalmente após a aprovação. Entenda que a certificação é apenas o primeiro de muitos passos em qualquer área de conhecimento. Especificamente sobre a certificação *EXIN DevOps Professional*, considero que é um dos conteúdos mais interessantes que já aprendi. Ainda assim, considero que nenhuma certificação tem o poder de transformar suas habilidades colaborativas e conhecimentos técnicos do dia para a noite. Pense quando finalizou a faculdade o quanto teve que ralar para aprender de fato vários assuntos na prática. Médicos e engenheiros estão totalmente preparados para o mercado após a formatura ou o certificado é o início da jornada?

O que acontece quando estudamos para a certificação é a possibilidade de abrir o horizonte para novos conhecimentos e motivar sua busca pelo aprendizado contínuo, incentivando a aplicação na prática e a troca de experiências. Portanto, penso que não é necessário assumir discursos extremos com frases do tipo "certificação não vale de nada" ou "sou o cara top master gênio porque tenho certificação xyz".

Além da preparação completa para a certificação oficial *DevOps Professional* do Exin considerando a aplicação prática de muitos conceitos, tenho absoluta certeza de que todos os leitores serão impactados positivamente com o conteúdo bônus e serei eternamente grato aos autores por confiar na minha proposta e dedicar seu tempo para colaborar com a comunidade.

Essa fantástica experiência trouxe aprendizados práticos que testaram minha resiliência e empatia, que descrevo a seguir:

1. Confesso que o início foi um pouco desanimador ao receber o "não" de algumas pessoas que estavam sem tempo ou, talvez, não tivessem se conectado com o propósito do livro.
2. Na reta final da entrega, por vários motivos, algumas pessoas não conseguiram evoluir, outras saíram do projeto sem comunicar e outras pessoas não respondiam às mensagens do time responsável pela comunicação. O monstrinho da raiva apareceu muitas vezes na minha cabeça (para quem não viu, esse é um personagem do engraçadíssimo desenho "Divertidamente" da Disney, que assisti mais de 50 vezes com meus filhos).
3. Posteriormente, pipocaram pensamentos de frustração e surgiram duas alternativas: ficar reclamando sem saber o motivo do sumiço de alguns ou continuar acreditando nesse sonho e adaptar o plano original.
4. Lembrei de algumas passagens do livro "Comunicação Não Violenta" e resolvi colocar em prática uma de suas principais mensagens: **"ter empatia com o não de alguém nos protege de tomá-lo como pessoal"**.
5. A decisão de olhar para frente foi libertadora! Os pensamentos melhoraram muito a partir dessa perspectiva e sinto-me mais preparado para manter uma boa relação mesmo com aqueles que não conseguiram se despedir do time.
6. O lado positivo dessa situação foi a chegada de novas pessoas maravilhosas para abrilhantar ainda mais nossa equipe.

A concretização deste livro mostra o quanto foram incríveis a mobilização e o comprometimento dessas pessoas fantásticas da comunidade, que se uniram para construir uma obra tão rica e emocionante. Por mais que me dedicasse 24 horas por dia por longos meses, eu não teria a condição de entregar um conteúdo tão espetacular como o que temos em mãos agora.

Minha resposta para a pergunta inicial: sim, é possível escrever um livro sobre *DevOps* aplicando a cultura *DevOps* (colaboração + automação).

Parabéns aos participantes da nossa jornada!

Aproveite este rico conteúdo, meu amigo leitor!

Antonio Muniz
Idealizador da Jornada DevOps

Organização do Livro

As primeiras seis partes estão estruturadas seguindo o guia oficial EXIN para facilitar sua jornada até a aprovação no exame.

A última parte contém capítulos para potencializar sua carreira e apresentar a importância das comunidades e da diversidade em nossa sociedade.

PARTE I: Adoção do *DevOps*
A parte I deste livro apresenta como a adoção de *DevOps*, que está fundamentado em *Lean*, ágil e automação, fortalece a colaboração e a comunicação entre as equipes de Desenvolvimento e Operações, bem como aumenta a frequência de entrega do software com cada vez maior estabilidade e segurança, reduzindo drasticamente os conflitos entre as equipes e acelerando a entrega de valor ao cliente.

- ✓ **Capítulo 1 – Conceitos básicos do *DevOps*.** Este capítulo apresenta os conceitos básicos do *DevOps*, como entrega contínua, infraestrutura ágil, *Kata*, WIP, débito técnico e tempo de espera (*lead time*).
- ✓ **Capítulo 2 – Princípios das três maneiras.** Este capítulo apresenta a distinção dos princípios de fluxo, *feedback*, bem como aprendizagem e experimentação contínuas e explica a diferença entre o Sistema de Registro (SoR) e o Sistema de Engajamento (SoE) com relação ao *DevOps*.
- ✓ **Capítulo 3 – Organização.** Este capítulo apresenta como as diversas funções do *DevOps* funcionam em conjunto para agregar valor ao negócio e explica as diferenças entre a forma *I-shaped, T-shaped* e *E-shaped* com relação ao *DevOps* e como integrar as operações no trabalho diário de desenvolvimento.

PARTE II: A primeira maneira: fluxo
A parte II deste livro apresenta os conceitos do processo de automação do fluxo de valor que leva o software do controle de versão até o ambiente de produção, com o objetivo principal de fornecer *feedback* rápido para todos os participantes deste fluxo

sobre o status das mudanças e, com isso, de forma colaborativa, realizar a correção imediata de um erro.

- ✓ **Capítulo 4 – *Pipeline* de implantação.** Este capítulo discute como: escolher técnicas, tais como infraestrutura como código e *containers* para resolver um problema do *pipeline* de implantação; escolher a melhor solução para otimizar o fluxo de valor; avaliar a integralidade de um repositório de controle de versão compartilhada; adaptar a Definição de Pronto (DoD) para refletir os princípios do *DevOps*; e as ferramentas que podem ser utilizadas para automatizar a elaboração e a configuração do ambiente.
- ✓ **Capítulo 5 – Testes automatizados.** Este capítulo apresenta a diferença entre uma pirâmide de teste não ideal e uma pirâmide de teste ideal e explica o uso pretendido do desenvolvimento guiado por teste (TDD) em um fluxo.
- ✓ **Capítulo 6 – Integração contínua.** Neste capítulo discute-se a estratégia de ramificação (*branching*) ideal e como fazer a escolha da melhor estratégia, a influência da dívida técnica sobre o fluxo e como eliminar a dívida técnica.
- ✓ **Capítulo 7 – *Releases* de baixo risco.** Este capítulo apresenta a diferença dos diversos padrões de lançamento e de implantação para permitir lançamentos de baixo risco e como selecionar o arquétipo arquitetônico certo a ser utilizado.

PARTE III: A segunda maneira: *feedback*

A parte III deste livro apresenta os conceitos de tipos de *feedbacks* efetivos que são aplicados ao longo do fluxo de implantação de um software e que possuem como principal objetivo contribuir com a otimização do fluxo de valor.

- ✓ **Capítulo 8 – Telemetria.** Este capítulo descreve como a telemetria pode contribuir para otimizar o fluxo de valor e os componentes do *framework* de monitoramento. Além disso, é explicado o valor agregado do acesso do autosserviço à telemetria.
- ✓ **Capítulo 9 – *Feedback*.** Neste capítulo discute-se como resolver problemas de implantação utilizando técnicas de correção progressiva e reversão e como alterar as listas de verificação dos requisitos da orientação de lançamento para se ajustarem a uma orientação do *DevOps*. Além disso, são apresentados como aplicar as verificações de segurança utilizando a Revisão de Prontidão e como a criação da experiência do usuário (UX) pode ser utilizada como mecanismo de *feedback* (retroalimentação).
- ✓ **Capítulo 10 – Desenvolvimento orientado a hipóteses e testes A/B.** Este capítulo apresenta como os testes A/B podem ser integrados em um lança-

mento e em testes de recursos e explica como o desenvolvimento orientado a hipóteses pode ajudar a fornecer o resultado esperado.

- ✓ **Capítulo 11 – Revisão e coordenação.** Neste capítulo são exploradas a eficácia de um processo de requisição puxado e as técnicas de revisão: programação em pares, sobre o ombro, e-mail repassado e revisão de código assistida por ferramenta. Adicionalmente, este capítulo discute a melhor técnica de revisão considerando determinados cenários.

PARTE IV: A terceira maneira: aprendizagem e experimentação

A parte IV deste livro explora as diversas técnicas de aprendizagem e experimentação com o objetivo principal de desenvolver um aprendizado contínuo nas equipes e evitar a cultura de culpa e punição, permitindo que essas equipes sejam resilientes e aprendam com os erros e, com isso, contribuam diretamente para a otimização do fluxo de valor.

- ✓ **Capítulo 12 – Aprendizagem.** Este capítulo apresenta a diferença entre os diversos tipos de macaco do exército simiano para melhorar a aprendizagem. Adicionalmente, o capítulo explora como realizar uma reunião de *post-mortem* livre de culpa, como a injeção de falhas de produção produz resiliência e quando utilizar os dias de jogos.
- ✓ **Capítulo 13 – Descobertas.** Neste capítulo discute-se como utilizar requisitos não funcionais (NFR) (codificados) para projetar as operações, como elaborar histórias de usuários de operações reutilizáveis com base no desenvolvimento, quais objetos devem ser armazenados no repositório de códigos-fonte de compartilhamento simples e como transformar descobertas locais em melhorias globais.

PARTE V: Segurança e gestão de mudanças

A parte V deste livro tem como objetivo a apresentação dos controles de segurança antes (preventivos) e durante a gestão de mudanças, garantindo a sua conformidade. Adicionalmente, é discutido como esses controles, com grande foco em automação, um dos pilares do *DevOps*, priorizam a integração das equipes de operação e desenvolvimento desde o início do ciclo de desenvolvimento.

- ✓ **Capítulo 14 – Segurança da informação.** Este capítulo explica como integrar controles de segurança preventiva, como integrar a segurança ao *pipeline* de implantação e como utilizar a telemetria para aumentar a segurança.
- ✓ **Capítulo 15 – Gestão de mudanças.** Neste capítulo são discutidos detalhes de como manter a segurança durante a mudança, mantendo a sua conformidade.

PARTE VI: Orientações para certificação e simulado *on-line*

A parte VI deste livro tem como objetivo apresentar as principais orientações para o aluno que deseja obter a certificação e acessar os simulados *on-line*.

- ✓ **Capítulo 16. Certificação *DevOps Professional*.** Neste capítulo são apresentados: os requisitos para prova, os assuntos prioritários e como realizar o agendamento da prova com desconto.
- ✓ **Capítulo 17. Simulados.** Neste capítulo são apresentados um simulado com 40 questões e simulados adicionais *on-line*.
- ✓ **Capítulo 18. Dicas para melhorar sua performance na prova.** Este capítulo destaca algumas dicas práticas para a sua preparação para a prova oficial de certificação.

PARTE VII: Carreira, diversidade e comunidade

A parte VII deste livro tem como objetivo apresentar assuntos adicionais que não são alvo de questões de prova, mas são importantes para quem tem o espírito *DevOps* de colaboração, inclusão social e aprendizado contínuo. Aproveite a leitura :-)

- ✓ **Capítulo 19. Potencialize sua Jornada *DevOps* (Muniz).** Neste capítulo apresento dicas sobre como potencializar a sua vida profissional e seu aprendizado com *DevOps*.
- ✓ **Capítulo 20. Os cinco passos para colocar seu projeto (e sua carreira!) na direção certa (Rodrigo Moutinho e Bruno Souza).** Este capítulo apresenta as dicas do Rodrigo e do Bruno sobre quais os melhores caminhos para direcionar o seu projeto e a sua carreira.
- ✓ **Capítulo 21. Mulheres na TI podem se destacar? (Fabiana Ravanêda).** Este capítulo apresenta a opinião da Fabiana sobre mulheres e seu importante papel na TI, um desafio que já vem sendo alcançado por muitas.
- ✓ **Capítulo 22. Deficientes visuais podem se destacar na TI? (Alexandre Magoo e Lucas Tito).** Este capítulo apresenta a opinião e as dicas do Alexandre e do Lucas sobre deficientes visuais, seus desafios e conquistas na área de TI.
- ✓ **Capítulo 23. O poder do autoconhecimento (Jakeliny Gracielly).** Este capítulo apresenta a opinião e as dicas da Jakeliny Gracielly sobre o poder do autoconhecimento.
- ✓ **Capítulo 24. O poder de acolhimento das comunidades (Carol Vilas Boas).** Este capítulo apresenta a opinião e as dicas da Carol Vilas Boas sobre o poder do acolhimento das comunidades para acelerar o aprendizado global.

Ao final do livro, você encontrará um apêndice que contém uma ligação do *Lean* com a transformação *DevOps*.

Sumário

PARTE II
A PRIMEIRA MANEIRA: FLUXO

PARTE III.
A SEGUNDA MANEIRA: *FEEDBACK*

PARTE I.
ADOÇÃO DO DEVOPS

1. Conceitos básicos do *DevOps*

Antonio Muniz

Este capítulo apresenta as origens do *DevOps* e seus conceitos introdutórios.

1.1. Introdução ao *DevOps* e sua ligação com *Lean* e métodos ágeis

A palavra *DevOps* é a contração de dois termos em inglês que identificam as equipes envolvidas nas atividades de construção e implantação de software:

- ✓ ***Development* (Desenvolvimento)**: equipe responsável pela identificação dos requisitos com o cliente, a análise, o projeto, a codificação e os testes.
- ✓ ***Operations* (Operações)**: equipe responsável pela implantação em produção, pelo monitoramento e pela solução de incidentes e problemas.

A criação do termo *DevOps* foi motivada pela apresentação de John Allspaw e Paul Hammond em 2009 na Conferência *Velocity* da O'Reilly intitulada "Mais de 10 Implantações por dia: Cooperação ***Dev* e *Ops*** no Flickr". No prefácio do livro "Effective DevOps" (2016), John Allspaw ressalta que muitos lembram somente da parte "10 implantações por dia" quando deveriam se concentrar mais na parte "**Cooperação entre *Dev* e *Ops***". O alerta de um dos criadores do movimento *DevOps* reforça que os benefícios dessa cultura vão muito além da habitual implantação de Jenkins com uma equipe dedicada.

Considere que *DevOps* é uma cultura fortemente colaborativa entre as equipes de Desenvolvimento e Operações para entregar o software funcionando em produção de forma ágil, segura e estável. Mais do que um conceito, é importante destacar que *DevOps* é uma jornada de aproximação entre as pessoas com ações práticas de automação para acelerar as implantações com qualidade, considerando o ponto de vista de todos os envolvidos, a tão falada empatia.

Para enriquecer esse conceito inicial, destaco a seguir algumas visões complementares do mercado sobre *DevOps*, visto sua abrangência e falta de consenso geral:

1. **Amazon**: "*DevOps* é a combinação de filosofias culturais, práticas e ferramentas que aumentam a capacidade de uma empresa de distribuir aplicativos e serviços em alta velocidade: otimizando e aperfeiçoando produtos em um ritmo mais rápido do que o das empresas que usam processos tradicionais de desenvolvimento de software e gerenciamento de infraestrutura".
2. **Gartner:** "o *DevOps* enfatiza as pessoas (e a cultura) e procura melhorar a colaboração entre as operações e as equipes de desenvolvimento. As implementações de *DevOps* utilizam tecnologia – especialmente ferramentas de automação que podem alavancar uma infra cada vez mais programável e dinâmica de uma perspectiva de ciclo de vida".
3. **Atlassian:** "o *DevOps* é um conjunto de práticas que automatizam os processos entre equipes de desenvolvimento de software e de TI para que possam criar, testar e liberar softwares de maneira mais rápida e confiável".

O acrônimo CALMS é muito conhecido para representar a cultura *DevOps* e foi criado em 2010 como CAMS por John Willis e Damon Edwards. Posteriormente, esse termo foi aperfeiçoado por Jez Humble com a inclusão do L para destacar a importância do *Lean* para a melhoria contínua e os processos enxutos. Observe na Figura 1.1 a seguir um resumo do CALMS.

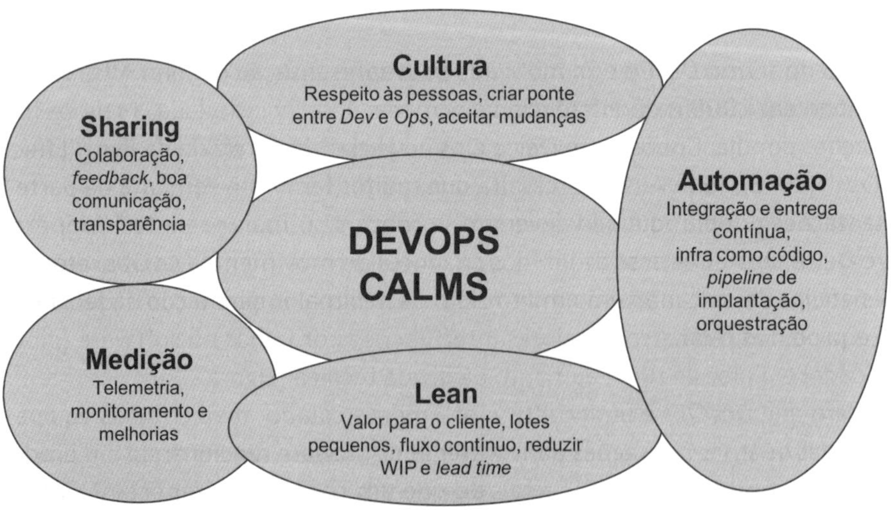

Figura 1.1. ***DevOps*** **CALMS.**
Fonte: MUNIZ; ADAPTNOW, videoaula oficial Exin, 2018.

Concordo com a abordagem de Davis e Daniels, no livro "Effective DevOps" (2016), ao recomendar que as organizações invistam em ações concretas para disseminar a cultura *DevOps* e promovam os quatro pilares para o *DevOps* efetivo, destacados a seguir:

1. **Colaboração:** significa construir um resultado específico com interações de pessoas com diferentes experiências e um propósito comum. Um princípio orientador que iniciou o movimento *DevOps* foi a cooperação genuína das equipes de desenvolvimento de software e operações na Flickr em 2009. Antes que um time trabalhe com sucesso interagindo com outro time em um enfoque diferente, os indivíduos precisam construir uma relação de confiança.
2. **Afinidade:** construir relações interdependentes fortes entre os times interfuncionais para que todos vejam sentido ao navegar por objetivos organizacionais complementares e sintam-se interessados naturalmente pelo sentimento de empatia e aprendizagem contínua.
3. **Ferramentas:** funcionam como um acelerador, impulsionando a mudança com base na cultura atual. Se ferramentas, ou a falta delas, atrapalharem as pessoas que já trabalham bem juntas, suas iniciativas não serão bem-sucedidas. Por outro lado, se o custo da colaboração for alto, não investir em ferramentas (ou pior, investir em ferramentas ruins) aumenta esse custo.
4. **Escala:** o dimensionamento leva em conta como os outros três pilares podem ser aplicados à medida que as organizações crescem, amadurecem e até encolhem, considerando questões técnicas e culturais.

O grande motivador para o movimento de integração em *DevOps* é que os departamentos tradicionais de TI são divididos, normalmente, entre duas grandes áreas que costumam ficar isoladas em silos e são orientadas por objetivos conflitantes.

Observe a seguir como esse tradicional conflito de objetivos e interesses cria um muro ou uma espiral descendente, que dificulta fortemente a colaboração entre essas equipes resultando em um tempo cada vez maior para a comercialização de novos produtos e recursos, maiores interrupções por falhas no software (piora da qualidade) e o pior de tudo: aumento da dívida técnica (Figura 1.2).

Entre essas duas grandes áreas de TI geralmente existem alguns departamentos que executam ações de controle ao final do processo para minimizar riscos e impactos negativos nas implantações. Como exemplos desses departamentos temos: segurança da informação, qualidade, governança, gestão de mudanças, *compliance*, auditoria, etc.

Figura 1.2. Objetivos e foco principal das equipes *Dev* e *Ops*.
Fonte: MUNIZ; ADAPTNOW, videoaula oficial Exin, 2018.

O problema que tem se agravado atualmente é a dinâmica altamente veloz e competitiva do mercado, que não permite mais que uma equipe seja a única responsável pelo controle da qualidade no final do desenvolvimento tradicional, que costuma durar meses ou até anos. A filosofia *DevOps* preconiza que todos os envolvidos se sintam genuinamente proprietários do resultado final que o cliente recebe como experiência na prática, considerando os requisitos funcionais e não funcionais desde o início dos projetos.

Quando não há uma cultura *DevOps* e ocorre um incidente crítico em produção após uma implantação, o cenário a seguir é bastante comum:

- ✓ Equipe de Desenvolvimento afirma que o código da aplicação está funcionando perfeitamente e diz que o problema está relacionado com algum componente de infraestrutura. A frase clássica é "na minha máquina funciona".
- ✓ Equipe de Operação garante que o problema está relacionado com a falta de qualidade do desenvolvimento. A frase clássica é "eles nunca codificam ou testam direito".
- ✓ Dependendo de como está estruturada a organização, a culpa pode recair na equipe de segurança da informação, por ter feito alguma implantação no dia anterior para remover determinada vulnerabilidade em produção.
- ✓ As acusações podem durar horas ou dias e geram o sentimento de injustiça e desconfiança entre as pessoas que prejudicará futuras atividades com as mesmas equipes.

A Figura 1.3 resume essas visões conflitantes e o impacto para o cliente.

Figura 1.3. Problema clássico após implantação em produção sem cultura *DevOps*.
Fonte: MUNIZ, palestra na *Campus Party*, 2019.

Existem literaturas, incluindo o Gartner, que usam o termo *DevSecOps* para enfatizar a segurança da informação na jornada *DevOps*. O presente livro usará sempre o termo *DevOps*, pois é dessa forma que a prova oficial de certificação Exin aborda o assunto. Além disso, vários autores que iniciaram esse movimento consideram que o termo *DevOps* original já contempla as ações colaborativas como um todo, incluindo segurança da informação, equipe de qualidade, gestão de mudanças, etc.

Não há dúvida de que muitas falhas de software e incidentes de segurança, divulgados com uma frequência cada vez maior, poderiam ser evitados com o *DevOps* no sentido mais amplo, considerando segurança da informação e qualidade.

Por isso, algumas organizações, para resolver falhas de software decorrentes de ambientes de testes e de integração não confiáveis, começaram a se preocupar em integrar especialistas de operação e especialistas de desenvolvimento. Em 2013, segundo o livro "The DevOps Handbook", na Big Fish Games, Paul Farrall definiu dois tipos de ligação *Ops*: o gerente de relacionamento comercial – que faz o papel de impulsionador do negócio – e o engenheiro de *release* dedicado – que é um especialista em desenvolvimento e qualidade do produto.

Ainda assim, na maioria das organizações a situação era diferente. Segundo estudo global realizado em 2017 pelo Instituto de Desenvolvimento e Gestão (IDG), em parceria com a consultoria PwC, a perda financeira anual das empresas brasileiras com incidentes de segurança varia de US$ 10 mil a US$ 20 milhões, dependendo do porte e do ramo de atuação. Além disso, uma falha de software impacta também a imagem das organizações. Observe alguns exemplos reais a seguir (Figura 1.4).

Figura 1.4. Exemplos de falhas de tecnologia e impactos gerados.
Fonte: adaptado de JEE; MACAULAY, 2018.

Para facilitar a comparação das características da cultura *DevOps* com o modelo tradicional, observe a tabela a seguir.

Modelo tradicional	Cultura *DevOps*
Cultura do medo e do grito	Confiança e experimentação
Causa da falha foi o Fulano	Resolveremos a falha sistêmica
Competição entre departamentos	Colaboração multidisciplinar
Cada um no seu quadrado	Visão mais horizontal
Teste manual no final	Teste automatizado na origem
Merge complexo e demorado	Integração em lotes pequenos
Tudo funciona na minha máquina	Ambiente similar de produção
Implantação manual	Implantação automatizada
Implantação demorada	Implantação contínua
Big bang	Teste A/B
Acho que o problema foi xxx	Fatos e dados com telemetria

Vale destacar que a empatia e o senso colaborativo dos times são fundamentais na jornada *DevOps*, e esse *mindset* pode ser expandido para todas as áreas da organização. Reflita como incentivar e adaptar na sua empresa essa cultura nos exemplos a seguir:

1. A área de vendas verifica com a operação o que precisa ser combinado antes de fechar um grande negócio que exigirá a fabricação de milhares de produtos nas próximas semanas.
2. Antes de dizer não, a área de operações combina com todos os envolvidos o que pode ser feito para priorizar uma entrega que é importante para todos na empresa.
3. O marketing avalia previamente com os times as ações necessárias para uma campanha em várias mídias que aumentará muito a demanda nos acessos de vários sites e sistemas.

4. A área jurídica reavalia seus processos para simplificar as exigências de documentação e eliminar aprovações para compras com baixa complexidade ou custos baixos.
5. O departamento de RH estimula uma relação de confiança com seus colaboradores e elimina a obrigatoriedade de comprovantes (cópia todo mês de vários documentos para auxílio creche/escola, bater ponto, etc.).
6. A área administrativa combina um teto máximo para gastos com viagem e elimina a obrigação de comprovantes.
7. A auditoria interna avalia continuamente a necessidade das evidências e combina com as áreas para manter somente os controles que realmente podem mitigar os riscos do negócio e as exigências regulatórias.
8. A área de produtos convida uma equipe multidisciplinar para esclarecer as ideias na origem e entender a opinião das outras áreas da organização.
9. Antes de dizer não, a segurança da informação estabelece uma relação de confiança sobre a importância de reduzir vulnerabilidades e passa a ser vista como uma área que colabora para que todos consigam implantar essas práticas em suas atividades diárias.
10. Os times se sentem proprietários do resultado final entregue ao cliente que recebe o produto ou serviço e não transferem essa responsabilidade para quem atua no SAC.

A Figura 1.5 resume um pouco o impacto positivo da cultura *DevOps*.

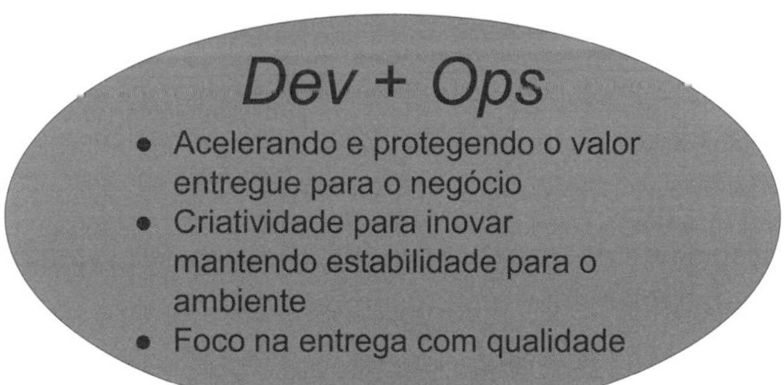

Figura 1.5. Redução dos conflitos entre as equipes com *DevOps*.
Fonte: elaborado pelo autor.

As ferramentas para automação têm uma grande importância para o sucesso do *DevOps*, porém o principal desafio é criar uma cultura em que todos se tornem comprometidos com a qualidade desde o início do ciclo de vida do software até sua entrega em produção e monitoramento da experiência real do usuário.

A Figura 1.6 destaca alguns benefícios que várias empresas alcançaram com a jornada *DevOps* em vários países e segmentos de mercado.

Figura 1.6. Benefícios com a adoção de *DevOps*.
Fonte: adaptado de PUPPET, 2017.

Um exemplo interessante sobre *deploy* frequente e entrega de novas *features* é o WhatsApp, que apresento na Figura 1.7.

Figura 1.7. Exemplo de entregas frequentes do WhatsApp.
Fonte: MUNIZ, palestra no *The Developer's Conference* (TDC) em Porto Alegre, 2018.

Existe uma relação direta do *Lean* com *DevOps*, e muitas dessas práticas serão apresentadas, mais detalhadamente, nos próximos capítulos.

Considere inicialmente que o *Lean* pode ser caracterizado como uma filosofia colaborativa para redução de desperdícios e entrega de valor que o cliente está disposto a pagar.

Destaco a seguir alguns conceitos iniciais do *Lean* aplicados ao *DevOps*:

- ✓ **Fluxo de valor:** é o processo que concretiza uma necessidade de negócio em um produto ou serviço para entrega de valor ao cliente.

- ✓ **Mapeamento do fluxo de valor:** visa entender como o processo funciona com foco na entrega de valor ao cliente e identifica gargalos ou desperdícios.
- ✓ ***Gemba*:** é o local onde as coisas acontecem. Todos deveriam ir ao *gemba* com frequência para conhecer o "chão de fábrica" e evitar suposições sem dados e fatos.
- ✓ ***Obeya*:** também conhecida nas organizações como "sala de guerra", o objetivo é facilitar a gestão visual e a coordenação para solução de problemas sem os entraves das estruturas clássicas das organizações.
- ✓ ***Kanban*:** quadro que permite visualizar onde o trabalho está fluindo bem e onde está na fila ou interrompido. Veja um exemplo desse quadro no decorrer deste capítulo, quando falarmos sobre WIP.
- ✓ **Corda de *Andon*:** dispositivo que existe nas fábricas da Toyota para interromper a linha de produção quando é encontrado algum defeito nos produtos. O objetivo da aglomeração (*swarming*) é conter os problemas antes que estes tenham a chance de se espalhar. As equipes e líderes que podem ajudar a resolver o problema na origem são aglomerados imediatamente, podendo mobilizar os executivos, executivos de tecnologia e até a alta administração.
- ✓ **Desperdício:** toda atividade que consome recursos sem adicionar valor na visão do cliente. Existem oito tipos de desperdícios identificados no *Lean*:
  - **Defeito e retrabalho:** desfazer, refazer algo.
  - **Movimentação:** caminhadas, deslocamentos, viagens.
  - **Espera:** pessoas aguardando informações, materiais ou outras equipes.
  - **Transporte:** transferências desnecessárias de materiais ou informações.
  - **Estoques:** informações ou materiais sem uso.
  - **Processamento:** etapa redundante ou desnecessária.
  - **Desconexão ou superprodução:** fluxo deficiente ou falta de sincronismo entre etapas (antes ou depois do necessário).
  - **Conhecimento:** não aproveitar as habilidades das pessoas adequadamente.

1.2. Jornada *DevOps* abraça outras iniciativas e *frameworks*

Conforme ilustrado a seguir, tenha em mente que *DevOps* é uma jornada que contempla a conjunção de várias filosofias, métodos, práticas e ferramentas que unem as equipes para a entrega ágil de software confiável (Figura 1.8).

Figura 1.8. Resumo da jornada *DevOps*.
Fonte: MUNIZ, palestra no *DevOps Days* BH e TDC Porto Alegre, 2018.

Podemos considerar que *DevOps* é uma continuação natural da jornada ágil, visando entregar valor ao cliente com foco em adaptabilidade e aprendizado contínuo. Um dos benefícios da adoção de *DevOps* com métodos ágeis é a mobilização de todas as equipes que participam do fluxo de valor em uma abordagem ponta a ponta, desde o levantamento de requisitos até a entrega do software no ambiente de produção.

Uma dúvida bastante recorrente na comunidade e nas organizações é onde o *DevOps* se encaixa nos *frameworks* e movimentos existentes, como *Design Thinking*, *Lean*, *Scrum*, XP, *Kanban*, *Lean startup*, etc. Para facilitar esse entendimento, apresento na figura a seguir um resumo com essas ligações.

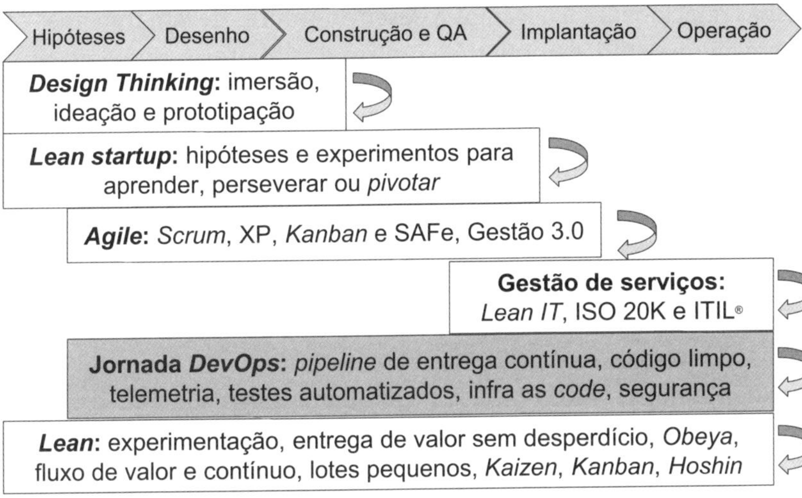

Figura 1.9. Jornada *DevOps* abraça outros movimentos e modelos.
Fonte: elaborado pelo autor.

O Manifesto Ágil foi criado em 2001 por um grupo de especialistas com notável conhecimento em desenvolvimento de software e colabora bastante com a adoção do *DevOps*. Um dos grandes benefícios dos métodos ágeis é a divisão do produto em componentes menores, visando permitir entregas frequentes e adaptação às mudanças cada vez mais velozes que vivemos atualmente. Conforme descrito a seguir, a ideia dessa iniciativa foi "descobrir maneiras melhores de desenvolver software, fazendo-o nós mesmos e ajudando outros a fazer o mesmo. Através deste trabalho, passamos a valorizar":

- ✓ Indivíduos e interações mais do que processos e ferramentas.
- ✓ Software em funcionamento mais do que documentação abrangente.
- ✓ Colaboração com o cliente mais do que negociação de contratos.
- ✓ Responder a mudanças mais do que seguir um plano.

Existem 12 princípios que embasam o Manifesto Ágil:

1. A maior prioridade do time é satisfazer o cliente, através da entrega adiantada e contínua de software de valor.
2. Aceitar mudanças de requisitos, mesmo no fim do desenvolvimento. Processos ágeis se adequam a mudanças, para que o cliente possa tirar vantagens competitivas.
3. Entregar software funcionando com frequência, na escala de semanas até meses, com preferência para os períodos mais curtos.

4. Pessoas relacionadas a negócios e desenvolvedores devem trabalhar em conjunto e diariamente, durante todo o curso do projeto.
5. Construir projetos ao redor de indivíduos motivados, dando a eles o ambiente e suporte necessários, e confiar que farão seu trabalho.
6. O método mais eficiente e eficaz de transmitir informações para, e por dentro de um time de desenvolvimento, é através de uma conversa cara a cara.
7. Software funcional é a medida primária de progresso.
8. Processos ágeis promovem um ambiente sustentável. Os patrocinadores, desenvolvedores e usuários devem ser capazes de manter indefinidamente passos constantes.
9. Contínua atenção à excelência técnica e bom design aumenta a agilidade.
10. Simplicidade: a arte de maximizar a quantidade de trabalho que não precisou ser feito.
11. As melhores arquiteturas, requisitos e designs emergem de times auto-organizáveis.
12. Em intervalos regulares, o time reflete sobre como ficar mais efetivo, então se ajusta e otimiza seu comportamento de acordo.

1.3. Como o *DevOps* potencializa a transformação digital

Klaus Schwab considera, no livro "A Quarta Revolução Industrial", que estamos vivenciando uma revolução diferente de tudo o que a humanidade já experimentou, pois não há precedente para as mudanças que estão ocorrendo em relação à velocidade, à amplitude e à profundidade. Diferentemente de outras épocas em que havia relativa estabilidade no mercado, temos atualmente um mundo totalmente volátil, incerto, complexo e ambíguo (VUCA).

Observe na Figura 1.10 um exemplo simples da velocidade exponencial na adoção das novas tecnologias.

Como o fundamento do *DevOps* é acelerar o fluxo para a implantação em produção com qualidade, *feedback* rápido e experimentação contínua, torna-se um requisito importante que as organizações iniciem imediatamente essa jornada, visando não perder mercado para seus concorrentes ou tornar-se irrelevantes.

A seguir estão ilustrados os elementos básicos da transformação digital e sua total dependência com as implantações tecnológicas de forma ágil, confiável, adaptativa e focada em experimentação e aprendizado contínuo (Figura 1.11).

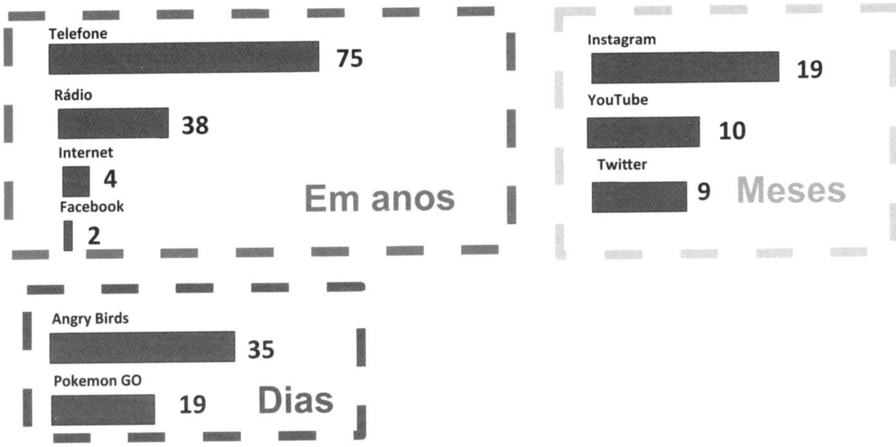

Figura 1.10. Tempo que invenções levaram para chegar a 50 milhões de usuários.
Fonte: MUNIZ, videoaula *Management* 3.0, 2019.

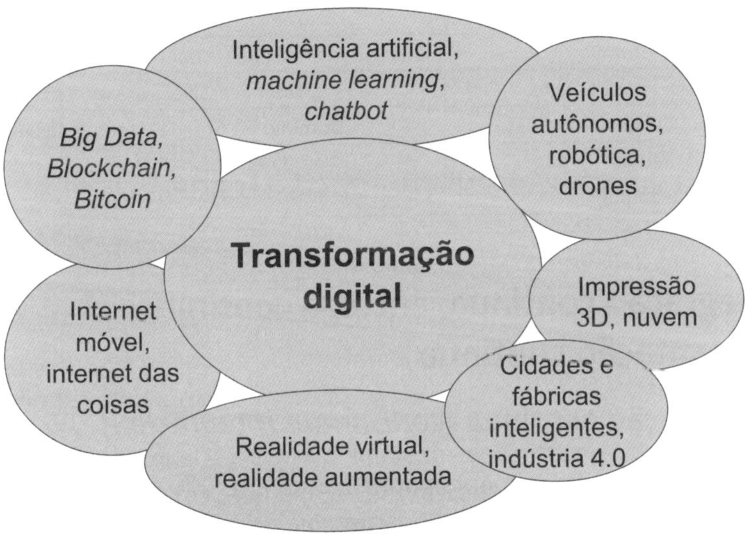

Figura 1.11. Alguns componentes da transformação digital.
Fonte: MUNIZ, palestra no *The Developer's Conference* (TDC) em Porto Alegre, 2018.

Um exemplo da necessidade de *DevOps* para a transformação digital é a criação do supermercado do futuro, chamado de Amazon Go. Diferentemente do modelo clássico, em que precisamos seguir três passos básicos dentro da loja (colocar no carrinho, retirar do carrinho no caixa, colocar no carrinho após passar no caixa), a tecnologia criada elimina os dois últimos passos com uso de aplicativo e câmeras que fazem a leitura das compras realizadas e fecham a conta na saída sem nenhuma atividade manual dos funcionários. Como a tendência é que essa tecnologia seja expandida em todo o mundo, as organizações precisarão ter confiança na qualidade das implantações e disponibilidade dos sistemas para não gerar mais problemas do que benefícios com essa adesão.

Na tabela a seguir destaco outros exemplos clássicos da transformação digital e como a Jornada *DevOps* torna-se obrigatória para atender aos clientes cada vez mais exigentes.

***Mindset* aceitável no passado**	***Mindset* digital exige *DevOps***
Filas no *check-in* para embarcar	*Check-in* via *app*
Blockbuster multa por atraso	Netflix entrega vídeo sob demanda
TV domina conteúdo e audiência	Netflix domina conteúdo e audiência
Guia Quatro Rodas para viagem	Google compra Waze por US$ 1 bi
Momento Kodak em papel	Facebook compra Instagram por US$ 1 bi
Comunicação por e-mail	Facebook compra WhatsApp por US$ 22 bi
Filas para transações bancárias	Transações na palma da mão
Filas no orelhão	Quantidade de celular supera quantidade de pessoas
Táxi acessível para poucos	Uber acessível para muitos
Anúncio caro: TV, jornal e revista	Domínio do Google e mídias sociais
Reembolso médico em papel	Reembolso digital e ágil
Linear e analógico	Exponencial e digital

1.4. Integração contínua, entrega contínua e implantação contínua

1.4.1. Integração contínua (*continuous integration*)

Essa técnica foi escrita originalmente por Kent Beck em 1999 como parte integrante da Programação Extrema (*eXtreme Programming* ou XP) e seu uso é um requisito fundamental para *DevOps*. Martin Fowler destaca que essa é uma prática de desenvolvimento de software em que cada participante do time integra seu trabalho pelo menos uma vez no dia. Cada integração é verificada por um *build* automatizado (incluindo testes) para detectar erros de imediato e permitir que as atividades de desenvolvimento de software tenham mais qualidade e agilidade.

Enquanto os métodos tradicionais adiam a integração até o final do desenvolvimento, a integração contínua estabelece que o código seja compilado para cada mudança e execute testes automatizados minimamente confiáveis (Figura 1.12).

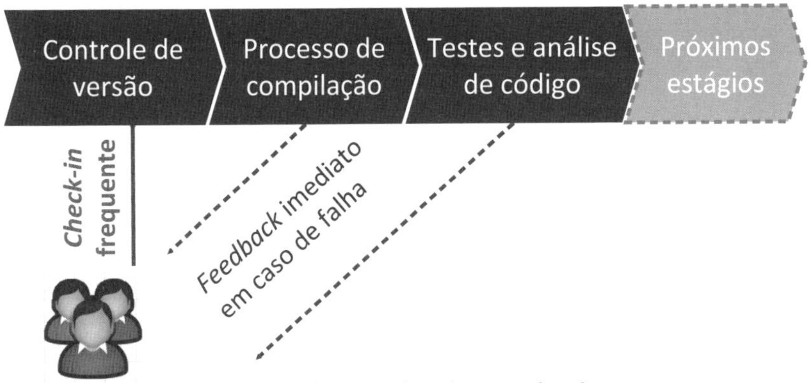

Figura 1.12. Visão resumida da integração contínua.
Fonte: MUNIZ; ADAPTNOW, videoaula oficial Exin, 2018.

Em artigo de 2006, Martin Fowler destaca que a integração contínua pode ser mais efetiva com determinados princípios, conforme resumo a seguir:

1. Manter um repositório de origem único.
2. Automatize o *build*.
3. Faça seu autoteste de construção (testes unitários, *TDD*).
4. Todos devem fazer *commit* pelo menos uma vez por dia.
5. Todo *commit* deve ser centralizado em uma máquina de integração.
6. Corrigir quebra de código imediatamente.
7. Mantenha a construção rápida.
8. Teste em um ambiente que seja o mais próximo possível do ambiente de produção.
9. Garanta que qualquer um possa obter o executável mais recente.
10. Todo mundo pode ver o que está acontecendo.
11. Automatizar a implantação.

Embora os testes automatizados tenham uma grande importância nas iniciativas *DevOps*, é importante que as equipes deixem claro que não há como garantir que nunca ocorrerá erro após sua execução. Um bom exemplo foi a descoberta, em fevereiro de 2019, de uma falha no iPhone que faz o aplicativo travar quando você fala cinco vezes a palavra "hífen" ao usar a funcionalidade de captura de voz. O erro parece inofensivo, será que isso foi uma brincadeira do desenvolvedor? Seria possível prever esse comportamento nos cenários de testes a um custo viável?

Segundo Jez Humble, a integração contínua somente é praticada quando todas as ações a seguir são realizadas (Figura 1.13):

1. O time integra o código pelo menos uma vez por dia em um único *trunk/master*.
2. O *pipeline* de implementação é iniciado automaticamente a cada mudança de código e executa validações, análise estática de padrões de codificação e testes.
3. Quando sua *build* falha, na maioria das vezes é corrigida em até dez minutos.

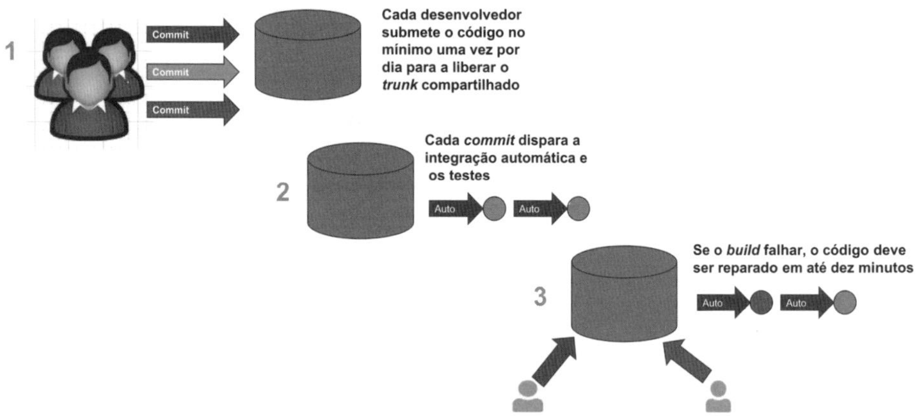

Figura 1.13. Integração contínua e certificação de testes.
Fonte: adaptado de FOWLER, 2017.

1.4.2. Entrega contínua (*continuous delivery*)

Podemos considerar que a entrega contínua é uma evolução natural quando existe o interesse de expandir os benefícios da automação dos testes e *feedback* imediato para os próximos estágios que não são cobertos pela integração contínua.

De acordo com Jez Humble, entrega contínua é a capacidade de disponibilizar mudanças de forma segura e rápida garantindo que o código esteja sempre pronto para implantação, mesmo diante de milhares de desenvolvedores fazendo alterações diariamente.

Observe a seguir que a integração contínua é a base para a entrega contínua e permanece a ideia de *feedback* imediato para as equipes em caso de falha (Figura 1.14).

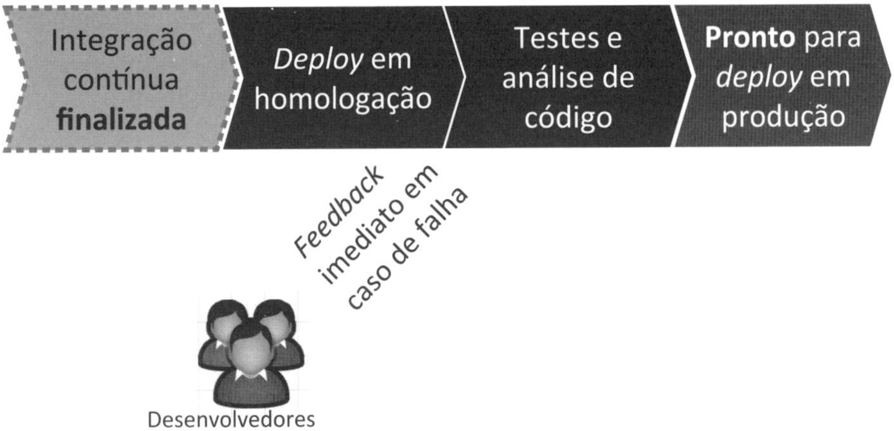

Figura 1.14. Visão resumida da entrega contínua.
Fonte: MUNIZ; ADAPTNOW, videoaula oficial Exin, 2018.

1.4.3. Implantação contínua (*continuous deployment*)

É a evolução natural da entrega contínua e consiste no *deploy* automático em produção após a execução com sucesso dos testes automatizados e das validações previstas, conforme ilustrado a seguir (Figura 1.15).

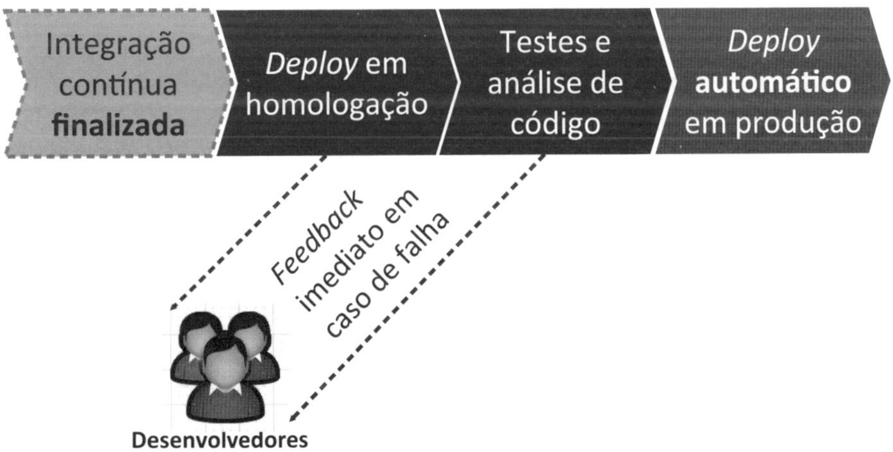

Figura 1.15. Visão resumida da implantação contínua.
Fonte: MUNIZ; ADAPTNOW, videoaula oficial Exin, 2018.

A implantação contínua é usada principalmente para aplicações *web* e aplicativos, mas pode ser experimentada em qualquer tipo de tecnologia. A ideia é disponibilizar pequenas mudanças em produção com a maior frequência possível. É também possível replicar os ambientes de forma confiável, assim os desenvolvedores podem ensaiar a implantação do código em produção em um ambiente onde a infraestrutura já é muito parecida, e o mais próximo possível, do ambiente de produção.

É muito importante que cada organização avalie seu nível de maturidade para o uso da implantação contínua, pois do contrário os erros podem ser colocados em produção de forma mais rápida e gerar impactos negativos nos negócios. Existem várias técnicas que serão apresentadas no decorrer do livro para potencializar o uso seguro da implantação contínua com *DevOps*, visando alcançar os benefícios que várias empresas já conquistaram, tais como: Netflix, Amazon, Spotify, Google, Facebook, etc.

A estruturação adequada da integração contínua, da entrega contínua e da implantação contínua permite a criação do *pipeline* de implementação, e seu uso eficiente depende diretamente que os ambientes sejam o mais próximo possível do ambiente de produção.

1.5. Infraestrutura ágil e infraestrutura como código

A infraestrutura ágil pode ser considerada uma resposta ao Manifesto Ágil e estabelece um conjunto de automações que permite à área de operações realizar alterações nos ambientes sem impactos na estabilidade e segurança. O objetivo é provisionar rapidamente a infraestrutura, e toda a atividade manual das equipes passa a ser realizada automaticamente com testes para garantia dos ambientes.

Conforme mencionado no livro "The DevOps Handbook" (2016), Patrick Debois e Andrew Schafer iniciaram esse movimento em 2008 na Conferência Ágil no Canadá (Toronto).

A infraestrutura ágil deve contemplar todas as atividades, como redes, servidores, banco de dados, *mainframe*, etc. É altamente recomendado que a equipe estabeleça uma rotina de gerenciamento diário de forma proativa para encontrar problemas no estágio inicial e não apenas reagir aos problemas.

A utilização de um repositório único e ferramentas comuns potencializa o termo radiadores de informação criado por Alistair Cockburn (um dos autores do Manifesto Ágil). Os radiadores de informação são elementos visuais que tornam o ambiente informativo o suficiente para que todos tenham a visibilidade clara e objetiva da situação dos itens que fazem parte do fluxo de valor.

A evolução da infraestrutura ágil pode ser denominada infraestrutura como código (IaC – *Infrastructure as a Code*). Existem diversos softwares que podem automatizar a criação de ambientes, como Chef, Puppet, Ansible, etc.

1.6. *Kata*

O termo *Kata* refere-se ao comportamento e ao pensamento na Toyota para gerenciar as pessoas e disseminar diariamente o conhecimento para melhoria contínua do trabalho realizado.

Mike Rother destaca no livro "Toyota Kata" que os aspectos críticos da Toyota não são visíveis e aborda em detalhes as duas questões a seguir:

1. Quais são as rotinas de gestão e pensamento ocultos que estão por trás do sucesso da Toyota com a melhoria contínua e a adaptação?
2. Como outras empresas podem desenvolver rotinas e pensamentos similares em suas organizações?

Considerando que *DevOps* envolve a integração e a sinergia de atividades, torna-se importante refletir sobre como o *Kata* pode ser aplicado para disseminar o conhecimento tácito entre as equipes.

1.7. Trabalho em andamento (WIP)

O trabalho em andamento (*Work In Progress* – WIP) compreende todas as atividades que estão em desenvolvimento ou parcialmente acabadas e ficam à espera de conclusão para serem implantadas.

As práticas *Lean* e métodos ágeis recomendam limitar o trabalho em andamento, pois é considerado como um inventário que não está agregando valor ao cliente e pode se transformar em desperdício puro se não for mais necessário com o passar do tempo.

Desta forma, o sistema empurrado passa para um sistema puxado, onde não será mais possível iniciar alguma atividade antes de finalizar outra que esteja em andamento.

Um exemplo simples de como a limitação do WIP pode evitar o desperdício é que podemos trocar 10 atividades em andamento com 50% de conclusão, mas nenhuma efetivamente concluída, por 5 atividades completas e 5 atividades a iniciar.

Observe no exemplo da figura a seguir que na perspectiva do cliente o que vale é a entrega final e de nada adianta a ocupação total das equipes em muitas atividades. Dessa forma, é mais eficaz o foco de todos para entregar com qualidade e de forma incremental o famoso lote pequeno preconizado pelo *Lean*. Essa prática colabora também para evitar a disseminação da clássica e irritante frase "está pronto, falta apenas testar" (Figura 1.16).

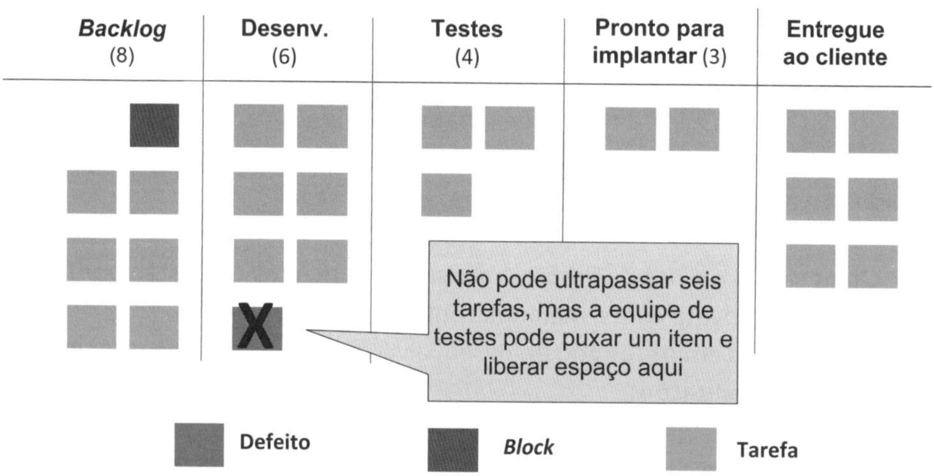

Figura 1.16. Visão resumida da implantação contínua.
Fonte: MUNIZ; ADAPTNOW, videoaula oficial Exin, 2018.

1.8. Débito técnico

Também conhecido como Dívida Técnica, este conceito envolve a degradação dos sistemas ao longo do tempo quando não existem ações para garantir a qualidade do código. Um débito técnico pode ser um código mal estruturado, uma vulnerabilidade de segurança, um ponto no código não performático ou qualquer outra falha que muitas vezes não impacta em um defeito no software, mas evidencia uma certa ausência de qualidade.

Quando não resolvemos essas situações criam-se problemas cada vez mais difíceis de corrigir com o passar do tempo, pois os objetivos conflitantes das áreas *Dev* e *Ops* contribuem para o aumento do débito técnico.

DevOps preconiza a realização de *blitz* de melhoria, e essa ação consiste em agrupar frequentemente equipes multidisciplinares para resolver a dívida técnica. Um débito técnico que não seja corrigido depois de um determinado tempo pode se tornar um problema grande e ocasionar quebra da aplicação e até mesmo instabilidades quando a carga de dados trafegada exceder um determinado limite.

1.9. Tempo de espera (*lead time*)

Apresentarei os conceitos complementares do *Lean* nesta seção para facilitar o entendimento do fluxo de valor.

- ✓ ***Lead time* (tempo de execução, ciclo ou espera):** significa o tempo que medimos do início da criação de uma solicitação até sua entrega, ou seja, é o tempo gasto para transformar os recursos usados nos resultados entregues para o cliente. Taichi Ono, considerado o grande responsável pela criação do Sistema Toyota de Produção, que é a base do *Lean*, resume bem a importância de medir o *lead time*: "tudo o que estamos tentando fazer é reduzir a linha do tempo".
- ✓ **Tempo de processamento:** representa o tempo realmente usado para executar a etapa do processo e inicia somente quando começa a trabalhar até sua conclusão, ou seja, omite o tempo em que o trabalho fica na fila.
- ✓ **% conclusão e precisão (completo e correto):** indica o percentual que uma atividade foi concluída com sucesso na perspectiva do cliente sobre a qualidade entregue.

1.10. *DevOps* depende de código limpo

Embora as práticas *DevOps* descritas neste primeiro capítulo ajudem com implantações contínuas, um código mal escrito poderá desencadear uma série de problemas que não deixam o software de pé, seja no curto ou longo prazo.

Quando não existe uma preocupação genuína com a qualidade na origem, haverá grande desperdício para manter o código funcionando. Na pior das hipóteses, a casa pode cair e gerar um impacto negativo exponencial.

Uma das obras mais brilhantes sobre software com qualidade foi organizada pelo experiente Robert C. Martin com o título "Código Limpo: habilidades práticas do agile software" (2011). Caso você tenha interesse em ser um embaixador do movimento *DevOps*, recomendo fortemente que incentive todos ao seu redor a conhecer e usar essas práticas, mesmo que não trabalhem diretamente com codificação. A figura a seguir apresenta um breve resumo dessas técnicas (Figura 1.17).

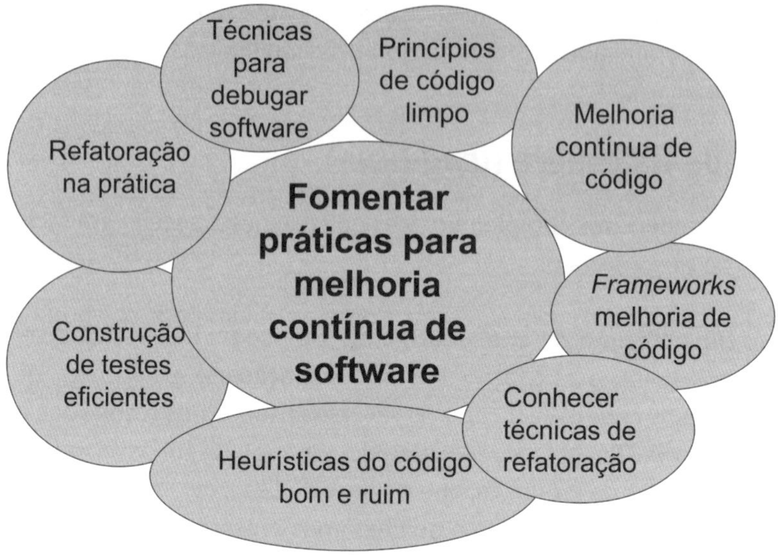

Figura 1.17. Práticas do código limpo e refatoração.
Fonte: adaptado de MARTIN, 2011.

Quando falamos em transformação ágil, é frequente que o foco seja dado na conscientização das equipes sobre o novo *mindset*, dando pouca atenção à capacitação técnica dos times para desenvolver software com qualidade e arquitetura adequada. Também é comum não colocar no jogo as equipes de operação (infraestrutura, segurança da informação, gestão de mudanças, auditoria, QA, etc.).

O movimento *DevOps* chegou para complementar essa lacuna, considerando o envolvimento de todas as equipes multidisciplinares do fluxo de valor.

Destaco a seguir algumas reflexões que serão discutidas com mais detalhes ao longo da nossa Jornada *DevOps*:

1. Uma empresa implantou o *pipeline* de integração contínua e agora é possível colocar código em produção todo dia. Porém, o fluxo de valor completo não foi mapeado e não há testes automatizados. Qual é o impacto na qualidade das entregas e quais conflitos vão surgir entre as áreas quando a quantidade de incidentes em produção aumentar?
2. Seu chefe chega aos gritos dizendo que seu código tem que ser entregue em duas semanas, mesmo que seja necessário cortar todos os testes que estavam previstos. Qual é a chance de o software quebrar em produção? Como essa cultura do medo impacta toda a equipe? Será que seu chefe também é tratado

dessa forma pelo cliente ou área de negócio e desconta na equipe porque não tem habilidade emocional para negociar ou suportar essa pressão?

3. A equipe de operações está super empolgada porque foi aprovado o investimento para uso de ferramentas de infraestrutura como código. As equipes de Operações estão preparadas para trabalhar com programação? Os conflitos de objetivo com a área de desenvolvimento serão solucionados com essa ação?
4. A gestão de mudanças ouviu falar em *DevOps* e está muito preocupada com os boatos sobre a extinção de evidências e do comitê de mudanças, que é um dos pontos cobrados pela auditoria. Como o *DevOps* pode colaborar com essa situação?
5. A empresa em que você trabalha é fortemente auditada por órgãos fiscalizadores para mitigar riscos de segurança e todo o seu processo ocorre no final do ciclo de desenvolvimento. Como fica a segurança das implantações frequentes praticadas com *DevOps*?

1.11. *DevOps* e terceirização (CALMSS)

Uma outra evolução do termo CALMS inclui mais um S (*Sourcing*) para destacar a questão de terceirização. Segundo Eveline Oehrlich, a Forrester criou essa nova definição para representar o entendimento de outras pessoas de que as iniciativas *DevOps* precisam ser suportadas por uma sólida estratégia de terceirização.

O engajamento de equipes terceirizadas é bastante valorizado por Davis e Daniel no livro "Effective DevOps" (2016). Ele apresenta uma visão humanizada de como as empresas acabam discriminando as pessoas que não são funcionários formalizados, mas desempenham tarefas tão importantes quanto os demais.

Considero ser muito importante essa reflexão, que costuma ser deixada de lado nas organizações. Em geral, a liderança e as equipes internas não percebem como pequenas ações podem minar o sentimento de pertencimento do time como um organismo integrado e gerar conflitos desnecessários (ex.: terceirizados trabalham o ano inteiro ao lado de todos, mas não podem participar da festa de final do ano, eventos, reuniões, comemorações, etc.).

Em uma das palestras a que assisti no *DevOps Days* do Rio de Janeiro em 2018, a Analia Irigoyen, minha grande amiga e coautora deste livro, trouxe de forma brilhante esse debate para a comunidade.

O tema da sua palestra "DevOps + Fornecedores = É possível" apresentou dificuldades, fatores de sucesso, lições aprendidas e técnicas gerenciais já vivenciadas na terceirização de desenvolvimento e/ou de testes (automatizados ou não).

Ao contratar novos fornecedores foi discutido que, inicialmente, seja planejada uma atividade para identificar, analisar e mitigar os riscos relacionados a:

- ✓ infraestrutura;
- ✓ conhecimento dos profissionais da contratada relacionado ao uso do processo, suas técnicas e ferramentas;
- ✓ conhecimento do negócio; e
- ✓ comunicação (interna e externa).

Outras lições aprendidas expostas durante a palestra a respeito de contratações de fornecedores e uso do *DevOps* foram:

- ✓ Uma arquitetura de referência flexível e disponível para o fornecedor.
- ✓ A decisão pelas ferramentas que serão utilizadas na automação não é nada fácil, são muitas opções. Nesse sentido, o melhor quando se vai terceirizar é usar as ferramentas mais utilizadas no mercado, aumentando a concorrência e diminuindo o risco de rotatividade da equipe no fornecedor.
- ✓ Decisões arquiteturais que envolvam mudanças na arquitetura de referência devem ser feitas em conjunto (cliente x fornecedor).
- ✓ Realização de pilotos com o objetivo principal de aprendizado do processo e da arquitetura pelo fornecedor e cliente. Nesse momento é importante gerar empatia, objetivar sempre a colaboração e tomar decisões sempre considerando a otimização do fluxo de valor.
- ✓ Desenvolver padrões de interface (telas), de histórias e de modelos de impressão, facilitando a integração de times externos e internos.
- ✓ O fornecedor deve preparar os *mocks* para integração entre sistemas internos e externos.
- ✓ O fornecedor precisa conhecer as recomendações de resolução e *browsers* utilizados de quem está contratando.
- ✓ Definição de massa de testes de forma colaborativa.
- ✓ Definição do processo de entrega do fornecedor, não esquecendo de:
  - Definição da configuração do ambiente com apoio de ferramenta.
  - Frequência de entrega – sempre que possível trabalhar com a mesma frequência dos times internos, levando em consideração a complexidade do processo de entrega (*releases* com alta complexidade que precisam de testes manuais).

    - Estratégia de *branches* e acesso a ferramenta de gerência de configuração de forma remota.
    - Revisão de código frequente.
    - Critérios de "pronto" mais rígidos e claros possível, alinhados aos times internos o máximo possível, respeitando as restrições organizacionais.
    - Configuração do sonar padrão (com critérios bem definidos de qualidade, incluindo a cobertura de testes).
- ✓ Definição da política de segurança de acesso a dados (política de sigilo, *logs*, criptografia, dados sensíveis, segurança nos *desktops* do fornecedor, acesso VPN, HTTP, acordo de confidencialidade com todos os funcionários do fornecedor, segurança quanto a ataques externos e tentativas de invasão, antivírus). O fornecedor precisa conhecer e praticar todas as regras organizacionais de segurança da contratante.
- ✓ Estabelecer a infra necessária para que o fornecedor:
    - Tenha acesso remoto para trabalhar nas ferramentas; o custo de incluir as informações em ferramenta é muito alto e atrapalha a otimização do fluxo.
    - Preocupe-se em obter licença de software para os fornecedores, quando aplicável.
    - Proveja a infraestrutura necessária para que o fornecedor trabalhe dentro das instalações do contratante quando existir algum *deploy* em produção (salas de guerra).
- ✓ Estabelecer um canal único de comunicação utilizando ferramenta colaborativa, com o objetivo de compartilhamento de conhecimento e integração entre os times internos e externos.
- ✓ Participação do fornecedor e do contratante nas cerimônias ágeis como um só time exercendo os papéis necessários para diminuir as barreiras e os ruídos de comunicação, incluindo principalmente o refinamento do *backlog*, garantindo que todos estejam trabalhando com os mesmos objetivos e tenham o mesmo conhecimento do negócio e dos critérios de pronto.
- ✓ Estabelecer uma gestão visível e transparente com a utilização de métricas com o objetivo principal de melhoria contínua (sem julgamento de valor e procurar culpados): *System Cycle Time*, % de cobertura de testes; tempo de *refactoring*; % de cobertura de testes; taxa de defeitos; e % incidentes na entrega.
- ✓ Estabelecer uma comunicação colaborativa com o fornecedor: responsabilidades claras, espírito colaborativo (todos são responsáveis pela entrega, inclusive o fornecedor, que deve estar disponível também nas implantações e nos incidentes em produção), contratos ganha-ganha – considerando a confiança nas equipes e em métricas justas.
- ✓ Usar o "Delegation Poker" e o alinhamento das restrições, presentes no livro "Management 3.0 – Leading Agile Developers, Developing Agile Leaders"

(2011), para evitar as cercas invisíveis e apoiar a definição dos assuntos nos quais a equipe do fornecedor pode tomar decisões ou ainda não está madura o suficiente para decidir. Exigir que o fornecedor desenvolva as competências do seu time para otimizar cada vez mais o fluxo de valor.

✓ Trabalhar por ordem de serviço dividindo o trabalho em pequenos pacotes (*sprints*), alinhando principalmente as restrições e o contexto organizacional. Usar tipos de contratos ágeis sempre que possível: Preço Fixo Ágil e T&M Ágil, *Money for Nothing Change for Free*, Preço fixo por unidade de Trabalho, Progressivo, Objetivo de Custo. A palestra do Rafael Rodrigues (2015) detalha um pouco mais esses tipos de contratos e o artigo de Eduardo Peres (CAROLI.ORG, s.d.) também é uma boa referência sobre o assunto.

1.12. *Devopsdays*

Entre os vários eventos fantásticos sobre *DevOps* de que participei e palestrei em 2018 e 2019 (*Devopsdays*, *The Developer's Conference* – TDC, *Agile Trends, Campus Party*), as edições do *devopsdays* nas cidades de BH, Floripa e Rio de Janeiro foram especiais e fazem parte da história deste livro.

O *devopsdays* é uma série mundial de conferências técnicas que abordam tópicos de desenvolvimento de software, operações de infraestrutura de TI e a interseção entre eles, com grande foco em cultura colaborativa e experimentação. Cada evento é executado por voluntários e todos podem submeter palestras. A equipe central global do *devopsdays* orienta os organizadores locais na realização de seus próprios eventos *devopsdays* em todo o mundo.

O primeiro *devopsdays* foi realizado em Ghent, Bélgica, em 2009. Desde então, os eventos *devopsdays* se multiplicaram, e se ainda não houver um em sua cidade confira as informações sobre como organizar ou submeter palestras no site <https://www.devopsdays.org/>.

A maioria dos eventos do *devopsdays* apresenta uma combinação de palestras e conteúdo de espaço aberto auto-organizado (*open space*), que permite muita troca de experiências e *networking* com a comunidade. Os tópicos geralmente incluem automação, teste, segurança e cultura organizacional.

Assim como vários eventos que reforçam o respeito à diversidade, o *devopsdays* possui um excelente código de conduta que está disponível no site <https://www.devopsdays.org/conduct/>. Destaco a seguir essas orientações, visando incentivar ainda mais a disseminação desse comportamento tão importante em nossa sociedade:

1. Respeito e empatia são valores fundamentais de *DevOps*, que se dedica a fornecer um ambiente no qual todos na comunidade *DevOps* possam aprender e compartilhar uma colaboração respeitosa.
2. Cada evento *devopsdays* tem um código de conduta, e esperamos que a comunidade organizadora antes, durante e depois das conferências siga um código de conduta similar.
3. *Devopsdays* é dedicado a proporcionar uma experiência livre de assédio para todos os participantes, independentemente de sexo, orientação sexual, deficiência, aparência física, tamanho do corpo, raça, religião ou quaisquer outras características pessoais. Nós não toleramos o assédio de ninguém em qualquer forma. Linguagem e imagens sexuais não são apropriadas para nenhum espaço de *devopsdays*, incluindo Slack, GitHub e e-mail. Os participantes que violarem essas regras podem ser punidos ou expulsos da organização, a critério dos principais organizadores.
4. O assédio inclui comentários ofensivos verbais ou por escrito relacionados com gênero, orientação sexual, deficiência, aparência física, tamanho corporal, raça, religião, imagens sexuais em espaços públicos, intimidação deliberada, perseguição, assediar com fotografia ou gravação, interrupção sustentada de palestras ou outros eventos, contato físico inadequado e atenção sexual indesejada. Os participantes solicitados a impedir qualquer comportamento de assédio devem fazê-lo imediatamente.

1.13. Pulo do gato para a prova :-)

Tema	Tipo de questão
Manifesto Ágil	Identificar os princípios ágeis
Benefícios do *DevOps*	Conhecer e identificar os principais benefícios do *DevOps*
Conflitos entre Desenvolvimento e Operação (barreiras e muros)	Entender os conflitos atuais entre as duas áreas
DevOps e ágil	Questões sobre o entendimento do quanto um apoia o outro
Fluxo de valor	Entendimento do conceito
Lead time	Entendimento do conceito, cálculo do tempo de processo e eficiência do fluxo
WIP	Entendimento do conceito
Lean	Identificar os princípios do *Lean*, os nove tipos de desperdícios e entender o objetivo do sistema *Andon*
Débito técnico	Identificar os conceitos
Benefício do trabalho visível	Mostra onde o trabalho está indo bem e onde está na fila ou interrompido

1.14. Referências

ATLASSIAN. **DevOps:** rompendo a barreira entre desenvolvimento e operações. Disponível em: <https://br.atlassian.com/devops>. Acesso em: 14 mar. 2019.

AWS. **O que é DevOps?** Disponível em: <https://aws.amazon.com/pt/devops/what-is-devops/>. Acesso em: 14 mar. 2019.

BECK, Kent et al. **Manifesto for Agile Software Development.** Disponível em: <http://www.agilemanifesto.org/>. Acesso em: 14 mar. 2019.

BELL, Steven C.; ORZEN, Michael A. **TI Lean:** capacitando e sustentando sua transformação Lean. São Paulo: Lean institute Brasil/CRC Press, 2013.

CAROLI.ORG. **Contratos ágeis por Eduardo Peres.** Disponível em: <http://www.caroli.org/contratos-ageis/>. Acesso em: 20 mar. 2019.

DAVIS, Jeniffer; DANIELS, Katherine. **Effective DevOps:** building a culture of collaboration, affinity, and tooling at scale. Sebastopol: O'Reilly Media, 2016.

DEVOPSDAYS. **Devopsdays Code of Conduct.** Disponível em: <https://www.devopsdays.org/conduct/>. Acesso em: 14 mar. 2019.

DEVOPSDAYS. Site. Disponível em: <https://www.devopsdays.org/>. Acesso em: 14 mar. 2019.

DONAHUE, Chris. Keep C.A.L.M.S. and Be Agile. **Futron Incorporated**, s.d. Disponível em: <https://futroninc.com/2015/06/keep-c-a-l-m-s-and-be-agile/>. Acesso em: 14 mar. 2019.

FACEBOOK finaliza aquisição do Whatsapp por US$ 22 bilhões. **G1**, 06 out. 2014. Disponível em: <http://g1.globo.com/economia/negocios/noticia/2014/10/preco-de-compra-do-whatsapp-pelo-facebook-sobe-us-22-bilhoes.html>. Acesso em: 14 mar. 2019.

FOWLER, Martin. **Continuous Integration Certification.** 18 Jan. 2017. Disponível em: <https://martinfowler.com/bliki/ContinuousIntegrationCertification.html>. Acesso em: 14 mar. 2019.

FOWLER, Martin. **Continuous Integration.** 01 May, 2016. Disponível em: <http://martinfowler.com/articles/continuousIntegration.html>. Acesso em: 14 mar. 2019.

GARTNER. **IT Glossary – DevOps.** Disponível em: <https://www.gartner.com/it-glossary/devops>. Acesso em: 14 mar. 2019.

HUMBLE, Jez; FARLEY, David. **Entrega Contínua:** como entregar software de forma rápida e confiável. Porto Alegre: Bookman, 2014.

INFOQ. **Definindo DevOps como CALMSS.** 17 jun. 2015. Disponível em: <https://www.infoq.com/br/news/2015/06/devops-definition>. Acesso em: 14 mar. 2019.

IZRAILEVSKY, Yury. Completing the Netflix Cloud Migration. **Netflix Media Center**, 11 Feb. 2016. Disponível em: <https://media.netflix.com/en/company-blog/completing-the-netflix-cloud-migration>. Acesso em: 14 mar. 2019.

JEE, Charlotte; MACAULAY, Thomas. 10 grandes falhas de tecnologia nos últimos anos. **Computerworld**, 12 jul. 2018. Disponível em: <https://computerworld.com.br/2018/07/12/10-grandes-falhas-da-tecnologia-nos-ultimos-anos/>. Acesso em: 20 mar. 2019.

KIM, Gene; DEBOIS, Patrick; WILLIS, John; HUMBLE, Jez. **The DevOps Handbook:** how to create world-class agility, reliability, and security in technology organizations. Portland: IT Revolution Press, 2016.

MANAGEMENT 3.0. Site. Disponível em: <https://management30.com/>. Acesso em: 14 mar. 2019.

MARTIN, Robert. **Código Limpo:** habilidades práticas do agile software. Rio de Janeiro: Alta Books, 2011.

MÜLLER, Leonardo. Instagram já vale 100 vezes mais do que quando foi comprado pelo Facebook. **Tecmundo**, 26 jun. 2018. Disponível em: <https://www.tecmundo.com.br/redes-sociais/131646-instagram-vale-100-comprado-facebook.htm>. Acesso em: 14 mar. 2019.

MUNIZ, Antonio; ADAPTNOW. Videoaula Jornada DevOps e Certificação oficial EXIN Profissional. Udemy, 2018.

OEHRLICH, Eveline. DevOps Now With CALMSS. **Forrester**, 02 Mar. 2015. Disponível em: <https://go.forrester.com/blogs/15-03-02-devops_now_with_calmss/>. Acesso em: 14 mar. 2019.

OLHAR DIGITAL. **4 motivos pelos quais o Google comprou o Waze.** Disponível em: <https://olhardigital.com.br/noticia/4-motivos-pelo-qual-o-google-comprou-o-waze/35180>. Acesso em: 14 mar. 2019.

POPPENDIECK, Mary; POPPENDIECK, Tom. **Implementando o Desenvolvimento Lean de Software:** do conceito ao dinheiro. Porto Alegre: Bookman, 2011.

PUPPET. **2017 State of DevOps Report.** Puppet, 2017. Disponível em: <https://puppet.com/resources/whitepaper/2017-state-of-devops-report>. Acesso em: 20 mar. 2019.

RODRIGUES, Rafael. Contratando Métodos Ágeis: que tipo de contratos usar? Transcrição de palestra. **Prezi**, 14 ago. 2015. Disponível em: <https://prezi.com/qqvbxjsynnjq/contratando-metodos-ageis-que-tipo-de-contratos-usar/>. Acesso em: 20 mar. 2019.

ROTHER, Mike. **Toyota Kata:** gerenciando pessoas para melhoria, adaptabilidade e resultados excepcionais. Porto Alegre: Bookman, 2010.

2. Princípios das Três Maneiras

Antonio Muniz

Este capítulo apresenta uma introdução dos princípios das Três Maneiras, que são a base para certificação *Exin DevOps Professional*. Esses princípios foram citados inicialmente no livro "O Projeto Fênix" e posteriormente detalhados no livro "The DevOps Handbook".

Posteriormente, aprofundaremos cada maneira em capítulos específicos.

2.1. Princípios de fluxo, *feedback*, aprendizado e experimentação

A Primeira Maneira possui princípios e práticas que potencializam o fluxo rápido de desenvolvimento para operações e clientes. Observe na Figura 2.1 que seu foco é executar ações para acelerar o fluxo da esquerda para a direita, visando reduzir o tempo para implantar o código no ambiente de produção.

Objetivo da Primeira Maneira	Princípios e práticas
Acelerar o fluxo dos desenvolvedores (esquerda) para operação e clientes (direita) 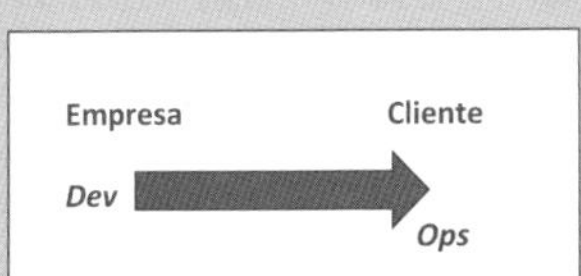 	1. Tornar o trabalho visível 2. Reduzir o tamanho dos lotes e intervalos 3. Aplicar a teoria das restrições e otimizar o fluxo 4. Remover desperdícios e foco no cliente 5. Reduzir o número de transferências (*hand-off*) 6. Incorporar qualidade na origem 7. Limitar o trabalho em andamento (WIP) 8. Infraestrutura como código e *self-service* 9. Integração, entrega e implantação contínua 10. Testes automatizados e TDD 11. Arquitetura e *releases* de baixo risco

Figura 2.1. Resumo da Primeira Maneira.
Fonte: adaptado de KIM; DEBOIS; WILLIS; HUMBLE, 2016.

A Segunda Maneira possibilita o rápido *feedback* em todos os estágios do fluxo de valor, visando garantir que os problemas sejam identificados de imediato e medidas sejam tomadas para evitar sua reincidência. Observe a seguir que as ações de *feedback* da direita para a esquerda possibilitam que os problemas sejam encontrados e corrigidos antes que ocorra uma falha com significativo impacto nos negócios e clientes (Figura 2.2).

Objetivo da Segunda Maneira	Princípios e práticas
Rápido *feedback* em todos os estágios do fluxo de valor (direita para a esquerda) 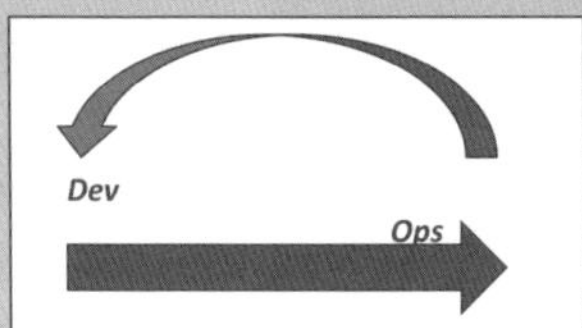 	1. Ver problemas quando ocorrem ("ir ao *gemba*") 2. Aglomerar quando problema aparece (*Andon*) 3. Qualidade próxima da fonte (menos aprovações) 4. Telemetria *self-service* e irradiadores de informação disponíveis para todos 5. Desenvolvimento por hipóteses e testes A/B 6. Equipes *Dev* e *Ops* compartilham o trabalho diário e plantões de suporte 24x7 7. Revisão de código usando as técnicas: programação em par, sobre os ombros, divulgação por e-mail, assistida por ferramentas

Figura 2.2. Resumo da Segunda Maneira.
Fonte: adaptado de KIM; DEBOIS; WILLIS; HUMBLE, 2016.

A Terceira Maneira estabelece a criação de uma cultura de alta confiança que permite correr riscos e potencializar o aprendizado contínuo. Observe a seguir que o *loop* contínuo de *feedback* incentiva que todos aprendam e melhorem (Figura 2.3).

Objetivo da Terceira Maneira	Princípios e práticas
Cultura de alta confiança que permite correr riscos e potencializar o aprendizado contínuo 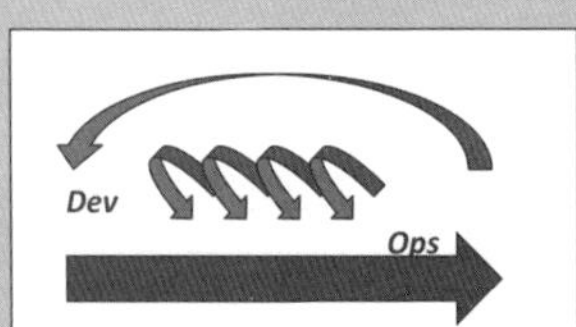 	1. Cultura justa e segura para aprender e evoluir com os erros 2. Injeção de falhas na produção para aumentar resiliência 3. Converter descobertas locais em melhorias globais 4. Reservar tempo para melhorar o trabalho diário (*Kata* e *blitz* de melhoria) 5. Reunião de *post mortem* sem culpa 6. Instituir dias de jogos para ensaiar falhas 7. Difundir conhecimento usando testes automatizados como documentação

Figura 2.3. Resumo da Terceira Maneira.
Fonte: adaptado de KIM; DEBOIS; WILLIS; HUMBLE, 2016.

Alguns dos principais resultados da Terceira Maneira estão listados a seguir:

- ✓ Melhorar o trabalho diário da equipe reservando um tempo para a melhoria contínua.
- ✓ Criar rituais da equipe do desenvolvimento (*Dev*) que, de alguma forma, recompensam a equipe por correr riscos.
- ✓ Introduzir falhas no sistema, aumentando a resiliência de forma gradativa e constante.

2.2. Diferença para *DevOps* entre sistema de registro e engajamento

Segundo o livro "The DevOps Handbook", é possível classificar os fluxos de valor em: serviço virgem, serviço abandonado, sistema de engajamento ou sistema de registro.

Quando classificamos os serviços ou produtos de software como virgens ou abandonados estamos usando termos que têm sua origem na área de planejamento urbano e projetos de construção. Para nós, da área de software, um serviço virgem é uma nova iniciativa de software. Normalmente, esses tipos de serviços são mais fáceis de introduzir inovações, já que possuem financiamento e é possível começar do zero, sem interferências tecnológicas ou débitos técnicos passados. São muito usados como pilotos para analisar viabilidades tecnológicas e introduzir inovações.

Os serviços abandonados são os produtos que já atendem a clientes e estão no mercado há anos. Esses tipos de serviços carregam normalmente uma quantidade significativa de dívida técnica, já que são baseados em tecnologias que não permitiam automação de testes ou simplesmente quando foram construídos o time não tinha cultura de automação de testes.

O sistema de engajamento interage diretamente com o cliente, enquanto o sistema de registro relaciona-se com o *back-end* que contém todo o suporte para a entrega de valor para o cliente. Considerando essa classificação, o Gartner popularizou o conceito de TI bimodal, conforme apresentado na tabela a seguir.

Sistema	Tipo bimodal	Ritmo de mudanças
Registro	Tipo 1: fazer direito com foco em estabilidade e confiabilidade	Mais lento e costuma ter requisitos normativos e conformidade
Engajamento	Tipo 2: fazer rápido com foco em flexibilidade e inovação	Mais rápido e permite experimentos em ambientes incertos

Fonte: KIM; DEBOIS; WILLIS; HUMBLE, 2016.

Segundo o Gartner, bimodal é a prática de administrar dois estilos de trabalho separados, mas coerentes: um focado na previsibilidade; o outro na exploração.

O modo 1 se concentra na exploração do que é conhecido, enquanto renova o ambiente legado em um estado que é adequado para um mundo digital.

O modo 2 é exploratório, experimentando para resolver novos problemas e otimizado para áreas de incerteza. Essas iniciativas geralmente começam com uma hipótese testada e adaptada durante um processo que envolve iterações curtas, potencialmente adotando uma abordagem de produto mínimo viável (MVP). Ambos os modos são essenciais para criar valor substancial e gerar uma mudança organizacional significativa, e nenhum deles é estático. Casar uma evolução mais previsível de produtos e tecnologias (modo 1) com o novo e inovador (modo 2) é a essência de uma capacidade bimodal empresarial. Ambos desempenham um papel essencial na transformação digital.

Embora a TI bimodal tenha sido amplamente divulgada no mercado, existem especialistas que consideram desnecessário fazer essa divisão, pois o melhor caminho seria alcançar ao mesmo tempo agilidade e estabilidade nos dois tipos de sistema, visando reduzir a complexidade e tornar os sistemas mais rápidos, mais seguros e mais fáceis de modificar.

2.3. Pulo do gato para a prova :-)

Tema	Tipo de questão
Três Maneiras	Saber identificar as três maneiras, os princípios e as práticas
Sistema de Engajamento (SoE) e um Sistema de Registro (SoR)	Identificar diferenças entre eles Ficar ligado que é possível combinar os dois conceitos para tornar os sistemas mais rápidos, mais seguros e mais fáceis de modificar

2.4. Referências

DEZ coisas que você deveria saber sobre TI bimodal. **Computerworld**, 10 ago. 2016. Disponível em: <https://computerworld.com.br/2016/08/10/dez-coisas-que-voce-deveria-saber-sobre-ti-bimodal>. Acesso em: 15 mar. 2019.

GARTNER. **IT Glossary – Bimodal.** Disponível em: <https://www.gartner.com/it-glossary/bimodal/>. Acesso em: 15 mar. 2019.

HUMBLE, Jez; FARLEY, David. **Entrega Contínua:** como entregar software de forma rápida e confiável. Porto Alegre: Bookman, 2014.

KIM, Gene; DEBOIS, Patrick; WILLIS, John; HUMBLE, Jez. **The DevOps Handbook:** how to create world-class agility, reliability, and security in technology organizations. Portland: IT Revolution Press, 2016.

MUNIZ, Antonio; ADAPTNOW. Videoaula Jornada DevOps e Certificação oficial EXIN Professional. Udemy, 2018.

3. Organização

Antonio Muniz

3.1. Como as diversas funções do *DevOps* agregam valor ao negócio

Tendo em vista a dinâmica de mercado e a complexidade dos sistemas, uma pessoa ou equipe dificilmente conhecerá todos os detalhes de um fluxo de valor. Torna-se fundamental identificar os times multidisciplinares para criar uma visão ponta a ponta, conforme ilustrado na tabela a seguir, o que costuma ser cobrado no exame.

Papel	Responsabilidades
Dono do Produto	A voz interna da empresa que define as funcionalidades
Desenvolvimento	Criar as funcionalidades dos aplicativos
QA	Realizar *loops* de *feedback* para garantir qualidade
Operações	Manter o ambiente de produção e o alcance do SLA
Segurança	Manter a segurança de sistemas e dados
Gerente de *release*	Administrar e coordenar a implantação em produção
Gerente de TI ou do fluxo de valor	Garantir que o fluxo de valor alcance ou exceda os requisitos do cliente de ponta a ponta

Fonte: KIM; DEBOIS; WILLIS; HUMBLE, 2016.

Considerando as diversas formas como as empresas podem ser organizadas (funcional, matricial, por projeto, por produto, por processo, etc.), Melvin Conway criou um artigo em 1968 que ficou conhecido como a Lei de Conway, mencionando a correlação entre o sistema e o design da estrutura organizacional.

A Lei de Conway destaca que "qualquer organização que projete um sistema (definido mais amplamente aqui do que apenas sistemas de informação) inevitavelmente produzirá um design cuja estrutura é uma cópia da estrutura de comunicação da organização".

O resultado da Lei de Conway é que há uma tendência de as equipes construírem sistemas que representem a estrutura de que participam, conforme exemplificado na tabela a seguir.

Tipo de estrutura	Características	Resultados
Organizações hierarquizadas, comando e controle	Pouca colaboração e comunicação ineficaz	Sistemas centralizados, processos engessados e lentidão de resposta ao mercado e aos clientes
Organizações flexíveis e equipes com grande autonomia	Forte colaboração e objetivos compartilhados	Sistemas modulares, fluxo de valor efetivo e adaptabilidade para atender a mercado e clientes

Fonte: CONWAY, 1968, e KIM; DEBOIS; WILLIS; HUMBLE, 2016.

Uma forma de combater o efeito negativo da Lei de Conway é manter o time pequeno e incentivar que todos os participantes se sintam proprietários do resultado final entregue ao cliente. Um bom exemplo dessa abordagem é a iniciativa da Amazon, que estabeleceu a regra "Equipe duas pizzas", ou seja, toda a equipe deve ser bem alimentada com duas pizzas.

Conforme destacado no livro "The DevOps Handbook" (2016), esse limite tem quatro benefícios importantes:

1. Entendimento claro do sistema, ou parte do sistema, no qual está trabalhando, pois evita-se o problema de comunicação de equipes maiores.
2. Limita a velocidade de crescimento desordenado do sistema e ajuda a garantir que a equipe mantenha um entendimento compartilhado.
3. Concede autonomia para as equipes definirem a forma de trabalho para entregar o resultado combinado.
4. Possibilita experiência de liderança em um ambiente onde a falha não tem consequências desastrosas.

A visão funcional representa a estrutura clássica hierarquizada de comando e controle que ainda é usada por muitas empresas e teve sua utilidade no século passado, quando havia um mercado estável com fabricação de produtos em massa e forte necessidade de padronização. Nessa época, os clientes não tinham muita escolha e os produtos mantinham sucesso durante vários anos no mercado, sem os fabricantes se preocuparem muito com evolução ou melhorias (Figura 3.1).

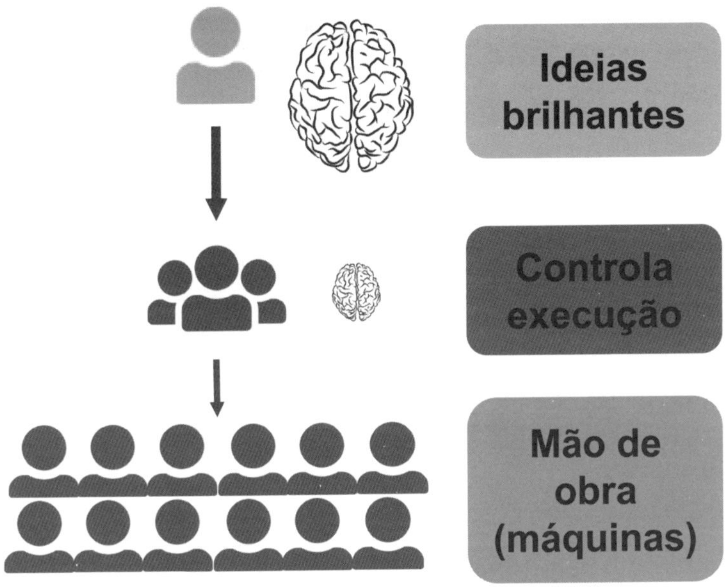

Figura 3.1. Estrutura clássica comando e controle.
Fonte: MUNIZ, videoaula *Management* 3.0, 2019.

Tudo isso mudou com a transformação digital que vivemos atualmente, pois agora o mercado demanda estruturas organizacionais que se adaptem às necessidades de um cliente cada vez mais exigente e acostumado com serviços inovadores e disruptivos.

Nesse sentido, em uma curva de adoção da tecnologia devemos ter o objetivo de sermos os inovadores, que são organizações arrojadas que adotam rapidamente novas tecnologias, e não os conservadores, que resistem até quando podem às inovações.

Conforme ilustrado na Figura 3.2, precisamos de menos chefes que mandam e mais de facilitadores que trabalham ao lado de equipes multidisciplinares. Recomendo consultar a última parte do livro para refletir com dicas práticas sobre carreira e diversidade que o ajudarão a entender com mais profundidade a importância de equipes e líderes desenvolverem suas competências comportamentais.

Sabemos que a jornada não é simples e o *DevOps* pode contribuir fortemente com implantações contínuas de qualidade e complementar outras iniciativas que as organizações já estão executando para não perder a relevância em um mundo volátil, incerto, complexo e ambíguo (VUCA). O modelo VUCA foi criado na década de 90 para fins militares e tem sido referenciado atualmente em várias ações e *frameworks*. Observe a Figura 3.3.

Figura 3.2. Estrutura com foco em agilidade.
Fonte: MUNIZ, videoaula *Management* 3.0, 2019.

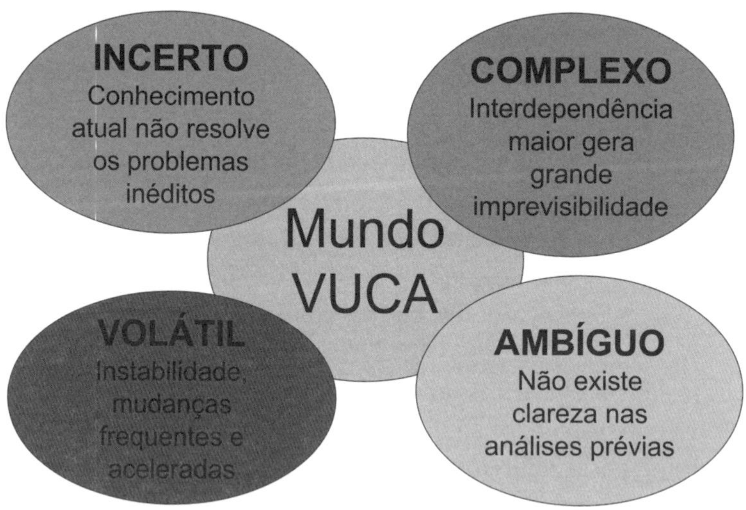

Figura 3.3. Mundo VUCA.
Fonte: MUNIZ, videoaula *Management* 3.0, 2019.

Falando ainda sobre as diferenças das estruturas das organizações que impactam diretamente a adaptabilidade e motivação das equipes, observe na tabela a seguir que a estrutura à direita representa as características encontradas em métodos e filosofias mais recentes, tais como *Lean*, *Kanban*, *Scrum*, *DevOps*, XP, *Management* 3.0.

Gestão funcional (clássica)	Gestão do fluxo de valor
Informação fica restrita a poucos (silos)	Informações compartilhadas (interfaces)
Foco maior nos departamentos	Foco nos objetivos dos processos
Comunicação é vertical	Comunicação é transversal
Metas departamentais (chefe/subordinado)	Objetivos organizacionais
Pouco foco no cliente dos processos	Foco total nos clientes dos processos
Delegação de autoridade limitada	Alto grau de *empowerment*
Visão restrita à tarefa departamental	Visão macro e organizacional
Processos podem não agregar valor	Melhoria contínua nos processos
Estruturada nas habilitações e poderes	Estruturada no modo de fazer o trabalho

Como a estrutura funcional clássica pode prejudicar a comunicação e o fluxo entre os times, a transformação *DevOps* depende de patrocínio constante dos executivos de tecnologia para a criação de uma equipe de transformação dedicada em uma jornada coordenada, conforme apresentado na tabela a seguir.

Etapa	Características importantes
1. Equipe dedicada	Coloque em um espaço físico separado os melhores generalistas que tenham uma relação respeitosa e de longa data
2. Meta SMART	Equipes têm autonomia para combinar meta compartilhada
3. *Sprints* curtas	Entregas constantes e adaptabilidade do plano
4. Requisitos não funcionais	Reservar pelo menos 20% do ciclo de melhoria para reduzir a dívida técnica
5. Visibilidade	Disponibilizar informação atual com evolução das melhorias
6. Ferramentas	*Backlog* unificado entre todas as equipes gera mais empatia

Fonte: KIM; DEBOIS; WILLIS; HUMBLE, 2016.

É muito importante que os participantes da equipe dedicada *DevOps* tenham genuíno perfil colaborativo e pratiquem de fato esse comportamento, pois do contrário isso pode gerar novos conflitos com as equipes que se sentirem excluídas dessa iniciativa. Uma estratégia que pode evitar essa situação é iniciar a jornada *DevOps* com uma equipe dedicada e evoluir rapidamente para a expansão com os demais times após alcançar resultados mais consistentes.

Ainda que seja importante reforçar que *DevOps* é um *mindset* e não um cargo, não vejo problema quando alguém se intitula como *DevOps* nas suas empresas. Na publicação "Success with Enterprise DevOps", Koichiro (Luke) recomenda papéis e práticas específicas para a transformação *DevOps*. Destaco a seguir essas recomendações para uma compreensão mais abrangente de como as organizações podem ser estruturadas:

1. ***Process Master:*** responsável pela liderança e facilitação da iniciativa *DevOps*, este papel é similar ao "Scrum Master" do *Scrum*. Implementa o controle visual com o fluxo de lote pequeno e foco em simplificar e acelerar o fluxo de valor. Experiência recomendada: *Scrum Master*, Líder de Projetos *Agile*.
2. ***Service Master:*** tem toda a responsabilidade de fornecer serviços de TI seguindo as práticas *Just in Time* (JIT). Este papel é similar ao "Product Owner" do *Scrum*, que é gerenciar e priorizar *backlogs* de produtos e a nova responsabilidade adicional de planejamento de custos para o serviço de TI. Experiência necessária: Dono do Produto *Scrum*, Dono do Serviço.
3. **Engenheiro de *DevOps*:** tem a missão de melhorar e manter o processo automatizado. O engenheiro examinará todo o processo e avaliará várias ferramentas que podem contribuir para a iniciativa. Experiência necessária: Desenvolvimento e Ferramentas.
4. **Coordenador de *Gatekeeper/Release*:** responsável pelo acompanhamento do status operacional e do progresso do próximo lançamento do serviço de TI. Aprova ou reprova a implantação de acordo com os critérios, incluindo segurança, conformidade, requisitos regulamentares, maturidade da equipe operacional e suas visões de processo. Experiência necessária: Gerenciamento de Serviços de TI, Operações.
5. **Engenheiro de Confiabilidade (SRE):** monitora os serviços no processo de implantação e lida com problemas com o serviço durante a sua execução, monitora o status do processo para garantir que a equipe de desenvolvimento esteja seguindo as práticas combinadas para CI (integração contínua) e CD (entrega contínua), monitora e gerencia o *pipeline* de implantação e tem a missão de melhorar o processo de teste. Este papel é similar ao SRE (*Site Reliability Engineer*), que foi criado pelo Google e várias empresas estão adotando como cargo para atividades que antes estavam limitadas ao time de infraestrutura tradicional (ex.: Netflix, LinkedIn e Amazon). O termo foi criado por Benjamin Sloss, VP de engenharia do Google, que define SRE como "o que acontece quando você pede a um engenheiro de software para projetar uma função de operação". Esse movimento também está ocorrendo com as empresas no Brasil. Experiência exigida: teste, ferramentas, garantia de qualidade.
6. **Equipe de desenvolvimento:** um dos principais fatores de sucesso do *DevOps* é a criação de uma equipe ágil e disciplinada, que se compromete a cumprir planos de lançamento e qualidade com ritmo. Experiência necessária: Desenvolvimento, *Agile*.
7. **Time de Operações:** simplificar os processos para Gestão de Serviços e apoiar o projeto, a implementação, a operação e a melhoria desses serviços no contexto de uma estratégia global usando *Kaizen*. Experiência necessária: Operações, *Kaizen*.

> **Importante**: os papéis descritos nos itens anteriores são pilares da capacitação *DevOps Master* e não serão cobrados na certificação *DevOps Professional*. Meu objetivo foi enriquecer sua visão.

3.2. Diferenças entre os perfis I-*shaped*, T-*shaped* e E-*shaped*

No mundo tradicional, as competências costumavam valorizar a visão funcional e criar uma cadeia de especialistas em forma de "I" que aprimoravam uma área específica e profunda de conhecimento, tais como marketing, RH, finanças, logística, TI, operações, auditoria, desenvolvimento de produto, jurídico, compras, etc.

Dentro da TI, os profissionais costumam ser organizados em forma de I em especialidades clássicas, tais como desenvolvedores de software, engenheiros de infraestrutura, segurança da informação, QA, analistas de requisitos, suporte, banco de dados, rede, etc.

Com a dinâmica altamente veloz da transformação digital, torna-se fundamental a criação de times multidisciplinares e com visão diversificada. Desta forma, as organizações precisam de profissionais em forma de T que, além de alcançar conhecimento profundo em uma área de especialização, também possuem ampla variedade de conhecimentos em outras áreas para enriquecer seu repertório e atuação.

Observe a seguir as principais características dos perfis profissionais (Figura 3.4).

Forma	Características importantes
Especialista	• Expertise profunda em uma área de conhecimento • Falta de interesse com impacto global do seu trabalho cria gargalos • Pouca preocupação com desperdícios e visão limitada de silo • Impede flexibilidade no planejamento e adaptação das ações
Generalista Especialista	• Expertise profunda em uma área de conhecimento • Amplas habilidades em muitas áreas permitem visão global • Antecipa ações para evitar gargalos e desperdícios • Colabora com flexibilidade e adaptação das ações
Experiência Expertise Execução Exploração	• Expertise profunda em áreas diferentes • Experiência em muitas áreas e grande potencial para inovação • Comprovada habilidade de execução

Figura 3.4. Diferentes perfis profissionais.
Fonte: GROLL, 2017, e KIM; DEBOIS; WILLIS; HUMBLE, 2016.

Andy Boynton e William Bole destacaram, em artigo da Forbes em 2011, que não há nada de errado em ser um profissional em forma de I, desde que você também possa ser um T em algum sentido significativo. A maioria dos profissionais tem uma área de especialização, porém é mais provável que enriqueçam suas ideias se tiverem um pé fora de seu mundo habitual.

Como é esperado atualmente que os profissionais tenham pensamento disruptivo e foco em experimentação e adaptação, a jornada *DevOps* depende de profissionais generalistas, que estejam dispostos a pensar e agir fora de seus próprios silos com conhecimento profundo e habilidades ampliadas.

3.3. Como integrar as operações no trabalho diário de desenvolvimento

Como a colaboração entre os times de desenvolvimento e operações é o fundamento do *DevOps*, existem cinco importantes ações de integração entre esses profissionais que serão apresentadas a seguir, conforme recomendado no livro "The DevOps Handbook" (2016):

1. Criar serviços compartilhados e recursos de autoatendimento (*self-service*):
   - ✓ Plataformas centralizadas e serviços automatizados.
   - ✓ Eliminar necessidade de abertura de *tickets* ou solicitações entre *Dev* e *Ops*.
   - ✓ Incorporar a experiência acumulada e coletiva (QA, segurança, *Dev*, *Ops*).
   - ✓ Escolher ferramentas que permitam a integração do fluxo de valor e evitar ao máximo que cada equipe caia na tentação de criar aplicativos para seus departamentos e silos.
2. Incorporar engenheiros de operações nas equipes de serviço:
   - ✓ Estruturar equipes por produto, preferencialmente com total responsabilidade pela entrega e pelo suporte do serviço de ponta a ponta. Essa é a base dos times formados como *squads*.
   - ✓ Prioridades totalmente direcionadas para os objetivos dos times de produtos.
   - ✓ Possibilidade de influenciar a arquitetura do produto e tecnologias que serão escolhidas.
   - ✓ Quando o produto é liberado para produção, a equipe de Operação colabora com as atribuições de suporte da equipe de Desenvolvimento.
   - ✓ Possibilidade que o conhecimento de operações se torne código automatizado.

3. Atribuir uma ligação de operação a cada equipe de serviço:
   - ✓ Nem sempre é viável inserir representantes de Operações em cada equipe de produto, por exemplo, por falta de recursos ou custo.
   - ✓ Neste caso, é possível obter muitos dos mesmos benefícios atribuindo uma ligação designada de Operações para cada equipe de produto para entender:
     - Qual é a funcionalidade do novo produto e por que está sendo criado.
     - Como está a operabilidade, escalabilidade e facilidade de observação (sugere-se usar diagramas).
     - Como monitorar e coletar métricas para garantir o progresso, o sucesso ou a falha da funcionalidade.
     - Desvios arquiteturais, padrões e suas justificativas.
     - Necessidades extras de infraestrutura e como impactará a capacidade do ambiente.
     - Plano de lançamento da funcionalidade.
   - ✓ Essas ações permitem dar suporte para uma quantidade maior de times e evita que a equipe de Operações se torne a restrição ou o gargalo para as equipes de produto.
4. Integrar equipe de *Ops* nos rituais ou cerimônias ágeis de *Dev*:
   - ✓ Participar das reuniões diárias para conhecer as atividades do time de Desenvolvimento e facilitar o planejamento e a preparação. Dessa forma, potencializamos condições para que *Ops* colabore com a solução dos problemas atuais ou futuros antes de gerar uma crise de alto impacto.
   - ✓ Participar das reuniões de retrospectivas para que *Ops* tenha condições de aprender com as ações realizadas. Outro benefício é que *Ops* pode apresentar os resultados de implantações que foram realizadas nesse intervalo e contribuir para um *feedback* ao time *Dev*, que conhecerá melhor o impacto de seu trabalho na perspectiva do cliente que recebe o valor entregue de fato.
5. Tornar o trabalho relevante de *Ops* visível nos quadros *Kanban* compartilhados:
   - ✓ Equipes *Dev* ágeis costumam usar quadros *Kanban*, mas geralmente não incluem o trabalho necessário de *Ops* para conclusão das entregas.
   - ✓ Como a equipe de Operações é parte integrante do fluxo de valor para *Dev* entregar software funcionando em produção, pode-se incluir essas atividades no *Kanban* de desenvolvimento.
   - ✓ O quadro *Kanban* é a ferramenta ideal para dar visibilidade e maior integração entre todas a equipes que atuam no fluxo de valor, independentemente da estrutura organizacional que prevaleça nas empresas.

3.4. Pulo do gato para a prova :-)

Tema	Tipo de questão
Estruturas *DevOps* x Tradicionais	Identificar de acordo com o cenário qual a melhor estrutura e solução para uma organização adotando o *DevOps*
Questões sobre Operações x Desenvolvimento	Como tornar o trabalho compartilhado, avaliando cenários colocados nas questões
Perfis em forma de I e T	Saber a diferença entre esses perfis Generalista é mais indicado para *DevOps*
Papéis e responsabilidades	Ficar atento à responsabilidade das equipes (Ex.: QA, Dono do Produto (PO))
Transformação *DevOps*	Lembrar a recomendação de equipe dedicada com generalistas

3.5. Referências

HUMBLE, Jez; FARLEY, David. **Entrega Contínua:** como entregar software de forma rápida e confiável. Porto Alegre: Bookman, 2014.

KIM, Gene; DEBOIS, Patrick; WILLIS, John; HUMBLE, Jez. **The DevOps Handbook:** how to create world-class agility, reliability, and security in technology organizations. Portland: IT Revolution Press, 2016.

BORINI, Guilherme. Grupo quer popularizar Site Reliability Engineering (SRE) no Brasil. **Computerworld**, 20 dez. 2018. Disponível em: <https://computerworld.com.br/2018/12/20/grupo-quer-popularizar-site-reliability-engineering-sre-no-brasil/>. Acesso em: 15 mar. 2019.

CONWAY, Melvin E. How Do Committees Invent? **Datamation Magazine**, Apr. 1968. Disponível em: <http://www.melconway.com/research/committees.html>. Acesso em: 15 mar. 2019.

GROLL, Jayne. From I-Shaped to T-Shaped – Why DevOps Professionals Need to be Multi-Skilled. **DevOps Institute**, nov. 15, 2017. Disponível em: <https://devopsinstitute.com/2017/11/15/from-i-shaped-to-t-shaped-why-devops-professionals-need-to-be-multi-skilled/>. Acesso em: 15 mar. 2019.

MUNIZ, Antonio; ADAPTNOW. Videoaula Jornada DevOps e Certificação oficial EXIN Professional. Udemy, 2018.

TODA, Koichiro (Luke). Success with Enterprise DevOps. **SlideShare**, 07 set. 2016. Disponível em: <https://pt.slideshare.net/KoichiroToda/success-with-enterprise-devops-whitepaper>. Acesso em: 20 mar. 2019.

PARTE II
A PRIMEIRA MANEIRA: FLUXO

4. *Pipeline* de implantação

Rodrigo Moutinho

O *pipeline* de implantação é fundamental para o sucesso da jornada *DevOps*, pois permite uma visão clara e automatizada do fluxo de valor para todos os envolvidos. Considere que o *pipeline* de implantação representa as etapas necessárias para que tenhamos software em um estado implementável e permite o *feedback* rápido em caso de falhas. Conforme palestra apresentada por Muniz na *Campus Party* em 2019, é possível associar esse *feedback* ao poder do Dr. Estranho da Marvel, que testa as situações rapidamente e retorna em caso de falhas sem muito impacto negativo.

Em uma definição simples, *pipeline* é o processo de automação do fluxo de valor que leva o código do repositório até o ambiente de produção. O ponto principal é o foco em automatizar processos, de ponta a ponta, seguindo os passos específicos utilizados na implantação, garantindo assim velocidade e qualidade ao final de cada entrega.

O desenvolvedor tem a capacidade de transformar uma ideia em um código fantástico, mas de nada adianta se o código demora muito para ser colocado em produção. Uma ideia boa que não está em produção é apenas mais uma ideia boa no meio de muitas outras, a qual o cliente final não teve a oportunidade de utilizar.

Em um fluxo ideal, logo depois que o código é enviado para o repositório de código pelo desenvolvedor, ferramentas de qualidade realizam a análise do código e diversos tipos de testes são executados. O próximo passo é colocar o código em ambientes como o de homologação ou de pré-produção. Os tipos de ambiente podem variar bastante de empresa para empresa. Como última etapa, o código é colocado em produção com uma qualidade muito superior em relação ao primeiro estado.

Quando se fala em automação do fluxo de valor, o principal objetivo é fornecer *feedback* rápido a todos os envolvidos sobre o estado das mudanças, não somente para a equipe de desenvolvedores como também para o pessoal de qualidade e operação. Saber do erro o quanto antes é de fundamental importância para que ele seja impedido de chegar à produção.

Quanto mais automatizado esse fluxo, maior a capacidade de cada colaborador de intervir nos problemas apresentados durante o processo. Saber cedo do problema para corrigir cedo. Mas é importante lembrar que o *pipeline* não resolve todos os problemas. Entregas em pequenos lotes, desenvolvimento baseado em *trunk*, microsserviços e muitas outras técnicas potencializam os resultados da sua jornada *DevOps*.

4.1. Etapas de um *pipeline*

No livro "Entrega Contínua" (2014), de Jez Humble e David Farley, é apresentado um fluxo muito interessante de como funciona a entrega contínua. Nesse processo, alguns detalhes mais específicos serão abstraídos apenas para o melhor entendimento de como funciona o processo do início ao fim.

A ideia de cada etapa é dar velocidade ao processo, com qualidade, evitando possíveis surpresas quando o código de fato for colocado em produção (Figura 4.1).

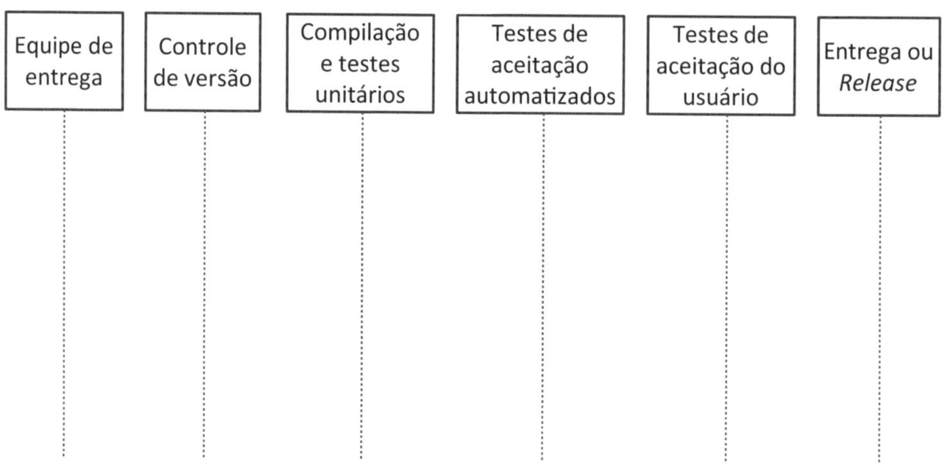

**Figura 4.1. Ilustração do processo desde a equipe de entrega até a entrega.
Fonte: adaptado de HUMBLE; FARLEY, 2014.**

Na etapa **equipe de entrega**, como demonstrado na imagem anterior (Figura 4.1), considera-se que a equipe fez um excelente trabalho com o cliente e ao final entregou sua parte do código, de preferência em um lote pequeno, fazendo o *check-in* no controlador de versão.

Aqui o objetivo não é validar se os requisitos foram obtidos de forma adequada, se o escopo foi bem planejado, ou se foi o que o cliente realmente pediu. Essas questões não fazem parte do foco deste capítulo.

Na etapa seguinte (ilustrada pela Figura 4.2), **controle de versão**, um gatilho é acionado pelo controlador de versão logo após receber o código a fim de iniciar a compilação do código e a realização de testes unitários (testes serão abordados em detalhes no próximo capítulo devido a sua grande importância).

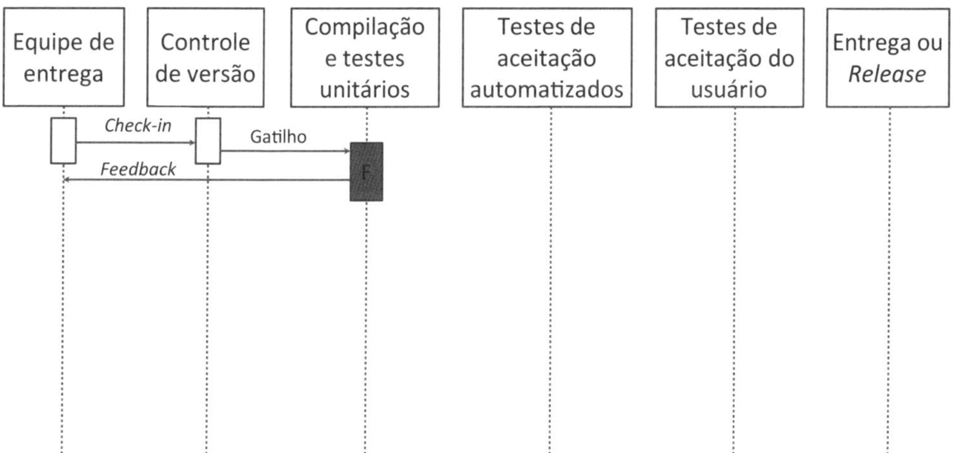

Figura 4.2. Rápido *feedback* logo depois de acontecer um erro de compilação ou teste. Fonte: adaptado de HUMBLE; FARLEY, 2014.

Na etapa de **compilação e testes unitários** a mágica do *feedback* rápido começa a acontecer. Na figura anterior (Figura 4.2) é possível visualizar a resposta imediata para a equipe depois que ocorre o erro durante a compilação ou execução de um teste. Melhor ainda, é possível visualizar de forma fácil o que de fato aconteceu através de *logs* que as ferramentas geram durante o fluxo do *pipeline*.

Nesta parte fica muito nítido o conceito de errar cedo para corrigir cedo. De nada adiantaria saber dos problemas encontrados durante a execução dos testes unitários com o sistema já em produção. A dor de cabeça seria muito maior.

Sem este processo, uma nova *release* poderia ser gerada sem saber que o código anterior já não funcionava da maneira ideal. A lição é que não adianta entregar código rápido e acumular erros na sequência de entrega.

Após resolver o erro e ajustar o código, o processo é reiniciado passando pelas mesmas etapas até chegar novamente na etapa que executa os testes unitários. Isso acontece até obter sucesso nesta etapa. Sucesso que também é retornado como *feedback* positivo para a equipe, avisando que até ali deu tudo certo e que a próxima etapa será acionada, conforme a Figura 4.3.

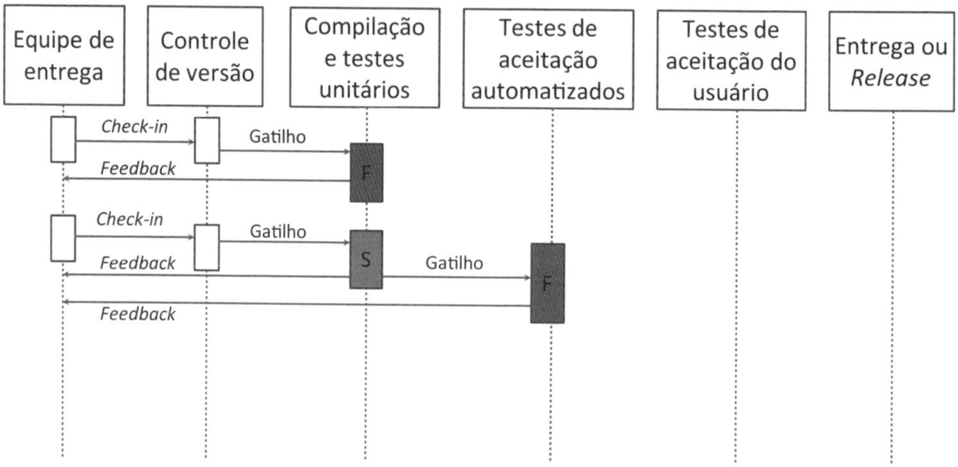

Figura 4.3. Nova execução do *pipeline* com sucesso na compilação, porém com falhas nos testes de aceitação.
Fonte: adaptado de HUMBLE; FARLEY, 2014.

O comportamento da etapa de **testes de aceitação automatizados** segue a mesma ideia que a etapa anterior, porém com um nível de testes mais avançado que verifica pontos que não foram possíveis validar com os testes unitários.

Logo em seguida, na etapa de **testes de aceitação do usuário**, a segurança já é muito maior depois de passar por dois níveis de testes. A chance de acontecer algum erro já diminuiu muito. Dependendo do tipo da organização, esse teste pode ser realizado por usuários da própria equipe ou até mesmo por um usuário externo. Seu aceite aciona a próxima e última etapa.

A última etapa, de **entrega ou *release***, decide se o código vai ou não vai para produção. Aqui podem ser aplicadas estratégias de negócio considerando se é o melhor momento de fazer a entrega, etc. Ou pode até acontecer que essa *release* precise de uma outra ferramenta para funcionar corretamente. Cada empresa sabe o momento ideal da entrega do seu produto.

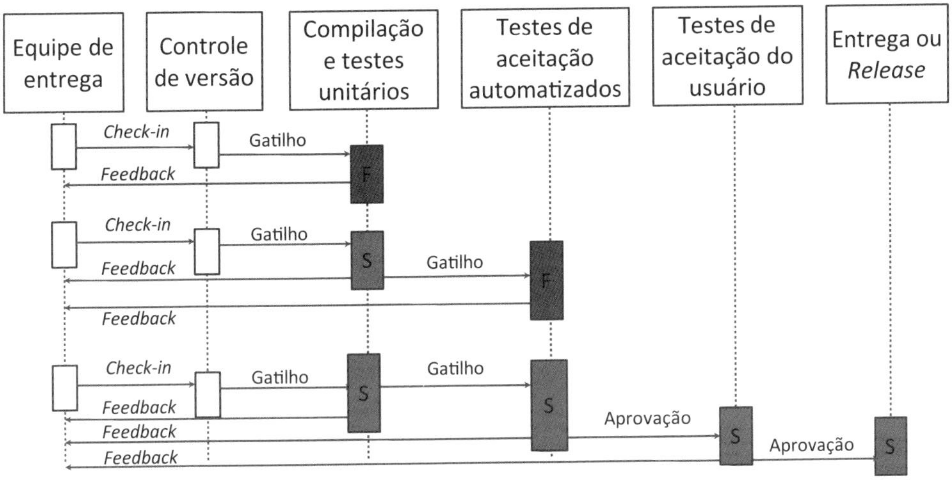

Figura 4.4. *Pipeline* concluído com sucesso, do código até a sua entrega. Fonte: adaptado de HUMBLE; FARLEY, 2014.

Esta foi uma abordagem conceitual (Figura 4.4) do que seria o passo a passo no dia a dia das empresas. Algumas empresas podem chamar esse *pipeline* de implantação de outras formas, como esteira contínua, esteira de integração contínua, fluxo de valor, etc.

4.2. Exemplo de *pipeline* no Jenkins

O objetivo do livro e da certificação é dar uma visão completa de *DevOps* para auxiliar e inspirar a sua adoção nas empresas. Mesmo que não seja o foco ensinar como instalar, utilizar ou implantar ferramentas, é muito importante ter a parte prática da teoria por trás do uso de *pipelines*. A prova não irá cobrar conhecimentos específicos relacionados a ferramentas.

Na primeira imagem (Figura 4.5) é possível observar todos os projetos, também conhecidos como *jobs*, na visão mais antiga onde cada *job* aciona o próximo montando ao final todo o fluxo do *pipeline*. Em seguida, a segunda imagem (Figura 4.6) mostra como funciona a edição de um *pipeline* utilizando um *plugin* mais recente chamado *blueocean*. Este visa facilitar a interação com o fluxo do *pipeline* deixando sua criação e visualização mais fáceis.

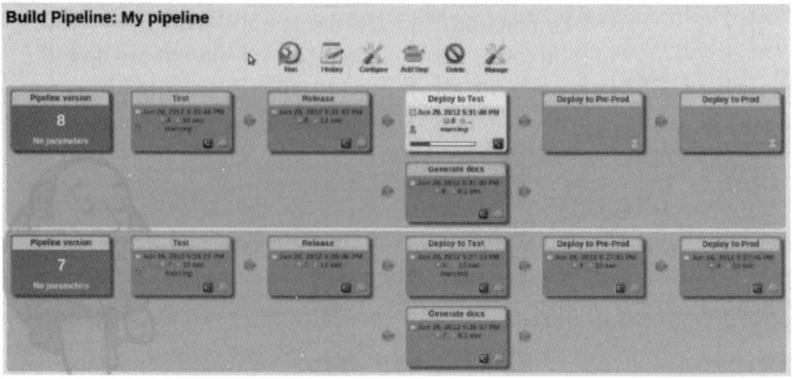

Figura 4.5. Painel no formato mais antigo do Jenkins com uma execução já concluída com sucesso e outra em andamento na fase de testes.
Fonte: documentação da ferramenta de código aberto Jenkins.

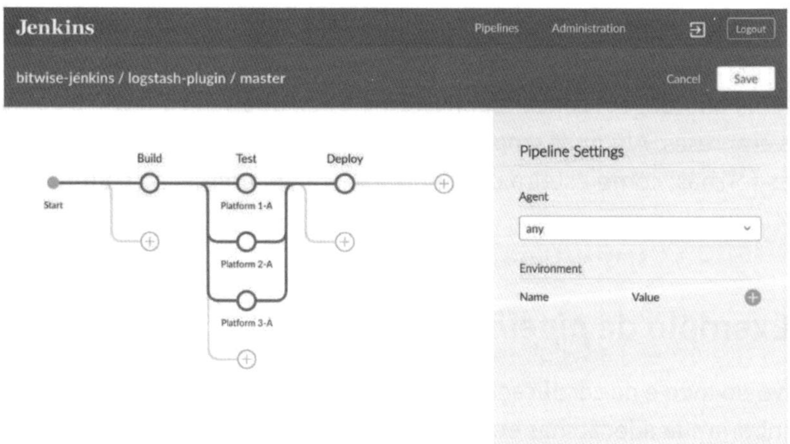

Figura 4.6. Painel de edição de um *pipeline* no Jenkins através do *plugin blueocean*.
Fonte: documentação da ferramenta de código aberto Jenkins.

Através dessas imagens já é possível ter um melhor entendimento de como funciona na prática a utilização de ferramentas para criação de *pipelines*. Este caso usa a ferramenta Jenkins, uma das mais utilizadas no mercado para realizar a integração contínua, podendo chegar até na entrega contínua, que é um objetivo até mais importante do que somente a integração contínua.

A utilização desse tipo de ferramenta gera informações suficientes para possibilitar um rastreamento de todo o processo executado no *pipeline*, inclusive o rastreamento de defeitos, facilitando a sua identificação e correção, dando muito mais visibilidade do que aconteceu em cada etapa.

Todas essas informações geradas também são muito exigidas em auditorias onde existe a necessidade de saber quando os processos foram realizados, por quem, em qual equipamento, o que foi executado. E tudo isso é fornecido de forma nativa pela ferramenta, sem a necessidade de nenhum processo avançado para coleta de dados.

Uma ferramenta como essa visa facilitar todo o processo e não o contrário. Uma ferramenta engessada a qual a empresa precisa se adaptar não é interessante. Ter liberdade de criação ajuda muito na adoção *DevOps* que visa uma construção conjunta e colaborativa. Não importa se uma empresa possui ambiente de homologação, pré-produção e produção, enquanto outra tem apenas o ambiente de testes e de produção. De acordo com o *DevOps*, cada empresa tem a capacidade de se adaptar da melhor forma durante a criação de seu *pipeline*.

O exemplo utilizado para mostrar o *pipeline* prático foi a ferramenta Jenkins, uma das mais utilizadas no mercado. Contudo, atualmente existe uma gama muito grande de opções disponíveis para auxiliar nessa jornada *DevOps*. O site XebiaLabs disponibiliza uma tabela periódica muito completa com uma visão geral de cada opção disponível. Confira aqui: <https://xebialabs.com/periodic-table-of-devops-tools>.

4.3. Visão complementar do *pipeline*

Buscando novamente alguns conceitos abordados no livro "Entrega Contínua" (2014), a imagem (Figura 4.7) a seguir mostra de forma macro o aumento da confiança da qualidade do código que está sendo colocado em produção, ao ser testado de forma incremental em ambientes que são os mais próximos da produção.

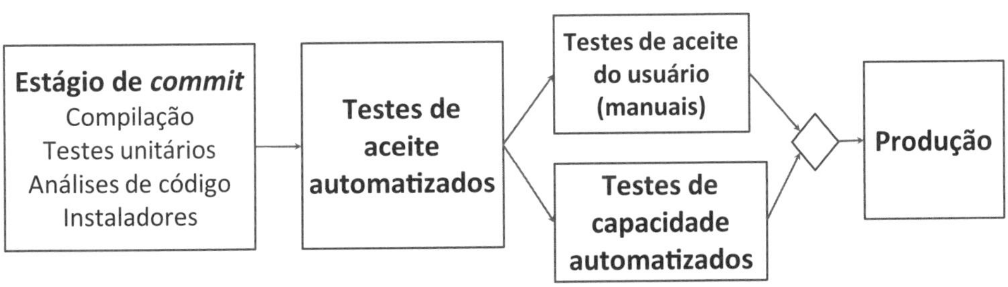

Figura 4.7. Visão macro de um *pipeline*.
Fonte: adaptado de HUMBLE; FARLEY, 2014.

- ✓ **Estágio de *commit*.** Aqui muitas coisas acontecem. A ideia é fazer a compilação, testes unitários, testes de API, análise de código, instalação. Garantir que o sistema funciona no nível técnico. Ao final, com o sucesso desta etapa, é gerado o artefato para controle de versão.

- ✓ **Testes de aceite automatizados.** Também chamado de *Automated Acceptance Testing* (AAT), garante que o sistema está correto tanto na parte funcional quanto no teste de requisito não funcional e que seu comportamento atende às exigências do cliente. Nesta etapa, toda a configuração do ambiente, instalação de binários, teste de fumaça, teste de integração (ou de contrato) e teste de aceitação, etc. são utilizados e realizados.
- ✓ **Testes de aceite do usuário (manuais) e testes de capacidade automatizados.** De forma paralela, devido à demora de cada processo, nesta etapa são identificados os defeitos não encontrados anteriormente, geralmente são validadas as histórias com o usuário final e desta etapa geralmente surgem ajustes conceituais, de negócio e também de usabilidade. É chamado de *User Acceptance Testing* (UAT) e testa também a robustez do sistema com testes de *performance*.
- ✓ ***Deploy* em produção.** Finalmente o código desenvolvido é colocado em produção.

4.4. Benefícios e requisitos

É importante conhecer os principais benefícios e requisitos que a utilização de *pipelines* traz para a organização. Listamos a seguir algumas práticas de mercado, assim como recomendações do livro "The DevOps Handbook" (2016):

1. Benefícios:

- ✓ **Teste contínuos e *feedback* rápido.** Desde o início o desenvolvedor consegue testar a aplicação com lotes pequenos, tendo um *feedback* imediato do que acontece na aplicação.
- ✓ **Implantação em produção se torna parte rotineira do trabalho diário.** Muitas obras falam que a implantação deve se tornar um não evento, sem a necessidade de virar noites, mobilizar muitos de uma equipe comprando pizza para conseguir realizar o processo ao longo da madrugada. Às vezes os participantes da chamada janela de implantação nem trabalham no dia seguinte. As implantações devem se tornar rotineiras mesmo que não sejam em produção. Podem acontecer em um ambiente de pré-produção, mas que sejam feitas todos os dias. Este processo ensina como fazer mais e errar menos.
- ✓ **Autonomia para a equipe desenvolver, testar e implementar com segurança.** Através de um *pipeline*, como desenvolvedor, não será necessário pedir para uma pessoa colocar seu código em determinado ambiente, como, por exemplo,

de homologação ou pré-produção. O próprio desenvolvedor será capaz de fazer tudo isso sozinho, trazendo uma grande independência.

✓ **Implantação em produção do pacote criado na integração contínua em um clique.** Tudo que funcionou na integração contínua segue até o ambiente de pré-produção, onde, através de um clique, a entrega do software acontece, independentemente da pessoa que está executando, do desenvolvedor ao administrador de sistema.

✓ ***Feedback* rápido do resultado para o executor.** Capacidade ou conquista através da utilização de *pipelines* de qualidade para a entrega do software.

✓ **Para requisitos de auditoria e conformidade.** Registra automaticamente quais comandos foram executados, em quais máquinas, por quem, quando, entre outras informações. Através de um *pipeline* bem definido, tudo que é gerado já serve como documentação para ser apresentado para uma auditoria. Apesar de muitos auditores ainda não conhecerem as práticas de *DevOps*, todos esses dados gerados se tornam uma mina de boas informações para eles realizarem suas análises. E é também uma facilidade para os desenvolvedores e administradores, que não precisam fazer nada extra para entregar todo esse material. Tudo fica registrado por operação padrão, deixando a equipe mais ágil também com auditorias.

2. **Requisitos:**

✓ **Implantar da mesma forma em todos os ambientes.** Etapas anteriores de desenvolvimento, teste e homologação trarão aprendizados para a produção. Quanto mais próximo ou até mesmo idêntico for o ambiente de testes com o de produção, menor será a chance de encontrar erros de produção devido à diferença entre os ambientes.

✓ **Fazer teste de fumaça nas implementações.** Validar conexões com sistemas de apoio, banco de dados, serviços externos. É muito importante que o *pipeline* não fique limitado a fazer apenas testes unitários. Esses testes extras não garantem que tudo funcione perfeitamente, mas já eliminam boa parte de erros simples que poderiam ser resolvidos antes mesmo de ir para produção. São testes de ponta a ponta para entender melhor o estado do sistema.

✓ **Garantir a manutenção de ambientes consistentes.** Manter sincronização dos ambientes. Os ambientes de homologação, pré-produção e produção devem permanecer idênticos, não somente com relação aos dados, mas principalmente com relação às configurações do sistema como um todo. As versões do sistema operacional, do banco de dados e todas as outras tecnologias utilizadas devem se manter as mesmas para não existir diferenças entre os ambientes. Caso contrário, o teste se torna fraco ou até falso por não ter essa semelhança.

Em muitas empresas, inicialmente, esses requisitos parecem difíceis ou até impossíveis de se pensar, mas ter esses conceitos em mente é de suma importância, pois eles serão fundamentais para a evolução do projeto, de forma que se torne um estado futuro do seu ambiente. Algo que a empresa busque alcançar para melhorar seu ambiente como um todo.

Com o advento dos ambientes em nuvem e infraestrutura como código, isso vem se tornando realidade, com ambientes próximos – se não idênticos – com custos cada vez menores e sem a necessidade de comprar servidores físicos para conseguir reproduzir diferentes tipos de ambiente. Este era um dos maiores desafios no passado, já que o ambiente de produção utilizava um hardware muito potente e o ambiente de teste, outro totalmente diferente, bem mais fraco e simples.

Pipeline é um requisito fundamental para *DevOps*. Durante a jornada existem várias etapas e ações a serem tomadas que poderiam ser divididas em duas partes principais: a primeira relacionada à colaboração, onde pessoas buscam se ajudar, e a segunda, automação, principal foco do *pipeline*. É graças à automação dos processos que podemos promover o código na esteira passando por vários ambientes até se chegar ao código em produção.

4.5. Resolvendo problemas com infraestrutura como código e *container*

Ao falar sobre infraestrutura como código é inevitável lembrar da infraestrutura ágil, que foi uma das precursoras do *DevOps*. A ideia principal era trazer o pessoal de infraestrutura para dentro do ambiente ágil, aplicando o mesmo conhecimento já aplicado com as equipes de desenvolvimento e testes.

A principal arma para levar a agilidade para esse contexto é a automação, que ficou mais conhecida como infraestrutura como código. A ideia é garantir que o sistema de controle de versão não contenha apenas o código, mas também tudo aquilo que é feito também no ambiente de infraestrutura. Isso inclui todo e qualquer código que é utilizado para transformar e implantar o software em produção. Significa ter as configurações versionadas e todo o histórico de alterações controlado com facilidade. Além disso, significa também implementar testes automatizados que testem a própria estrutura e ter ferramentas de monitoramento que avisem caso algo não esteja funcionando.

Um dos principais problemas em grandes organizações ou em empresas com grandes sistemas legados é ter dois mundos separados. De um lado, o desenvolvimento com os testes do código onde na máquina dele funciona. Do outro lado, o código que ao ser colocado em produção já não apresenta o mesmo comportamento. Isso acontece porque para configurar todo o ambiente de produção são necessários vários ajustes e configurações que não foram considerados durante a criação de cada ambiente de teste (desenvolvimento, homologação, pré-produção).

Nem sempre será possível automatizar tudo. Mas é muito importante tentar automatizar os principais cenários, ou os cenários onde a aplicação não pode quebrar, e ter em mente uma cobertura de testes no código adequada. Garantir a automação da criação de ambientes, criação de máquina, configurações específicas, banco de dados. Transformar tudo em um clique, *self-service*, de maneira simples e fácil de ser replicado.

Infraestrutura como código é uma das principais ações para eliminar a demora na criação de ambientes, acelerando e otimizando o *pipeline*. Ter a possibilidade de criação automatizada de todos os ambientes sob demanda evita o trabalho manual de toda a equipe. Realizar testes de regressão de forma manual é um processo lento, falho e cansativo para qualquer pessoa/time. O desenvolvedor não precisa mais abrir um *ticket* para o pessoal de operações realizar algo repetitivo, ele simplesmente executa a automação já desenvolvida pela equipe de operação e obtém o resultado esperado.

Imagine a quantidade de problemas que podem ser evitados ao não realizar trabalhos manuais. Em muitos dos eventos de implantação, as pessoas estão sob pressão, com privação de sono; desse modo, erros podem acontecer durante a execução de procedimentos manuais. Passos serão esquecidos e o problema pode demorar bastante a aparecer – e, quando aparecer, será muito difícil identificar sua causa-raiz de forma imediata. A falha pode ser um simples problema de comunicação entre desenvolvimento e operação ao esquecer de avisar um pequeno detalhe necessário para implantação que não foi considerado no passo a passo de atualização do sistema.

Conquistar um cenário, no qual todos os estágios do fluxo de valor possuem ambientes iguais ou semelhantes aos de produção, se torna possível com infraestrutura como código. Ter um ambiente idêntico ao de produção é o sonho de consumo de qualquer equipe de desenvolvimento, pois será menos um problema a ser administrado na entrega do código.

Para a criação de ambientes idênticos surge o conceito de infraestrutura imutável, no qual não é aplicado nenhum tipo de alteração no ambiente depois de sua criação. Quando acontece qualquer tipo de erro em um servidor, independentemente do ambiente, não serão feitos ajustes para buscar a resolução do problema. O servidor será destruído e um novo será criado. Dessa forma, toda a configuração já existente no repositório de código se mantém inalterada, sem o risco de criar diferenças entre cada instância.

Uma analogia da vida real muito comum utilizada para explicar esse cenário é que administradores de sistemas dão um nome para o servidor. Como se fosse um animal de estimação pelo qual você tem um carinho muito próximo, criando um elo emocional com a máquina. A ideia da infraestrutura imutável é tratar o servidor como em uma produção de larga escala de alimentos, algo como um grande rebanho de gado. Em um rebanho de 10 mil cabeças fica impossível de nomear cada animal e tratá-los de forma específica e individual. Eles acabam virando números para o fazendeiro. O mesmo deve ser feito em relação aos servidores: tratar cada servidor da mesma forma, como mais um no meio de muitos, possibilitando sua troca de forma simples, sem impactos ou efeitos colaterais. Significa destruir uma instância e colocar uma nova, de forma automatizada, algo muito mais eficiente do que analisar e consertar um possível problema toda vez que ele acontecer.

Foram por esses motivos que surgiram os contêineres, que permitem que seja empacotado um aplicativo ou um serviço com todas as partes necessárias, como bibliotecas e outras dependências, e enviam tudo como um único pacote. Esse pacote é chamado de módulo e pode ser acessado por outros módulos ao requisitar informações ou enviar informações para um determinado tipo de processamento.

A lógica de negócio da aplicação, sendo modularizada, é que ela pode ser manipulada sem que outras partes da aplicação quebrem, desde que mantenham o mesmo "contrato" entre as partes, ou seja, se as chamadas dos métodos permanecerem as mesmas, ou se forem alteradas sincronamente entre os serviços.

Esses pacotes serão executados em qualquer máquina, independentemente do ambiente e das configurações personalizadas. Podem ser executados em um sistema operacional Linux ou Windows e manter o mesmo comportamento.

Apesar de não cobrar ferramentas na prova, é sempre importante ligar os conceitos do livro ao mundo real, à prática. Quando se fala de *containers*, o principal objetivo é o isolamento de processos, serviços e aplicativos onde um serviço não tem acesso facilitado ao outro, situação muito comum em um servidor. Outra vantagem é a possibilidade de limitar recursos de hardware como memória e espaço em disco. A principal ferramenta do mercado que aplica isso tudo é o Docker.

O ponto forte que o Docker trouxe foi a forma de empacotar todo esse cenário, sendo muito fácil criar e destruir *containers*. Com essa facilidade, novas demandas foram surgindo e, junto com elas, novos problemas. O principal é como lidar com uma quantidade muito grande de *containers* com a certeza de que tudo está funcionando bem.

Uma analogia que facilita entender esse cenário é imaginar *containers* – sim, aqueles da vida real – para transporte de carga, através de pequenos barcos. Então para transportar 10 *containers* seriam necessários 10 barcos, algo totalmente ineficiente. Por isso são utilizados navios imensos que transportam inúmeros *containers* ao mesmo tempo, de forma segura e eficiente. No mundo virtual esse navio gigante é conhecido como orquestrador de *containers*.

Um dos orquestradores mais famosos é o Kubernetes, ou k8s para os íntimos. Essa é ferramenta *open source* criada pelo Google para facilitar toda a manipulação de grandes quantidades de *containers* com extrema facilidade se comparada à manipulação manual. Sua utilização traz muitas vantagens, como: a garantia de que os *containers* sempre estarão funcionando, conhecido como *health check*; simplicidade para escalar e aumentar a quantidade de serviços, conhecido como *auto-scaling*; e muitas outras características que um orquestrador pode fornecer.

Seguindo a mesma ideia dos *containers* em relação aos orquestradores, que quando um grande problema é resolvido torna o trabalho fácil, novas possibilidades surgem e com elas novas demandas que ainda não eram atendidas. Nessa situação surge outra ferramenta, o OpenShift, da RedHat, que usa justamente o Kubernetes para conseguir disponibilizar ainda mais recursos para as empresas nessa jornada *DevOps*.

São muitas as funcionalidades do OpenShift, como a capacidade de pegar o código-fonte do repositório e criar imagens Docker de forma automática; acionar a compilação (*build*) após mudanças no código da aplicação; repositório privado para imagens Docker conhecido como *Docker Registry*; políticas de autorização, muito importantes para algumas empresas; e diversas outras capacidades.

Este breve resumo de ferramentas tem o intuito de ligar a teoria com a prática no mundo dos *containers* e também de visualizar a diferença e os objetivos de cada ferramenta. Existem outras ferramentas com a capacidade de realizar as mesmas atividades. A escolha da melhor ferramenta fica a critério de cada equipe.

4.6. Soluções para otimizar o fluxo de valor

Para otimizar um fluxo de valor é importante começar acelerando da esquerda para a direita, ou seja, das origens do código-fonte até o processo de *deploy* em produção, atacando cada problema existente durante esse percurso.

Desperdício é um dos fatores mais comuns dentro de empresas. Pode ser o preenchimento obrigatório de um formulário para validar cada processo. Ou quando apenas uma pessoa sabe fazer determinada tarefa e, ao sair de férias, a tarefa fica parada até que a pessoa volte. Refletir sobre processos, analisando se ainda faz sentido para a organização, é fundamental. Eliminar ou reduzir o desperdício é uma excelente maneira de otimizar o fluxo de valor.

Para melhor descrever uma otimização de fluxo, seguem recomendações práticas conforme o livro "The DevOps Handbook" (2016):

- ✓ **Automatizar tudo que for possível.** Criação de ambientes, testes, *pipeline* de implementação, utilização de *containers*, etc.
- ✓ **Controle de versão único.** Ter código e configuração do ambiente em um só lugar, o repositório de código.
- ✓ **Deixar o trabalho visível.** Muito comum ao falar de *Kanban* e *Lean*. Facilita a identificação de gargalos durante o processo. Um exemplo seria quando apenas uma pessoa sabe fazer, o herói, gerando uma dependência grande no processo.
- ✓ **Aplicar a teoria das restrições.** Entender e reconhecer a restrição para trabalhar melhor em cima dela.
- ✓ **Reduzir o trabalho em andamento (WIP).** Quando muitos trabalhos são iniciados em paralelo, mas pouco se termina. Iniciar menos e terminar mais. Priorizar tarefas mais importantes e realizar entregas em pequenos lotes.
- ✓ **Reduzir tamanho do lote.** Menor impacto, maior agilidade e com recebimento de *feedback* rápido. Otimização do fluxo de valor ao entregar rápido para o cliente.
- ✓ **Implantações frequentes como rotina diária.** Não fazer da implantação um evento. Tornar algo habitual que não gere nenhum dia específico de estresse onde a equipe se reúne, a fim de entregar a versão do software. Implantar todos os dias mesmo que não seja em produção (em ambiente de teste, por exemplo). Ao fazer isso, o aprendizado é diário e a melhoria é contínua.
- ✓ **Remover desperdícios.** O que não traz valor para o cliente deve ser removido. Muitas das vezes é possível reduzir passos que já não fazem mais sentido para o processo, otimizando o tempo.
- ✓ **Reduzir *lead time*.** Redução da duração do processo de ponta a ponta.

- ✓ **Gerenciar o percentual de conclusão e precisão (C/P).** Buscar os 100%, mas tomando cuidado para não entregar muito rápido e com muitos erros. Erros em homologação ou ainda em desenvolvimento são toleráveis, mas devem ser evitados ou reduzidos em produção.
- ✓ **Reduzir o número de transferências (*hand-offs*) e aprovações.** Um colaborador que realiza uma atividade que depois passa para um segundo colaborador, depois para um terceiro, e assim por diante. Refletir sobre a necessidade de tantos colaboradores durante o processo. Por isso, a ideia de equipes pequenas ajuda muito nessa comunicação, resolvendo tudo na mão de poucas pessoas, de forma rápida e eficiente. Aqui a grande diferença fica quando, por menor que seja a tarefa, o colaborador demora dias para começar e concluir essa tarefa, enquanto na equipe pequena a pessoa pode rapidamente resolver a situação, otimizando muito o processo. Aprovações estão relacionadas à confiança e à cultura colaborativa da empresa, sem precisar de dezenas de aprovações para realizar determinadas tarefas.
- ✓ **Usar uma equipe de operações compartilhadas (SOT).** Patrick Debois descreve no seu livro que a CSG Internacional, em 2003, criou essas equipes para resolver problemas de diferenças significativas (*firewall*, balanceadores de carga, segurança...) entre ambientes de desenvolvimento, pré-produção e produção. Essas equipes gerenciavam os diversos ambientes, garantindo sua compatibilidade de forma automatizada.

4.6.1. Teoria das restrições

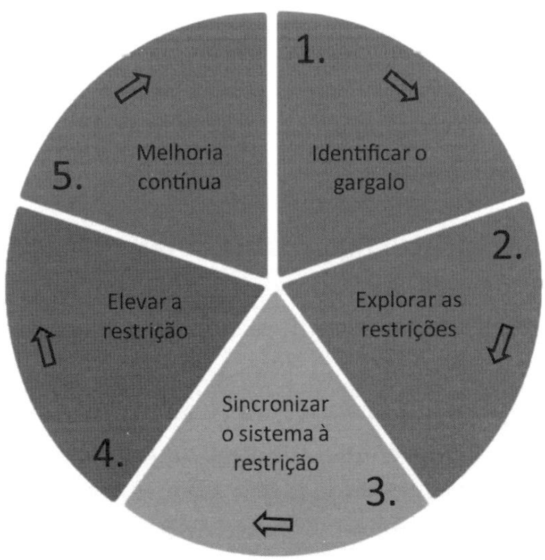

Figura 4.8. Teoria das restrições.
Fonte: adaptado de WILKER, 2011.

Como aplicar a teoria das restrições (gargalos) pode ajudar a otimizar o fluxo em cinco passos (Figura 4.8):

1. **Identificar o gargalo.** Exemplo: em um fluxo de valor onde o *lead time* é de três dias.
2. **Explorar as restrições.** Qual seria a restrição principal? Precisa passar por várias pessoas, gerente, seu superior para autorizar o processo?
3. **Sincronizar o sistema à restrição.** Todos da equipe trabalham em conjunto para achar uma maneira de eliminar essa restrição do fluxo.
4. **Elevar a restrição.** Fazer o que for possível para agilizar o processo, eliminando ou, ao menos, diminuindo essa restrição ao final, para que isso não aconteça mais. Isso pode ser identificar que as pessoas nem olham o processo, apenas autorizam porque essa etapa já existia antes. Logo, o processo pode não ser mais necessário, possibilitando sua remoção.
5. **Melhoria contínua**. Uma melhora constante do processo com ganho de produtividade. Ao remover uma restrição, uma nova pode surgir em seu lugar, sempre tendo algo a melhorar no processo.

Ao final pode ser entendido que uma autorização mínima já satisfaz os parâmetros de auditoria, reduzindo assim em um dia o processo de *lead time*. Em seguida, aplicando a melhoria contínua, pode ser identificado que uma possível restrição é um formulário que demora 30 minutos para preencher, mas que ninguém olha ou utiliza durante todo o processo, outra restrição que reinicia o ciclo de forma constante, partindo sempre para uma nova.

Conhecer a restrição é importante, mas saber as ações para eliminá-la é fundamental. A seguir, alguns exemplos de restrições e como combatê-las, conforme recomendação dos autores do livro "The DevOps Handbook" (2016).

- ✓ **Demora para criar e configurar ambientes.** Muitas das vezes o *lead time* pode ser comprometido por causa deste fator, com um ambiente complexo ou legado. As técnicas de infraestrutura como código podem melhorar e ajustar essa restrição.
- ✓ **Demora no *deploy* em produção.** Processos manuais que geram grande demanda de pessoas e tempo. Automatizar o processo de *deploy* é a melhor forma de evitar isso.
- ✓ **Demora para testar funcionalidades.** Seja o cliente ou a própria equipe de QA, testes automatizados são fundamentais para acelerar a validação de funcionalidades.

✓ **Arquitetura monolítica.** Aqui o risco é alto porque qualquer pequena mudança obriga a fazer o *deploy* de toda a aplicação, podendo gerar indisponibilidade mesmo nas menores alterações. Arquiteturas de *releases* de baixo risco, ou microsserviços, possibilitam a atualização de pequenos pedaços sem impedir que o restante da aplicação continue funcionando.

Importante lembrar que a utilização de microsserviços é um dos principais potencializadores do *DevOps*, removendo as principais restrições de arquiteturas monolíticas.

Como já foi falado na parte de *Lean*, o conceito básico de desperdício é identificar quais atividades não agregam valor para o cliente. Segundo os autores do livro "The DevOps Handbook" (2016), existem nove classificações de desperdício. São elas:

1. **Trabalho parcialmente pronto.** Trabalho não concluído ou parado nas filas, muito WIP. Focar em terminar mais em vez de iniciar novas tarefas.
2. **Processos extras.** Atividades desnecessárias para agregar valor ao cliente. Exemplo muito comum são as aprovações de um processo por um gestor que nem olha o documento, apenas aprova, o que torna a etapa desnecessária.
3. **Recursos extras.** Funcionalidades que não agregam valor para o cliente. Demandas que não fazem sentido para o produto ou para a empresa.
4. **Multitarefa.** Pessoas envolvidas em vários projetos e fluxos ao mesmo tempo. Ligação forte com o primeiro item, ao se fazer um pouco de muitas coisas e não entregar nada.
5. **Espera.** Fila esperando chegar uma atividade (quanto maior a espera pior). Um exemplo pode ser a questão de lotes pequenos onde a espera do cliente para ver as novas funcionalidades rodando é muito pequena, o contrário do cenário manual com janelas mensais ou até maiores para entregar um resultado.
6. **Movimentação.** Movimentos desnecessários, que, quando relacionados aos sistemas, podem significar uma série de cliques em diversas telas até chegar na funcionalidade desejada. Colocando o devido esforço, um atalho poderia aumentar muito a produtividade do usuário ao executar uma tarefa diária.
7. **Defeitos.** Retrabalho para corrigir erros. Cada nova implantação volta um novo erro por falta de entendimento ao entregar a funcionalidade, sem pensar no cenário como um todo ao desenvolver a tarefa inicialmente.
8. **Trabalho manual.** Atividade manual que é propensa a erros. Na jornada *DevOps*, um dos principais objetivos é automatizar processos.
9. **Ato heroico.** Esforço acima do normal para atingir metas. Comum onde a restrição depende de uma pessoa. Pode ser um erro de produção ou até mesmo durante a implantação, onde apenas uma pessoa sabe resolver, mais ninguém.

4.7. Integração do repositório de controle de versão compartilhada

O controle de versão é fundamental para qualquer iniciativa de software. Um sistema de controle de versão registra mudanças de arquivos ou conjuntos de arquivos, sendo código-fonte, recursos ou outros documentos que façam parte do software. Também permite rastrear tudo que é realizado, assim como efetivar, comparar, mesclar e restaurar versões. Ao desenvolver uma aplicação, vários desenvolvedores estão alterando o mesmo código-fonte e depois tudo isso precisa ser mesclado ou integrado para se tornar uma coisa só.

Ao controlar código e configuração utilizada pela infraestrutura, fica muito mais fácil de reproduzir ambiente o mais próximo do de produção. E o mais importante, a informação é compartilhada com todos que fazem parte do fluxo de valor (desenvolvimento, qualidade, operação, segurança).

Exemplificando algo relacionado à parte de segurança, o responsável utiliza uma ferramenta específica para validar questões de segurança ao final do ciclo. No ciclo *DevOps* o responsável também deve incluir todas essas configurações dentro do repositório de código para que isso seja executado durante o *pipeline*. Assim, os resultados poderiam ser compartilhados com o desenvolvedor com uma frequência muito maior, ou até o próprio desenvolvedor seria capaz de executar os testes de segurança, ainda em tempo de desenvolvimento, para não ter uma surpresa em seguida.

O livro "The DevOps Handbook" (2016) cita itens que fazem parte do controle de versão:

- ✓ Todo código do aplicativo e dependências (bibliotecas, conteúdo estático, etc.).
- ✓ Qualquer *script* usado para criar esquemas de banco de dados, dados de referência de aplicativo, etc.
- ✓ Todas as ferramentas de criação de ambiente e artefatos usados na infraestrutura como código.
- ✓ Qualquer arquivo usado para criar *containers*, como Docker ou Rocket.
- ✓ Todos os testes automatizados de apoio e qualquer *script* de teste manual.
- ✓ *Script* para empacotamento de código, implementação, migração de banco de dados e provisionamento de ambiente.
- ✓ Todos os artefatos de projeto (documentação de requisitos, procedimentos de implementação, notas).
- ✓ Todos os arquivos de configuração de nuvens.

✓ Qualquer outro *script* ou configuração exigida para criar infraestrutura (DNS, *firewall*, banco de dados, etc.).
✓ Versões de bibliotecas que são utilizadas no código.

Itens como RFC (*Request For Change*) e executáveis do aplicativo **não** fazem parte do controlador de versão.

4.8. Adaptando a definição de pronto para refletir os princípios *DevOps*

Existem algumas diferenças entre a definição de pronto genérica e a definição de pronto considerando os princípios de *DevOps*.

Voltando um pouco nos conceitos, no mundo ágil, com a utilização do *Scrum*, não existe uma definição engessada que considera algo como pronto. Geralmente fala-se de uma *sprint* ou uma *release* que pode ser implantada. E geralmente está atrelada aos requisitos de negócio e às histórias que foram desenvolvidas naquela *sprint* e/ou *release*.

Em relação aos métodos ágeis, é muito comum que empresas mais maduras já utilizem um pouco da definição de *DevOps* para pronto, que é quando está de fato em produção. Mas, em algumas situações, existe uma divisão tão grande que uma equipe de desenvolvedores e QAs, junto ao cliente, valida uma situação em homologação e ali já define aquilo como pronto ou não. E dessa data passa-se um tempo muito grande até que o código de fato chegue à produção.

Então a definição de pronto, na prática de *DevOps*, é quando já está funcionando para o cliente em produção ou pelo menos funciona em uma ambiente com características muito parecidas com o ambiente de produção – ambientes sendo criados sob demanda através das configurações armazenadas dentro do controlador de versão.

Na **primeira definição de pronto**, ao final de cada intervalo de desenvolvimento existe código integrado, testado, funcionando e que pode ser entregue. Esta seria a definição muito comum para as equipes ágeis. O complemento do mundo *DevOps* é que isso deve ser demonstrado em um ambiente do tipo produção.

Então quando tudo que foi feito, que pode ser entregue, for demonstrado em ambiente tipo produção (ambiente muito próximo ou de preferência igual ao de produção), será considerado como pronto.

Na **segunda definição de pronto**, considera tudo da primeira definição e também a utilização de *pipelines* automatizados, além da criação de ambientes a partir do *trunk* (para usuários *subversion* ou *master* para o *git*) com um processo de um clique.

Neste cenário os desenvolvedores não ficam cada um no seu *branch* de liberação (ramificação). Todo mundo faz o *check-in* no *trunk/master*.

Para entender o questionamento de como o *DevOps* recomenda a adaptação de pronto é necessário pensar sob duas perspectivas: primeira forma, com o conceito de controle de versão e ambiente criado sob demanda, demonstrando o resultado em um ambiente do tipo produção. Segunda forma, ao falar em *pipelines* automatizados com toda a criação dos ambientes em um processo a partir do *trunk* com teste automatizado.

4.9. Como as ferramentas podem automatizar a criação dos ambientes

O principal aliado da jornada *DevOps* é a utilização de ferramentas para automatizar processos. A ideia não é ir a fundo com cada ferramenta, mas apenas criar referências entre a atividade e os exemplos que podem ser aplicados no cenário, conforme descrito a seguir pelos autores do livro "The DevOps Handbook" (2016):

- ✓ **Criação de um ambiente virtualizado.** Imagem VMWare, *script* Vagrant, arquivo de configuração de uma instância na Amazon EC2.
- ✓ **Processo de criação de ambiente automatizado em um servidor *bare metal*.** Instalação de PXE (*Pre-Boot Execution Environment*) a partir de uma imagem base. De forma simplificada, seria um *boot* pela placa de rede em um hardware sem nenhuma configuração de sistema operacional.
- ✓ **Ferramentas de gerenciamento de configuração de infraestrutura como código.** Puppet, Chef, Ansible, Salt, CFEngine, ferramentas fundamentais para garantir ambientes independentes. Mas é sempre importante avaliar qual é a melhor alternativa para satisfazer a necessidade do projeto.
- ✓ **Ferramentas automatizadas de configuração de SO.** Solaris Jumpstart, Red Hat Kickstart, Debian Preseed.
- ✓ **Montar um ambiente a partir de um conjunto de imagens ou *containers* virtuais.** Docker, Rocket, Vagrant. A evolução de máquinas virtuais é a utilização de *containers* através do Docker, principal solução do mercado. Vagrant consegue lidar com ambos os cenários, provisionando *containers* ou máquinas virtuais.

✓ **Criar um novo ambiente em nuvem pública, privada ou PaaS (*Platform as a Service*).** Amazon (AWS), Google (GAE), Microsoft (Azure). Como principais *players* do mercado, ambientes em nuvem potencializam muito a adoção do *DevOps*. Possibilitam a criação pagando apenas pelo uso e ao mesmo tempo tendo elasticidade para crescer o quanto for necessário. E muitas das vezes é importante ter uma estratégia híbrida de nuvem, tendo a possibilidade de utilizar mais de uma empresa, assim garantindo o funcionamento mesmo que um grande fornecedor tenha problemas de funcionamento. Por mais que as empresas sejam *top* de mercado, não podemos garantir a ausência de problemas. É importante se adaptar.

4.10. Pulo do gato para a prova :-)

Tema	Tipo de questão
Melhor definição de pronto	Qual a definição de pronto ideal para o time *DevOps*
Melhor estratégia	Criação e configuração de ambientes Agilizar entregas de qualidade
Melhores práticas para *DevOps*	Controlador de versão Como aumentar a produtividade das equipes
Conceitos	Prioriza a conclusão e explicita gargalos Entrega contínua
Benefícios	Trabalho visível

4.11. Referências

HUMBLE, Jez; FARLEY, David. **Entrega Contínua:** como entregar software de forma rápida e confiável. Porto Alegre: Bookman, 2014.

JENKINS. **Build Pipeline.** Disponível em: <https://plugins.jenkins.io/build-pipeline-plugin>. Acesso em: 21 mar. 2019.

JENKINS. **Pipeline Editor.** Disponível em: <https://jenkins.io/doc/book/blueocean/pipeline-editor>. Acesso em: 21 mar. 2019.

KIM, Gene; DEBOIS, Patrick; WILLIS, John; HUMBLE, Jez. **The DevOps Handbook:** how to create world-class agility, reliability, and security in technology organizations. Portland: IT Revolution Press, 2016.

MUNIZ, Antonio; ADAPTNOW. Videoaula Jornada DevOps e Certificação oficial EXIN Professional. Udemy, 2018.

XEBIALABS. **Periodic table of DevOps tools (v3).** Disponível em: <https://xebialabs.com/periodic-table-of-devops-tools>. Acesso em: 21 mar. 2019.

WILKER, Bráulio. Teoria das Restrições (TOC). **BWS Consultoria**, jan. 2011. Disponível em: <http://www.bwsconsultoria.com/2011/01/teoria-das-restricoes-toc.html>. Acesso em: 31 mar. 2019.

5. Testes automatizados

Analia Irigoyen
Bárbara Cabral da Conceição
Rodrigo Fittipaldi
Marcelo Costa

Este capítulo apresenta os principais conceitos sobre os testes, que são uma parte fundamental do desenvolvimento do software, já que são eles que garantem e atestam a qualidade (funcionalidade, usabilidade, *performance*, segurança etc.) do software desenvolvido antes mesmo de ser implantado (entrar em produção). Como o foco do *DevOps* está exatamente na qualidade, o teste automatizado é um dos seus principais pilares. Nesse sentido, o movimento *DevOps* propõe então que a estratégia automatizada substitua os testes manuais, que, além de demorarem muito a ser executados, não garantem que o desenvolvedor realize testes com a cobertura necessária para a qualidade do software (principalmente os cenários críticos). Os testes automatizados garantem exercitar os cenários com um maior volume de dados.

Com a automação dos testes, a execução de um *script* codificado é realizada pela máquina, garantindo a rapidez e a precisão necessárias para a qualidade. Além disso, quanto maior o software ou a complexidade das regras, maior o esforço em executar os testes manualmente antes de cada necessidade de implantação. De forma contrária, quando temos os testes automatizados, o esforço maior é no início do desenvolvimento, momento em que os testes são criados e mantidos. Facilita os testes de regressão antes de cada *deploy* em produção para verificar se os cenários críticos não foram afetados pela nova demanda implementada.

A automação de um teste consiste na utilização de um software para automatizar as tarefas presentes na execução de um teste, como, por exemplo:

- ✓ Execução de casos de testes = entrada (dados de teste) + saída esperada.
- ✓ Dados de teste devem ser definidos para dados válidos, inválidos e inoportunos, ou seja, não devemos pensar somente no "caminho feliz".

Quando a automação de teste é executada de forma controlada é notório que existem vários benefícios que podem ser observados:

- ✓ Aumento da produtividade e consequentemente a redução de custos na fase de execução dos testes.
- ✓ Aumento sistemático da cobertura de testes.
- ✓ Repetibilidade na execução dos casos de teste.
- ✓ Precisão dos resultados.

A estratégia de testes é um roteiro a ser seguido para as atividades da disciplina de testes de software. A estratégia de testes para a entrega contínua do *DevOps* pode ser representada pela Figura 5.1.

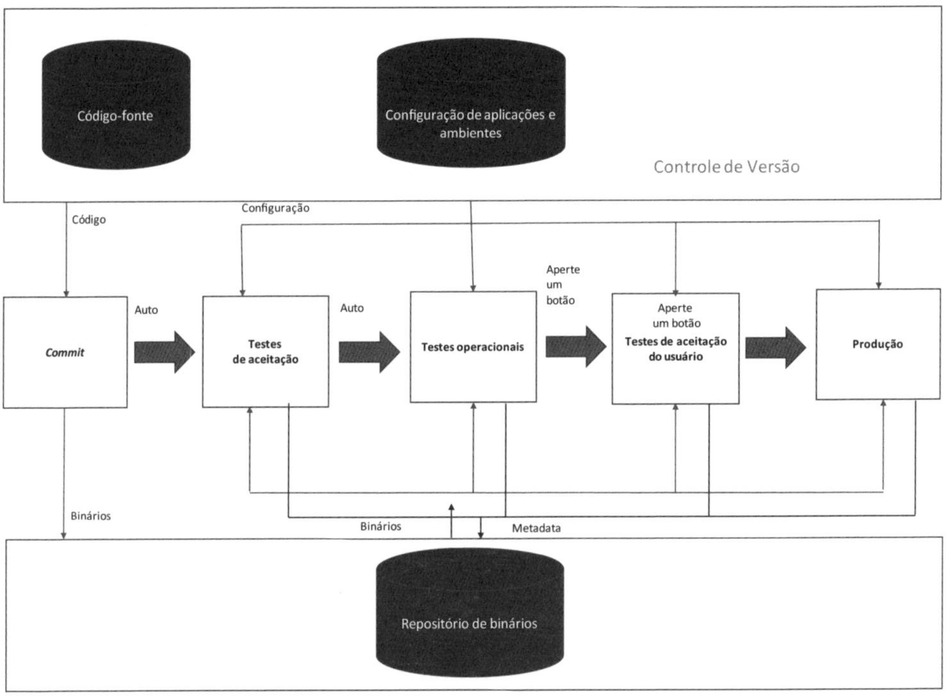

Figura 5.1. Entrega contínua: modelo ideal.
Fonte: adaptado de PROMOVE SOLUÇÕES, *DevOps Days* Rio de Janeiro 2018, palestra: "DevOps + Fornecedores = É possível?".

Em um modelo de entrega contínua, a estratégia de testes, proposta por Davis e Daniels no livro "Effective DevOps" (2016) e explorada também em "Performance Testing Guidance for Web Applications" (2007), de J.D. Meier et al., o desenvolvedor, ao submeter o código ao sistema de controle de versão (*pipeline* de implantação), com o objetivo final do *green build* (pacote estável e sem erros), orquestra (por meio de configuração) os seguintes tipos de testes:

- ✓ **Testes unitários:** inicialmente, os testes focalizam cada componente do produto individualmente, garantindo que ele funcione como unidade.
- ✓ **Testes de componente:** verificam o funcionamento de módulos do software de forma isolada. Geralmente são utilizados *mock objects* para simular a comunicação do componente com outro componente externamente.
- ✓ **Testes de integração:** os componentes do produto são montados ou integrados para formar o pacote de software completo. Este teste de integração valida as conexões entre dois componentes de código e o fluxo de dados entre as unidades. Estes testes são úteis e devem ser realizados, mas o esforço de codificação é maior.
- ✓ **Testes de contrato:** os serviços publicados pelos componentes do produto são testados, incluindo *web services* e APIs REST.
- ✓ **Testes operacionais:** onde são executados os testes:
    - **De recuperação** – Este tipo de teste assegura que o sistema pode, com sucesso, recuperar os dados após uma falha no funcionamento do hardware, do software ou de rede, quando existir perda dos dados ou da sua integridade.
    - **De segurança** – Este tipo de teste atesta as condições de segurança de um software, garantindo que somente um certo grupo de pessoas previamente definido pode acessar o sistema – e, entre estes, alguns podem utilizar funções que outros não podem e vice-versa. Além disso, assegura que as informações armazenadas pelo sistema não podem ser acessadas ou corrompidas de forma intencional ou não por pessoas sem permissão.
    - **De carga (estresse)** – Este tipo de teste verifica as características de *performance*, assim como tempos de resposta, taxas de transações, outros casos sensíveis ao tempo, e identifica a carga ou volume máximo persistente que o sistema pode suportar por um dado período.
    - ***Performance* (desempenho)** – Este tipo de teste mede e avalia o tempo de resposta, o número de transações, usuários e outros requisitos sensíveis ao tempo.
- ✓ **Aceitação:** garante que o produto realmente faz o que se propõe a fazer e o que foi acordado com o usuário/cliente. Normalmente este tipo de teste exige muito conhecimento do negócio e esforço muito maior de codificação do que as outras fases.

Esses testes precisam ser pensados em qual momento do *pipeline* devem ser executados para não perder tempo no *deploy* da aplicação. Idealmente, os testes unitários são executados sempre que se "sobe" uma versão para o primeiro ambiente em que o código for promovido. Eles podem ser executados de forma paralela (potencialmente em servidores diferentes), ganhando tempo na sua execução. Já os testes de aceitação podem ser executados no momento em que o código for promovido ao ambiente de homologação, por exemplo. Isso faz com que os desenvolvedores não percam a capacidade produtiva, já que o tempo de execução dos testes de aceitação é consideravelmente maior que a execução dos testes unitários.

Na Figura 5.2 estão representadas as duas pirâmides de testes. Segundo Mike Cohn no seu livro "Succeeding with Agile" (2009), são a pirâmide ideal e a não ideal em um cenário de testes automatizados.

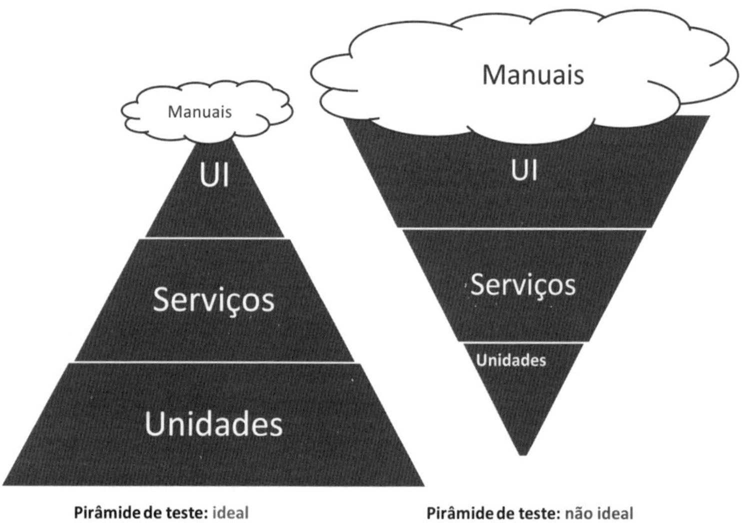

Figura 5.2. Pirâmide de testes ideal x pirâmide de testes não ideal.
Fonte: adaptado de COCHRAN, 2017.

A pirâmide de testes ideal é que o esforço maior de automação esteja concentrado nos testes de unidade (que devem ter a maior cobertura) e os testes manuais sejam realizados em cenários específicos e no que não for possível automatizar. Além disso, a cultura de testes automatizados, proposta abordada por Kent Beck no livro "Test-Driven Development: by example" (2002), permite:

✓ Um ciclo de aprendizado desde o início do desenvolvimento, onde problemas são encontrados logo no primeiro incremento, não propagando o mesmo erro para os próximos ciclos. Se eu só realizo os testes no final do ciclo de desenvolvimento, a propagação dos erros será muito maior. A abordagem TDD (*Test-Driven Development* ou desenvolvimento guiado por testes), utilizada pelos desenvolvedores para a automação dos testes unitários, será detalhada na próxima seção deste capítulo.

- ✓ Que o desenvolvedor entenda que não só o código, mas também a qualidade do código, é da sua responsabilidade. Quando a execução dos testes é realizada de forma manual e por outra pessoa, a tendência é que o desenvolvedor "relaxe" na qualidade, já que existe outra fase de garantia de qualidade após o desenvolvimento. Quando essa fase passa a não existir ou é limitada, o desenvolvedor e o time tomam para si (senso de propriedade) a responsabilidade pela qualidade.
- ✓ Que seja feita a análise estática do código, ou seja, que o código seja analisado por ferramentas que o levem a seguir um padrão de codificação que provê uma melhor manutenibilidade no código.
- ✓ Que as modificações inseridas não propaguem efeitos colaterais. Os testes de regressão automatizados, que é a re-execução de algum subconjunto de funcionalidades, são mais rápidos e precisos, já que manutenções no código podem causar problemas em funções previamente testadas que não são alvos de um incremento do software, por exemplo.
- ✓ A diminuição do débito técnico (dívida técnica). Uma das causas do débito técnico é a falta de cobertura dos testes unitários.
- ✓ O aumento da taxa de sucesso do teste de sanidade (*smoke test*). O *smoke test* (teste aleatório para determinar se um determinado incremento de software pode ser submetido a um teste mais aprimorado) tem o propósito de evitar que sejam desperdiçados recursos de testes com um *build* não estável para testes.
- ✓ O *feedback* rápido: resultado de um dos lemas da agilidade – "erre e conserte mais rápido ainda".
- ✓ Aprendizado constante: o ciclo curto de errar e acertar permite ao desenvolvedor aprender e não propagar o mesmo erro em outros trechos de código. Nos testes manuais os erros são descobertos tardiamente, dificultando o aprendizado.

Nesse cenário, a priorização deve ser dada aos testes unitários, base da pirâmide, pois nós precisamos de testes automatizados mais rápidos e mais baratos que sejam executados junto com o *build* e em ambientes de testes sempre que uma nova alteração for submetida ao sistema de controle de versão (*pipeline* de implantação). Nesse sentido, deveríamos ter grandes volumes de testes unitários automatizados.

No meio dessa pirâmide temos os testes de serviços, ou seja, testes entre componentes que não utilizam a interface gráfica do sistema para serem executados. Esses testes levam um pouco mais de tempo e custo para serem automatizados do que os testes unitários. Esses testes devem ser priorizados considerando os cenários mais críticos de integração.

Mais acima da pirâmide temos a automação de testes pela interface gráfica, os chamados testes funcionais. Esses testes são mais lentos e mais caros, onde empresas que não usam automação encontram a maior parte dos erros. Erros estes que deveriam ser encontrados durante os testes unitários construídos pelo desenvolvedor – quanto maior essa cobertura de testes, melhor a prática. Uma outra boa prática é quando se encontra um erro que foi pego quando os testes funcionais automatizados, que usam a interface gráfica, são executados. É a codificação de um teste unitário que seja capaz de identificar esse mesmo erro. Fazendo isso, da próxima vez que forem executados os testes unitários, se o erro ocorrer novamente, ele vai ser identificado antecipadamente e da forma mais barata.

Nem sempre os níveis de testes são feitos pelos mesmos desenvolvedores; em determinadas situações os profissionais de qualidade desenvolvem os testes de aceitação. No entanto, é necessário que seja discutido com o time quais testes foram implementados em quais níveis para que os testes não se tornem redundantes.

No final da pirâmide temos poucos testes manuais, o estritamente necessário para garantir a cobertura total de testes de cenários extremamente críticos. Esses testes, em geral, são exploratórios. A maior parte dos erros deve ser encontrada na base da pirâmide (testes unitários automatizados).

Infelizmente, o que se encontra normalmente nas organizações é o cenário da pirâmide não ideal de testes: poucos testes unitários automatizados, poucos testes de integração e muitos testes automatizados que utilizam uma interface gráfica. E também encontramos nessa pirâmide não ideal de testes uma grande quantidade de testes manuais, parecendo mais um sorvete do que uma pirâmide.

O seu desenvolvimento deve ser formado por uma pirâmide ideal de testes, garantindo uma entrega contínua com o objetivo final do *green build* e de um software com qualidade.

Podemos lembrar que implementar testes de aceitação e toda a pirâmide de testes automatizados não eliminam os testes manuais. Um olhar de um ser humano em cima da *feature* desenvolvida também identifica defeitos conceituais e de usabilidade que um teste automatizado não pode identificar. Nesse sentido, a mais adequada definição de pronto em um time *DevOps* seria então um código sendo executado em um ambiente similar ao de produção e que passou nos testes de aceitação do usuário da pirâmide ideal.

Além disso, os testes de aceitação só devem ser implementados quando há uma certa "estabilidade" das interfaces de tela. Funcionalidades que estão ainda em testes A/B ou de usabilidade não devem ser possíveis de ser automatizadas, já que isso causaria um certo desperdício, pois a aplicação está mudando muito dinamicamente.

Contudo, existem muitas dificuldades até chegar na pirâmide de testes ideal. São elas:

- ✓ Falta de mão obra especializada.
- ✓ Custo do investimento em uma ferramenta – mesmo as ferramentas ditas *free* precisam de um investimento na infraestrutura para que possam ser executadas.
- ✓ Curva de aprendizado e produtividade inicial da automação.

De acordo com Martin Pol, Ruud Teunissen e Erik van Veenendaal, no livro "Software Testing: a guide to the TMap® Approach" (2002), uma outra forma de agrupamento é quanto ao tamanho do objeto de teste. Nesse sentido, os níveis de teste podem ser agrupados em baixo nível e alto nível (Figura 5.3):

- ✓ **Baixo nível:** testes deste nível envolvem o teste de componentes separados de um sistema individualmente ou combinados. Desenvolvedores executam quase exclusivamente esses testes. Depois que as partes mais elementares do sistema possuem qualidade suficiente (através dos testes de unidade), partes maiores do sistema são testadas em conjunto durante os testes de integração.
- ✓ **Alto nível:** estes testes se destinam a testar produtos completos. Informam os desenvolvedores sobre a qualidade do sistema e os outros envolvidos sobre a possibilidade de levar o sistema para produção. Os testes de sistema são conduzidos após os testes de baixo nível pela entidade que desenvolve o sistema e exigem um ambiente controlável quanto à versão do sistema e aos dados de teste. Depois o sistema será oferecido à(s) entidade(s) que adquire(m), usa(m) e/ou opera(m) o sistema para a condução dos testes de aceitação em um ambiente que simule o ambiente operacional o máximo possível.

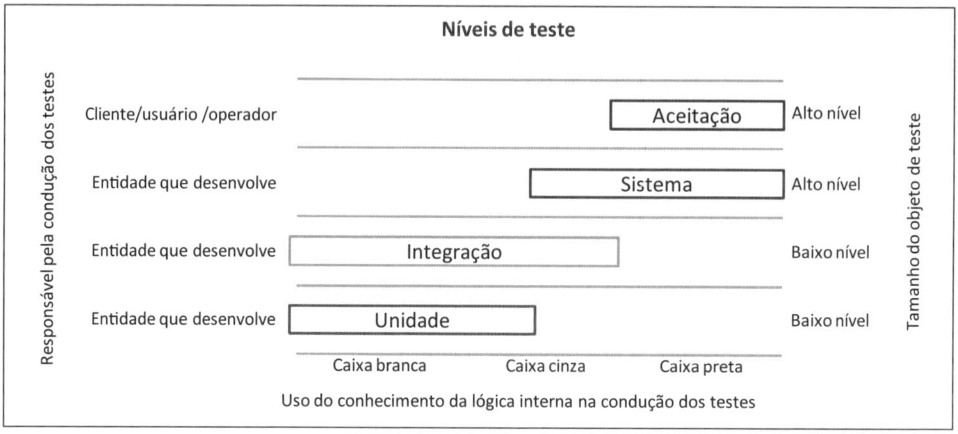

Figura 5.3. Níveis de testes.
Fonte: adaptado de POL; TEUNISSEN; VEENENDAAL, 2002.

5.1. Desenvolvimento guiado por testes (TDD)

Test-Driven Development é uma abordagem de desenvolvimento de software que nasceu dos conceitos do XP (*Extreme Programming*) em 1999 e que orienta que os testes sejam desenvolvidos antes de ser desenvolvido o código. Kent Beck redescobriu a técnica em 2003 e a difundiu.

Uma das maneiras mais eficazes para garantir que haja testes automatizados confiáveis é escrever esses testes como parte da metodologia de desenvolvimento. Kent Beck, um dos criadores da agilidade, definiu TDD da seguinte forma: "TDD = *Test-First* + Design Incremental" (Figura 5.4).

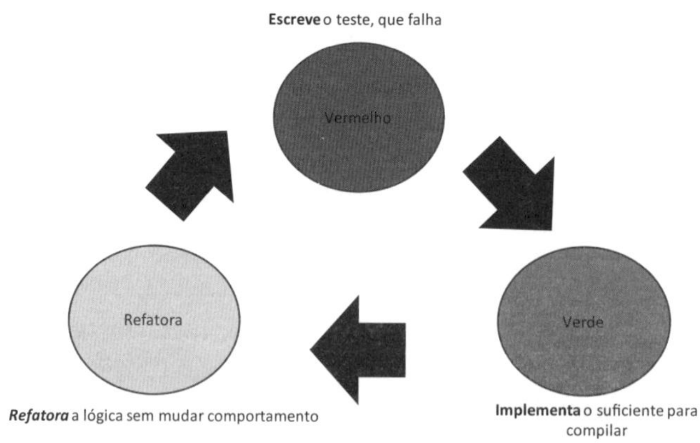

Figura 5.4. Sequência básica TDD.
Fonte: adaptado de NETO, 2016.

Esta é uma técnica voltada para escrita de testes unitários automatizados, que funciona em três passos:

- ✓ O primeiro passo é escrever um teste que vai falhar, ou seja, quando o desenvolvedor começa a programar o código, ele não programa o código imediatamente. Primeiro, ele vai escrever um teste considerando um cenário de teste e executar a compilação do código, que vai falhar. Essa falha acontece porque não tem código ainda, só tem um teste em cima de nada. Por isso, chamamos esse passo de vermelho, já que resulta em algo negativo.
- ✓ No segundo passo, o desenvolvedor escreve somente o código suficiente para passar no teste e, ao executar a compilação desse código, o teste vai passar. Por isso, chamamos essa etapa de verde.
- ✓ No terceiro passo da metodologia TDD, sendo necessário, o desenvolvedor melhora o código sem alterar o seu comportamento. Nesta etapa, o desenvolvedor reescreve o código considerando uma melhor legibilidade, melhores práticas e padrões. Para garantir que alterações de *refactoring* realizadas de melhoria não mudaram o comportamento funcional, o próprio pode executar os próprios testes automatizados que ele acabou de codificar.

A seguir, algumas recomendações para automatização de testes unitários:

- ✓ A ideia de um teste de unidade é realmente testar a classe de maneira isolada, sem qualquer interferência das classes que a rodeiam.
- ✓ Fuja ao máximo de testes que validam mais de um comportamento.
- ✓ Testes devem ser curtos e testar apenas uma única responsabilidade da classe.
- ✓ Testes com duas responsabilidades tendem a ser mais complexos.
- ✓ Evitar métodos complexos com dezenas de métodos de testes para um único método.
- ✓ Pensar em simplicidade em cada teste.
- ✓ Um único teste não pode testar todas as funcionalidades em um único método. Iniciar com testes unitários e depois amadurecer para pensar nos testes de integração.
- ✓ Não existe bala de prata, o teste unitário deve ser criado passo a passo.

O foco TDD deve ser nas regras de negócio do sistema, ou seja, em uma arquitetura tradicional MVC-DAO, conforme descrito por Martin Fowler em seu livro "Patterns of Enterprise Application Architecture" (2002). Deve ser considerado automatizar isoladamente os testes das regras de negócio implementadas na camada de *Model*.

Caso existam regras de negócio em outras camadas, a responsabilidade das camadas deve ser revista (Figura 5.5).

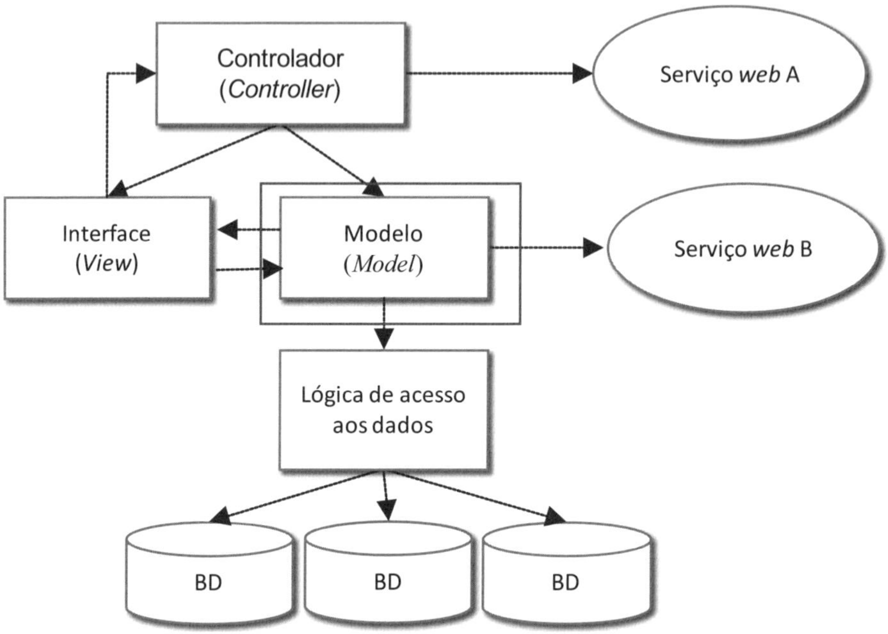

Figura 5.5. Foco TDD em uma arquitetura tradicional.
Fonte: adaptado de FOWLER, 2002.

Para que seja possível simular objetos reais e ainda não implementados ou até mesmo objetos que sejam difíceis de ser implementados, uma estratégia amplamente utilizada é o ***mock* de objetos.** Os principais motivos para a utilização são: necessidade de simulação do comportamento de objetos reais complexos difíceis de incorporar aos testes; isolar o teste a apenas uma camada de software, evitando os testes integrados de API durante os testes de unidade – incluindo acesso a banco de dados; isolar a chamada de serviços implementados por terceiros; simular regras de negócios a serem implementadas em fases posteriores ou alteradas a curto prazo; objetos com estados difíceis de ser criados ou reproduzidos.

O ***mock* de objetos** é implementado através de diversos *frameworks* existentes no mercado para os diferentes tipos de linguagens (Figura 5.6).

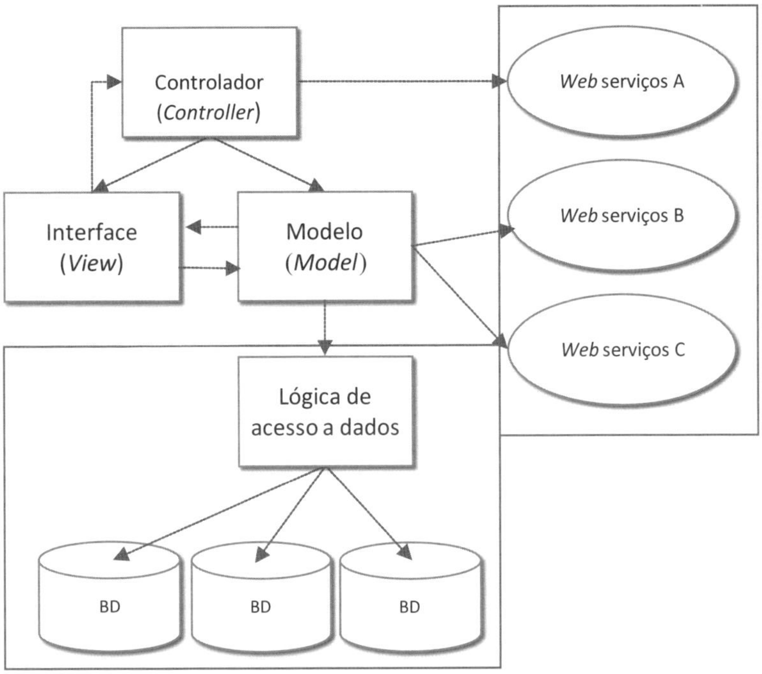

Figura 5.6. Representação de *mocks* de banco de dados e serviços.
Fonte: adaptado de FOWLER, 2002.

O principal objetivo do *mock* de objetos é eliminar as dependências de outras camadas de software, incluindo banco de dados. Apoia também a premissa fundamental do TDD, que consiste em *feedback* rápido a cada ciclo de *build,* evitando, por exemplo, a demora da execução das chamadas a serviços *web* externos e/ou gravação e leitura de um grande volume de dados lidos e recuperados.

5.2. Desenvolvimento guiado por comportamento (BDD)

É uma abordagem que funciona muito bem com a metodologia ágil e encoraja desenvolvedores e pessoas não técnicas e de negócio a utilizar uma linguagem única, facilitando a conversação. Dan North, em 2003, concebeu o *Behavior-Driven Development* (BDD) em resposta ao TDD, retirando a palavra "Teste" da técnica e trazendo para o foco a questão do comportamento das telas (Figura 5.7). Dentro do ciclo de desenvolvimento, esses cenários de testes são automatizados, são o que chamamos de testes de aceitação. Eles seguem na mesma concepção do TDD, onde os testes precisam ser desenvolvidos primeiro – neste caso, os comportamentos que o sistema precisa apresentar são definidos e implementados primeiro.

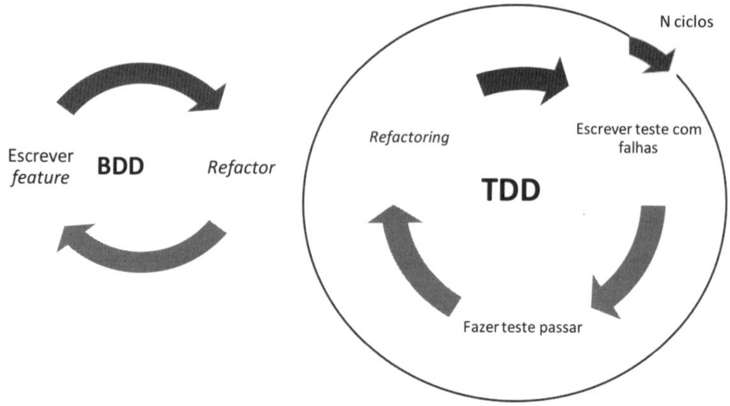

Figura 5.7. Representação do BDD e TDD.
Fonte: adaptado de NORTH, 2006.

Embora a prova de certificação cobre somente o TDD, decidimos explicar no livro o BDD também, pois pensamos que é importante considerar seu uso com as práticas de *DevOps*.

Existem alguns *frameworks* de automatização do BDD conhecidos: *Jbehave* (Java), *Rspec* (Ruby), *Cucumber*, *Nbehave* (.Net), *SpecFlow* (.Net).

> *Behavior-driven development é sobre implementar uma aplicação através da descrição de seu comportamento pela perspectiva de seus stakeholders.*
>
> *– Dan North*

O funcionamento do BDD pode ser resumido em cinco passos (Figura 5.8):

Figura 5.8. Funcionamento do BDD em cinco passos.
Fonte: adaptado de SMART, 2015.

A linguagem utilizada para a escrita dos cenários é o *gherkin* e se baseia no conjunto de palavras reservadas *Given-When-Then*. Segue um exemplo de cenário desenvolvido (Figura 5.9):

new_contact.feature

```
@new_contact @ready
Feature: Adding a new contact
    As a user of receivable module
    I would like to include a new contact
    In order to use this contact in my receivable operations

    Background:
      Given I have logged in
      And I go to the new contacts page

    @smoke
    Scenario: Adding a new contact manually
      When I select first covenant to the contact
      And I select "CPF" as unique identifier type option
      And I insert an unique identifier number
      And I insert a client id
      And I insert a contact name
      And I insert the contact's bank data
      And I insert a valid comercial email
      And I insert a valid comercial phone number
      And I insert a valid comercial address
      And I save the contact form
```

Figura 5.9. Exemplo de um cenário em *gherkin*.
Fonte: elaborado pelo autor.

Após a escrita dos cenários, eles são automatizados utilizando *frameworks* de testes de aceitação, como o *Selenium Web Driver*.

Existem várias vantagens na utilização do BDD, mas a maior delas é que os problemas comuns de compreensão e interpretação de histórias de usuário são minimizados, já que:

- ✓ Estabelece uma fundamentação comum de forma de comunicação (vocabulário) aos envolvidos no desenvolvimento de software e entendimento do negócio, facilitando e fazendo fluir a comunicação.
- ✓ Existe a representação de comportamentos funcionais do software e critérios de aceitação, que poderiam ser interpretados como os tradicionais requisitos funcionais e não funcionais.
- ✓ Facilita o aceite do cliente, pois existe a representação do negócio nos exemplos aceitos.
- ✓ O time entende e interpreta comportamentos que estão relacionados, evitando confusões com termos individuais.

5.3. *Case* de implementação de testes automatizados

Palestra: Innovation Days 2017
Palestrante: Marcelo Costa
Empresa: ProMove Soluções

A automação de testes é uma prática estratégica para o sucesso do *DevOps*, porém, de acordo com a experiência de diversos casos de falha na implantação, deve-se seguir um conjunto de passos para aumentar a possibilidade de se obter sucesso na implantação da prática. A estratégia foi definida tendo como base a verificação da qualidade do código (testes caixa branca), partindo para a verificação das telas e dos requisitos do cliente (testes caixa preta). A implantação do TDD, como primeiro passo, tem como resultado esperado a detecção de uma boa parte dos defeitos na primeira fase de automação dos testes (Figura 5.9).

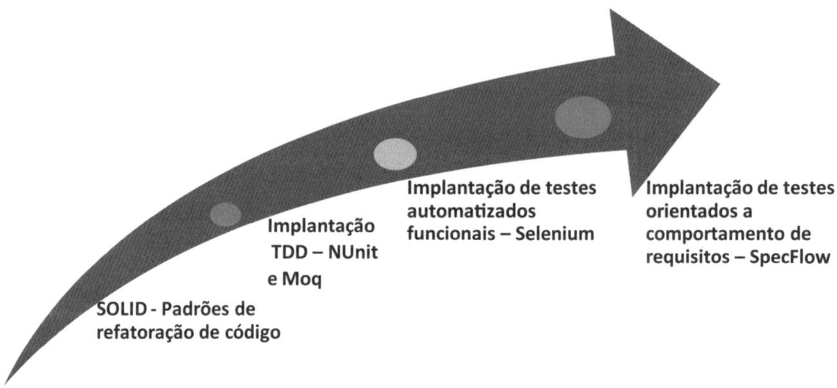

Figura 5.10. Passos de implementação de testes automatizados.
Fonte: adaptado de COSTA, 2017, palestra no evento *Innovation Days*.

1. **Implantação e *coaching* de *SOLID*** – Analisar o código atual e verificar a possibilidade de refatorar seguindo os padrões de projeto *SOLID*: S – *Single Responsibility Principle*; O – *Open-Close Principle*; L – *Liskov Substitution Principle*; I – *Interface Segregation Principle*; D – *Dependency Inversion Principle*. Esses padrões facilitam a criação de um código simples e reutilizável, pois ficam baseados em interfaces simples e independentes e, por consequência, facilitam bastante a criação dos testes unitários automatizados para essas classes.
2. **Implantação do *NUnit* e *Moq*** – Implantação da API de testes unitários em conjunto com a API que realiza o *mock* de objetos. O *mock* de objetos é fundamental para conseguir isolar a classe e testar apenas métodos da classe que é foco do teste.

3. **Implantação dos testes automatizados funcionais – *Selenium*** – Implantação da API do *Selenium*, para a automação de testes da interface gráfica do software, garantindo que as regras de negócio e a interface gráfica sejam implementadas corretamente.
4. **Implantação de testes orientados a comportamento de requisitos – *Specflow*** – Implementação do BDD (*Behaviour-Driven Development*) para a validação dos requisitos definidos juntos ao usuário com o código implementado para o software. É um teste bastante eficiente para a garantia da implementação de todos os requisitos e se atende à necessidade do usuário.

5.4. Pulo do gato para a prova :-)

Tema	Tipo de questão
Pirâmide ideal	Ordem de execução de testes ideal e em quais tipos de testes deve-se investir mais
Testes automatizados	Principais benefícios
Conceito de TDD	Sequência de execução e benefícios

5.5. Referências

BECK, Kent. **Test-Driven Development:** by example. Upper Saddle River: Addison--Wesley Professional, 2002.

COCHRAN, Tim. Test Pyramid: the key to good automated test strategy. **Medium**, Nov. 18, 2017. Disponível em: <https://medium.com/@timothy.cochran/test-pyramid-the-key-to-good-automated-test-strategy-9f3d7e3c02d5>. Acesso em: 21 mar. 2019.

COHN, Mike. **Succeeding with Agile:** software development using Scrum. Upper Saddle River: Addison-Wesley Professional, 2009.

DAN NORTH & ASSOCIATES. Introducing BDD. **Better Software**, Mar. 2006. Disponível em: <https://dannorth.net/introducing-bdd/>. Acesso em: 15 mar. 2019.

DAVIS, Jeniffer; DANIELS, Katherine. **Effective DevOps:** building a culture of collaboration, affinity, and tooling at scale. Sebastopol: O'Reilly Media, 2016.

FOWLER, Martin. **Patterns of Enterprise Application Architecture.** Upper Saddle River: Addison-Wesley Professional, 2002.

KIM, Gene; DEBOIS, Patrick; WILLIS, John; HUMBLE, Jez. **The DevOps Handbook:** how to create world-class agility, reliability, and security in technology organizations. Portland: IT Revolution Press, 2016.

MEIER, J D.; FARRE, Carlos; BANSODE, Prashant; REA, Dennis. **Performance Testing Guidance for Web Applications.** Redmond: Microsoft Press, 2007.

MUNIZ, Antonio; ADAPTNOW. Videoaula Jornada DevOps e Certificação oficial EXIN Professional. Udemy, 2018.

NETO, Waldemar. **Desenvolvimento guiado por testes em javascript.** 09 nov. 2016. Disponível em: <https://walde.co/2016/11/09/desenvolvimento-guiado-por-testes-em-javascript/>. Acesso em: 21 mar. 2019.

POL, Martin; TEUNISSEN, Ruud; VAN VEENENDAAL, Erik. **Software Testing:** a guide to the TMap® Approach. Upper Saddle River: Addison-Wesley, 2002.

SMART, John Ferguson. **BDD in Action:** behavior-driven development for the whole software lifecycle. Shelter Island: Manning Publications, 2015.

6. Integração contínua

Rodrigo Moutinho

Como já falado no Capítulo 1, e muito bem destacado com referências a Martin Fowler, integração contínua é uma prática de desenvolvimento em que cada colaborador do time integra seu trabalho ao repositório de código pelo menos uma vez por dia.

Indo um pouco mais a fundo, existe a necessidade de entender as principais características desse ambiente de desenvolvimento, principalmente a respeito do controlador de versão, considerando que todos os dias a equipe precisa integrar seu código (Figura 6.1).

O principal conceito do repositório de código é o ***trunk***, também conhecido como *master* ou linha principal. O *trunk* seria o coração, e cada projeto tem o seu. Nesse local fica armazenado o código principal, que mais tarde será colocado em produção.

Em seguida, entra o conceito do ***branch*** – em tradução livre, ramificação. Os *branches* são basicamente a cópia atual do código do *trunk* em dado momento. Ao criar um *branch*, uma nova linha de desenvolvimento é iniciada em paralelo com a linha principal, sem influenciar o histórico uma da outra. Em muitas empresas, é comum ter diversos *branches* em andamento. Pode ser um desenvolvedor realizando um desenvolvimento à parte ou uma *feature branch*, onde uma funcionalidade é desenvolvida separadamente dentro dessa ramificação para depois ser mesclada com a linha principal.

O terceiro conceito utilizado no repositório de código é a ***tag***, que funciona como marcador do estado do código em dado momento. O exemplo mais comum é a marcação da versão do projeto com um nome, v2.3.1, representando que aquele estado está relacionado ao nome que foi dado para a *tag*.

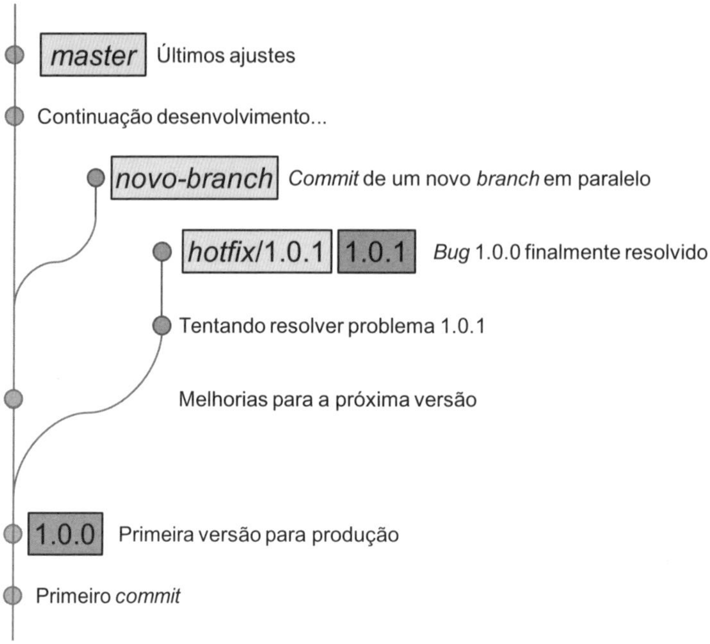

Figura 6.1. Histórico do controlador de versão mostrando os conceitos de *master*, *branches* e *tags*. Fonte: elaborado pelo autor.

Algo também muito comum com a utilização de *tags* é a marcação após realizar a integração entre um *branch* e o *trunk*. A identificação desse momento do código com uma *tag* facilita em caso de problemas e permite realizar um *rollback* de todas as alterações, de forma simples, para o estado anterior.

A integração, ou *merge*, do código é uma operação muito comum em projetos com muitos *branches*. É também um problema muitas das vezes. Esse processo consiste em pegar todas as mudanças realizadas no *branch* e sincronizar com o *trunk*, deixando todo o conteúdo junto na linha principal de desenvolvimento. Apesar de juntos a partir do *merge*, seus históricos de alteração continuam armazenados de forma separada (Figura 6.2).

O processo de *merge* pode se mostrar muito complexo, dependendo do tempo que o código não está sendo integrado ao principal. Quanto maior a quantidade de alterações em paralelo com a linha principal, mais complexo fica para integrar esse código, não esquecendo do tempo gasto pelo desenvolvedor para realizar o *merge*, com a chance de criar novos *bugs*, dependendo da complexidade do processo. Agora fica fácil de entender por que muitos *branches* são um problema para o projeto.

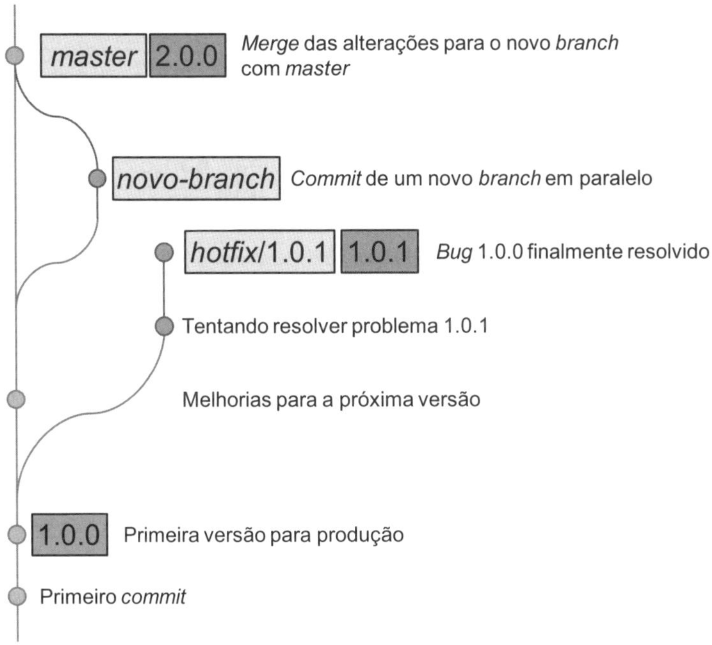

Figura 6.2. Integração do código (*merge*) entre *master* e *branch*.
Fonte: elaborado pelo autor.

Atualmente a prática mostra que as empresas estão cada vez mais buscando a ideia de desenvolvimento em uma linha principal onde é minimizada a quantidade de *branches* em paralelo com muito tempo sem fazer o *merge*. Até porque o uso de muitos *branches* pode aumentar o débito técnico do projeto, tema que será abordado em detalhes mais adiante.

6.1. Escolhendo a ramificação (*branching*) ideal

A escolha da estratégia certa pode fazer toda a diferença no sucesso do seu projeto. Logo, torna-se fundamental entender as principais vantagens e desvantagens de cada abordagem.

Uma estratégia é a **produtividade individual**: nela o projeto fica privado dentro de um *branch* e não atrapalha outras equipes. Cada equipe tem a liberdade de fazer o seu projeto. O grande ponto desfavorável é a realização do *merge* ao final do projeto, onde muitos problemas (conflitos) podem acontecer, principalmente ao trabalhar com muitas pessoas e muitas equipes. Integrar esse código todo ao final vira uma grande dor de cabeça para todos.

A outra é a **produtividade da equipe**, que segue um desenvolvimento baseado no *trunk*: uma fila única com todas as equipes trabalhando no *trunk* com *commit* de código frequente. Nesse formato não existe a dor de cabeça de fazer um *merge* ao final do projeto. O *commit* é realizado diretamente na linha principal. Todavia, para toda escolha existem pontos negativos. Os principais pontos são: a dificuldade de implantar, colocar essa estratégia em prática e a chance de que cada novo *commit* pode quebrar a compilação do projeto todo.

Em um cenário com 100 desenvolvedores, basta apenas um *commitar* um código quebrado para impedir o funcionamento adequado para todos os outros. Como o *DevOps* é uma cultura muito colaborativa, essa situação é uma ótima chance para transformar um problema em uma oportunidade de melhoria e integração entre os times, seguindo o exemplo da Toyota de puxar a corda de *Andon*. Logo, quando um código quebrado é encontrado, todos se juntam para resolver o problema juntos e assim seguir com os *commits* frequentes novamente.

A questão da confiança encontrada na cultura *DevOps* deixa muito claro que a melhor escolha sempre será a **produtividade da equipe**. Maior colaboração para resolução de problemas, facilitar de encontrar o código principal sempre no mesmo lugar (*trunk*) e maior produtividade de todo o time ao não ter que fazer *merges* perigosos ao final de cada desenvolvimento.

6.2. Influência da dívida técnica sobre o fluxo

A dívida técnica é aquela situação de erro ou falta de qualidade que não causa um impacto grande a ponto de parar um processo. Com isso, acaba sempre sendo deixada de lado para melhorias futuras que nunca acontecem.

Uma correlação muito comum de dívida técnica está ligada à falta de cuidado e atenção no processo de integração contínua. Mesmo que um cliente peça uma funcionalidade e receba, se esta não for melhorada ou refatorada, novos problemas podem surgir.

Essas são duas características muito comuns que aumentam a dívida técnica: os **erros que não são corrigidos** e acabam sendo deixados de lado até causar um problema grande, levando a uma grande **dificuldade de realizar uma entrega de qualidade** pela quantidade de erros e cuidado com o processo de integração contínua.

Muitos outros fatores também são responsáveis por gerar esse débito técnico. Muitos dos erros não corrigidos têm como origem um **código sujo**, ou seja, quando um código precisa de muitos comentários para ser compreendido, usando nomes para variáveis e métodos que não fazem sentido e ignorando as melhores práticas do mercado.

As boas práticas de desenvolvimento são conhecidas como *clean code* (código limpo). Práticas que buscam sempre melhorar o código, colocar uma boa descrição na classe, nomes para métodos e variáveis que sejam autoexplicativos, evitando a necessidade de comentários para explicar o porquê de cada linha de código. Essas estratégias são fundamentais para evitar comentários esquecidos sem manutenção e facilitar o entendimento do código na próxima melhoria a ser feita na aplicação.

Código mal feito gera ***bugs* escondidos** que muitas vezes surgem devido a **testes ineficazes**. O *bug* pode ser aquele erro que ninguém percebe que existe ou que o usuário já se acostumou que vai acontecer, mesmo que isso seja algo muito ruim. O *bug* também pode ser não funcional, que o cliente não percebe, como um cenário que fica gerando alertas para a equipe que são considerados normais; algo ignorado em vez de consertado.

Muitos desses *bugs* poderiam ser identificados e corrigidos previamente através do desenvolvimento de testes eficientes, seguindo a pirâmide de testes (explicada em detalhes anteriormente no item 5.1). O desenvolvimento de testes torna-se fundamental nesse cenário: começar com testes unitários que realmente testam pontos importantes do software. Não adianta desenvolver algo apenas para satisfazer estatísticas de cobertura de testes.

A falta de padrão no desenvolvimento influencia diretamente na qualidade, aumentando a dívida técnica. Na era digital, com transformações acontecendo a todo momento, softwares com menor índice de erros e problemas de manutenção saem na frente nessa jornada. A transparência que o processo de integração contínua tem na jornada *DevOps* ajuda a eliminar essa dívida técnica do projeto.

6.3. Como eliminar a dívida técnica

Existem diversas práticas utilizadas para otimizar a entrega de software com qualidade e consequentemente reduzir e eliminar a dívida técnica.

Uma das estratégias mais importantes é o **desenvolvimento baseado no *trunk***. Como mencionado anteriormente, existem duas abordagens: produtividade individual e produtividade da equipe, sendo esta a estratégia baseada no *trunk*. A produtividade da equipe sempre será a melhor escolha na jornada *DevOps*. Dessa forma, os erros são notificados de forma mais eficiente, possibilitando sua resolução de modo muito mais rápido.

Outra abordagem fundamental para a jornada *DevOps* é a **infraestrutura como código**, preparando ambientes e soluções de forma ágil, eliminando os processos manuais. Um exemplo seria a equipe ter um catálogo com as configurações de servidores utilizados; basta o colaborador executar um *script* ou utilizar uma ferramenta para que tudo seja preparado, dimensionado e criado, sem a necessidade de processos manuais ou outros colaboradores durante a realização da tarefa.

A **integração contínua** e a entrega de **pequenos lotes** eliminam muitos débitos técnicos por facilitar a entrega constante de resultados. Evitam as grandes janelas de implantação feitas poucas vezes por ano devido a sua complexidade. Acabam sendo consideradas como eventos por exigir grande planejamento para a sua realização. Entregar de forma semanal ou até mesmo diária favorece a melhoria contínua de todo o projeto, sem a necessidade de eventos.

Favorecendo a integração contínua, os **testes automatizados** ganham muita importância ao evitar entregas com erros previamente identificados em testes unitários, de regressão, fumaça, etc. As melhores ferramentas são capazes de impedir o *deploy* da aplicação caso os testes não terminem com sucesso.

Para remover problemas antigos, é comum reunir uma equipe para realizar ***blitz* de melhorias**. O problema pode ser algo recorrente ou uma melhoria muito importante para o projeto, similar ao feito em iniciativas *Lean*, que corta elementos que não entregam mais valor para o projeto ou para a organização. Assim serão feitas melhorias em cenários que realmente importam. A equipe que se reúne para a *blitz* naturalmente já conhece as maiores dores de cabeça do projeto, as que prejudicam a performance diária de seu cliente.

A *blitz* também pode ser feita para refatorar ou reestruturar códigos para deixá-los mais limpos. O ponto principal é a proatividade em atuar em situações mais críticas em vez da reação quando o problema já se tornou grande demais para se administrar de forma simples.

Todas essas estratégias estão correlacionadas com o ***feedback* imediato** e o **aprendizado contínuo**. Lotes pequenos favorecem o *feedback* rápido enquanto as *blitz* de melhoria proporcionam um aprendizado contínuo para todos os envolvidos.

6.4. *Case* de integração e *deploy* automático

Marcelo Costa
Analia Irigoyen

Os *cases* são fundamentais para mostrar como a teoria é aplicada na prática, mas é importante destacar que nenhuma ferramenta é cobrada na prova.

O *case* descreve uma organização que possui aproximadamente 140 mil clientes que realizam atividades nos sistemas da empresa, como pagamentos de boletos, cadastro e utilização de benefícios da organização. Os prestadores de serviços também interagem com diversos portais da organização. A organização sempre apostou na tecnologia Microsoft desde o início da sua fundação, portanto possui um conjunto de aproximadamente 30 sistemas desenvolvidos na tecnologia Microsoft. Inclusive, todos os sistemas utilizam basicamente o banco de dados SQL Server e o Redis para *log* das aplicações. Os sistemas foram desenvolvidos nas seguintes linguagens: VB6, ASP, ASP.Net e C#.Net *Framework* 4.0. Como as aplicações legadas serão substituídas, o foco da implantação da integração e entrega contínua foram as seguintes aplicações e suas arquiteturas:

- ✓ Portais intranet e cliente – MVC
- ✓ Barramento SOA – *Entity Framework* – SQL *Server*
- ✓ Portal de processamento – MVC – *Entity Framework* – SQL *Server*

Mais detalhes da comunicação desses componentes estão definidos na Figura 6.3:

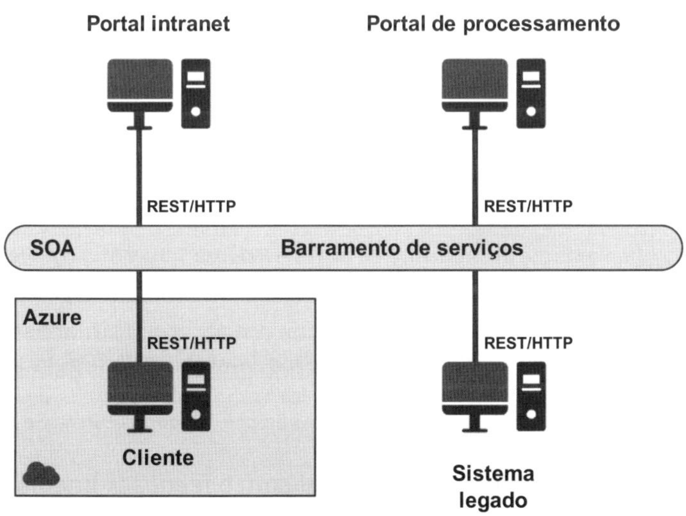

Figura 6.3. Detalhes das aplicações e arquiteturas envolvidas no *case* CI/CD.
Fonte: adaptado de COSTA, 2017, palestra *Innovation Days*.

Os seguintes softwares foram utilizados neste *case*:

- ✓ **TFS (*Team Foundation Server*)** – Ferramenta ALM (*Application Lifecycle Management*) da Microsoft que realiza o controle completo dos projetos, incluindo *workflow* de tarefas, *dashboards*, gerenciamento de configuração (*Git* e nativo) relatórios, entre outros.
- ✓ **TFVC (*Team Foundation Version Control*)** – Armazena o código-fonte no TFS ALM.
- ✓ **TFS *Build*** – Módulo do TFS que possui tarefas para a realização da integração contínua e publicação de artefatos de software.
- ✓ **TFS *Release Server Management*** – Módulo do TFS que realiza, a partir dos artefatos de software gerados no *build*, a migração do código entre os ambientes. O módulo possui um conjunto grande de tarefas para o *deploy*. Possui também um controle de aprovação da migração de artefatos de software, onde pode ser indicado quem pode aprovar a migração e a ordem de aprovação da migração dos artefatos.
- ✓ O TFS *Build* e TFS RSM possuem um *marketplace* com muitas extensões publicadas por outros desenvolvedores para apoiar na integração e entrega contínua.

A escolha do ambiente se deu principalmente pela organização possuir licenças do *Visual Studio Professional* e, pela estratégia da Microsoft, permitir ao cliente ter licenças automáticas para o TFS. O TFS utilizado é *on-premises* (rede local) com TFS *Build* e *Release Server Management* para migração das *releases* entre os ambientes. A ferramenta para gerência de configuração é o TFVC, onde são armazenados os códigos-fonte no TFS.

A estratégia de utilizada pela organização passou por seis passos que estão demonstrados na tabela a seguir.

Estratégia de implantação	**Implantação do *build* automático – TFS *Version Control***
	Implantação do ambiente de testes – *Release Server Management/PowerShell*
	Implantação do ambiente de homologação – *Release Server Management/PowerShell*
	Implantação do ambiente de testes de regressão – *Release Server Management/PowerShell*
	Implantação do ambiente de testes de pré-produção – *Release Server Management/PowerShell*
	Implantação do ambiente de produção

Fonte: adaptado de COSTA, 2017, palestra *Innovation Days*.

A principal premissa utilizada na estratégia é executar a compilação do código apenas uma vez e, para cada ambiente, alterar as variáveis dos arquivos de configuração do C# e execução dos *scripts* de atualização do banco de dados. As variáveis normalmente estão relacionadas às propriedades do projeto, como endereço das APIs e *strings* de conexão para as instâncias de banco de dados utilizadas pelo sistema.

1. **Implantar o *Continuous Integration* (CI) com o TFS *Build*:** a cada *check-in* realizado no TFVC automaticamente são realizadas a compilação do código, a geração dos binários e dos arquivos de atualização de banco de dados e a publicação dos artefatos no servidor de *build*.
2. **Implantar o código através do *Release Server Management* no ambiente de testes:** os artefatos são copiados para o servidor de testes, são trocadas as variáveis de configuração do ambiente, executados os *scripts* de atualização de banco de dados, implantados os *pools* de aplicação, dos sites *web* e subida dos serviços Windows.
3. **Implantar o código através do *Release Server Management* no ambiente de homologação:** depende da aprovação da equipe de testes para a entrada do código no ambiente. Após a aprovação, os artefatos são copiados para o servidor de homologação, trocadas as variáveis de configuração do ambiente, executados os *scripts* de atualização de banco de dados, implantados os *pools* de aplicação, dos sites *web* e subida dos serviços Windows.
4. **Implantar o código de todos os sistemas envolvidos nos testes através do *Release Server Management* no ambiente de teste de regressão:** depende da aprovação do gerente de TI para a entrada do código no ambiente. Após a aprovação, todos os artefatos de todos os sistemas envolvidos no teste de regressão são copiados para o servidor de homologação, são trocadas as variáveis de configuração do ambiente, a implantação dos *pools* de aplicação, dos sites *web* e subida dos serviços Windows. Neste ambiente, são executadas *stored procedures* para a criação dos bancos de dados da aplicação a partir do zero.
5. **Implantar o código de todos os sistemas envolvidos nos testes através do *Release Server Management* no ambiente de pré-produção:** depende da aprovação do gerente de TI e do responsável pela área de testes para a entrada do código no ambiente. Após a aprovação, todos os artefatos de todos os sistemas envolvidos no teste de regressão são copiados para o servidor de homologação, são trocadas as variáveis de configuração do ambiente, implantados os *pools* de aplicação, dos sites *web*, executados os *scripts* de atualização do banco de dados e subida dos serviços Windows.
6. **Implantar o código de todos os sistemas envolvidos nos testes através do *Release Server Management* no ambiente de produção:** depende da aprovação

do gerente de TI para a entrada do código no ambiente. Após a aprovação, todos os artefatos de todos os sistemas envolvidos no teste de regressão são copiados para o servidor de homologação, são trocadas as variáveis de configuração do ambiente, implantados os *pools* de aplicação, dos sites *web*, executados os *scripts* de atualização do banco de dados e subida dos serviços Windows.

Em qualquer estratégia de implantação é possível destacar as principais dificuldades ao longo do caminho; faz parte do aprendizado contínuo. Neste *case*, também colecionamos algumas pedras importantes de serem compartilhadas. Foram elas:

1. **Atualização do banco de dados:** a estratégia utilizada na arquitetura foi o *framework* de persistência *Entity Framework* da Microsoft. Esse *framework* gera um conjunto de *scripts* para atualização do banco de dados. No entanto, existe pouca documentação de como executar a atualização em linha de comando, pois o método mais comum é realizar a atualização dentro do banco de dados no ambiente do *Visual Studio*.
2. **Eliminação e inicialização de novos serviços Windows:** existem algumas regras para eliminar um serviço Windows e depois a recriação desses serviços, como primeiro eliminar, esperar um tempo para depois criar e iniciar o serviço novamente.
3. **Interface do TFS *Release Server Management*:** o barramento SOA é um projeto bastante grande com uma dezena de serviços Windows e atualização de dois bancos de dados. A interface do TFS RSM tornava mais difícil a tarefa, pois a usabilidade para manipulação de dezenas de tarefas não é muito adequada.

Da mesma forma que colecionamos dificuldades, também foi possível observar ganhos não só na maturidade em qualidade e automação dos envolvidos no projetos como outros que foram de extrema importância para a organização:

✓ **Automação de processos repetitivos:** além de ser um processo repetitivo e sujeito a falhas, o *deploy* manual das aplicações dependia fortemente das pessoas para sua realização. Apenas um desenvolvedor sabia executar essa tarefa completamente. Apesar desse processo ter sido documentado, eram várias páginas de um passo a passo complexo. Um exemplo concreto de ganho com essa automação era a subida de serviços Windows, que era feita como dezenas de comando e, a partir da execução no *deploy* automático pelo *PowerShell*, era feita automaticamente.

✓ **Aumento do número de *deploys* realizados:** antes da automação, os *deploys* eram feitos mensalmente devido à complexidade da atividade. Após a estratégia de CI/CD, começaram a ser feitos vários *deploys* diários e com a subida correta do banco de dados.

✓ **Satisfação do usuário/cliente:** aumento da confiabilidade no software, pois a automação gera mais qualidade nas entregas, além de diminuir o tempo das entregas.

6.5. Pulo do gato para a prova :-)

Tema	Tipo de questão
Estratégia de *branching*	Relação de esforço de *merge* entre as estratégias; melhor solução para o problema de muitas ramificações.
Melhor definição	Técnicas para eliminar dívida técnica.
Benefícios	Desenvolvimento baseado em *trunk*.

6.6. Referências

HUMBLE, Jez; FARLEY, David. **Entrega Contínua:** como entregar software de forma rápida e confiável. Porto Alegre: Bookman, 2014.

KIM, Gene; DEBOIS, Patrick; WILLIS, John; HUMBLE, Jez. **The DevOps Handbook:** how to create world-class agility, reliability, and security in technology organizations. Portland: IT Revolution Press, 2016.

MUNIZ, Antonio; ADAPTNOW. Videoaula Jornada DevOps e Certificação oficial EXIN Professional. Udemy, 2018.

7. *Releases* de baixo risco

Leandro Barreto
Antonio Muniz

Lembramos como se fosse hoje quando tínhamos apenas um ambiente de produção em uma grande empresa de tecnologia da informação no Brasil. Quando fazíamos um *deploy*, de um novo projeto, aplicação ou até mesmo uma melhoria, era sempre uma experiência terrível e um processo traumatizante. Todos os profissionais envolvidos perdiam noites ou até mesmo um final de semana trabalhando para que esse *deploy* fosse feito com o menor risco possível, tentando garantir que todas as atividades fossem executadas conforme o previsto sem impactar o cliente, ou seja, um processo maçante para as equipes envolvidas, muito caro para a empresa e penoso para os clientes que tinham que aguardar as demoradas janelas de mudança.

A *release* de baixo risco permite implantações com menor impacto. Existem dois momentos distintos e complementares:

1. **Implantação (*Deployment*)**: refere-se à implantação técnica no respectivo ambiente.
2. **Liberação (*Release*)**: disponibiliza os recursos para o cliente após a implantação bem-sucedida.

No final das contas, a *release* é o que importa para o cliente na prática e pode ser realizada seguindo as duas categorias ou padrões de liberação relacionadas a seguir (Figura 7.1) que detalharemos no decorrer deste capítulo.

Baseado no ambiente	Baseado no aplicativo
Há dois ou mais ambientes e apenas um fica ativo para os clientes (ex.: balanceadores)	Novas funcionalidades de forma seletiva usando configurações simples (não precisa fazer *deploy*)
Azul verde (*blue-green*) e canário (*canary*)	Alternância de recursos (*feature toggles*) e lançamento escuro

Figura 7.1. Categorias de *release* ou padrões de liberação.
Fonte: MUNIZ; ADAPTNOW, videoaula oficial Exin, 2018.

7.1. Padrão de implantação azul-verde (*blue-green*)

No padrão de implantação azul-verde, existe um ambiente 100% ativo e outro fica em *stand-by*. Podemos considerar o tipo mais simples de *release* de baixo risco, porém existe o problema de como gerenciar o banco de dados com duas versões do aplicativo em produção (Figura 7.2).

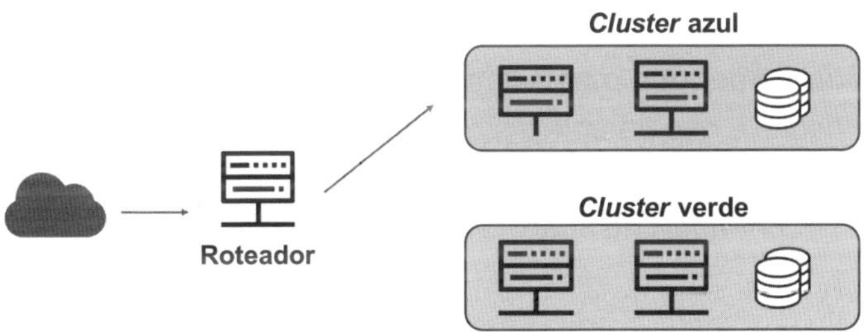

Figura 7.2. Padrão de implantação azul-verde.
Fonte: adaptado de FOWLER, 2010.

Uma vez que temos a carga de acessos toda sendo direcionada para um ambiente, podemos fazer o *deploy/release* no ambiente que está "offline" sem problemas. Depois de tudo pronto, apenas trocamos a direção dos acessos para esse novo *cluster* e mantemos o *cluster* como *backup*, caso haja algum problema durante a *release*.

Hoje chamamos de padrão de implantação azul-verde o processo que consiste em termos dois ambientes diferentes, porém o mais igual possível para realizarmos o *deploy* de um novo pacote em produção, afetando o mínimo possível os acessos e a disponibilidade da aplicação. Para realizarmos essa mudança, temos na frente de toda a aplicação um balanceador de carga.

Vamos supor que você desenvolveu uma nova versão do seu software, passou por todas as etapas de ciclo de vida da aplicação e tudo já está pronto para ser inserido no ambiente produtivo. Nesse momento, teremos dois ambientes distintos no ar, um carinhosamente apelidado de verde e o outro de azul. No ambiente azul, temos a versão atual do software, com toda a carga de acesso direcionada a ele. Nesse momento, temos dois ambientes no ar, um com uma versão atual, outro sem versão nenhuma. A ideia aqui é realizar a *release* dessa nova versão desenvolvida e testada no ambiente verde. Agora temos duas versões, uma antiga e a nova em ambientes similares e concorrentes. Na frente dos acessos, teremos um roteador que irá direcionar a carga de acessos para este novo ambiente (verde). Essa troca é feita da forma mais suave possível, sendo que, após a realização desse chaveamento de acessos, o ambiente antigo (azul) poderá ser desativado após a troca ou também poderá ser mantido como *backup* para a próxima *release*. Nesta última solução, teremos sempre uma última versão em ambiente produtivo.

Esta é uma técnica bastante usada para *releases* de baixo risco, pois, se no decorrer dessa troca houver algum problema no *deploy/release*, o *rollback* poderá ser feito o mais rápido possível e sua correção também poderá ser executada o mais rápido possível.

E se no decorrer do período o problema que ocorrer nessa troca de ambientes for em banco de dados e não na aplicação? Para que evitemos qualquer problema, os ambientes devem ser duplicados em sua totalidade, ou seja, ambientes, bibliotecas, banco de dados, *containers* de aplicação, etc.

Observe na tabela a seguir as duas estratégias para o tratamento de mudança em banco de dados com o padrão de implantação azul-verde.

Estratégia	Descrição	Problemas
1. Criar um BD verde e um BD azul	Durante a *release*, o BD azul fica em modo leitura, fazemos o *backup/restore* e trocamos o tráfego para o ambiente verde	Se precisar reverter para o ambiente azul, pode perder transações se não migrar manualmente com antecedência
2. Desacoplar mudanças da aplicação e do BD	A mudança na aplicação não se preocupa com alteração no BD, que será planejada após o *deploy*	Necessário gerenciar a compatibilidade das versões da aplicação antes de migrar o BD

Fonte: KIM; DEBOIS; WILLIS; HUMBLE, 2016.

7.2. Padrão de liberação canário (*release* canário)

Em 2014, Danilo Sato escreveu um artigo que explica brilhantemente e em poucas palavras o significado dessa técnica: "padrão de liberação ou *release* canário é uma técnica para reduzir o risco de introdução a uma nova versão de software em produção por uma troca gradual para um grupo pequeno de usuários até que fique disponível para todos".

O padrão de liberação canário (*release* canário) (Figura 7.3) é uma técnica bem utilizada para realizar a troca de *cluster* da forma mais suave possível ou focando em um nicho de mercado primeiro.

Suponhamos que estamos introduzindo uma nova versão de um software em produção que é relevante para uma parte dos acessos de uma determinada cidade. O padrão de liberação por sistema imunológico de *cluster*, que é uma variação do padrão de liberação canário, direciona a carga de acessos dessa nova cidade para esse novo *cluster* e também alguns usuários aleatórios fora da cidade aos poucos, para garantir que essa nova versão não impactará na usabilidade deles. Isso poderá ser feito aos poucos até que a nova versão esteja madura para aguentar toda a carga de acessos.

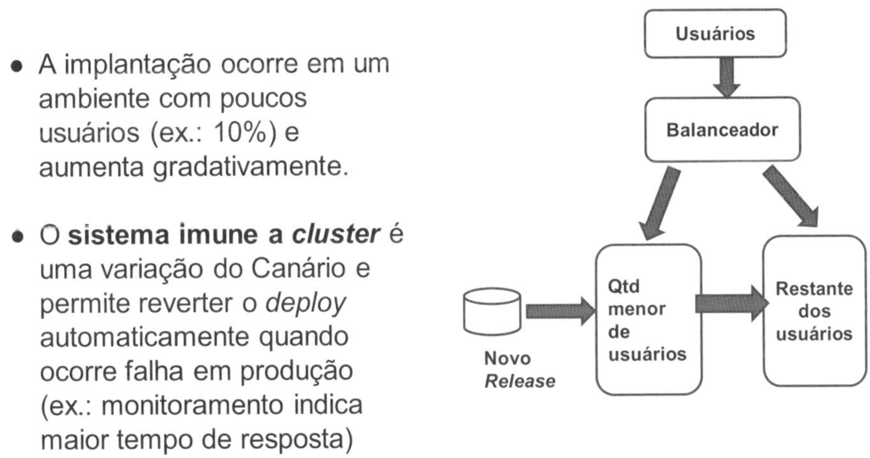

Figura 7.3. Padrão de liberação canário (*release canário*).
Fonte: adaptado de SATO, 2014.

Após todo o direcionamento de acessos ter sido concluído, a versão antiga é desativada. Essa técnica também é conhecida como lançamento incremental (*incremental rollout*) ou lançamento em fases (*phased rollout*).

7.3. Alternância de recurso (*feature toggles*)

Martin Fowler escreveu um artigo em 2010 explicando os benefícios e cuidados dessa técnica quando usamos a integração contínua e ainda faltam recursos a implementar para liberar a versão que faça sentido para o cliente. As alternâncias de recursos também são conhecidas por *flags* de recurso, *bits* de recurso ou *flippers* de recurso.

Observe no resumo a seguir as características e os benefícios da alternância de recursos. Essa técnica e seus benefícios estão representados na tabela a seguir:

Habilita e desabilita recursos da aplicação de acordo com critérios definidos (ex.: funcionário, localidade) Usa instrução condicional através de parâmetro ou configuração sem necessidade de *deploy*	Permite o **lançamento escuro:** Implantação de recursos na produção para avaliar resultados sem usuário perceber
1. Permite reverter facilmente quando ocorrem problemas 2. **Degradar o desempenho:** reduzir a qualidade do serviço quando existe o risco de falha em produção (Netflix: aplicação no ar sem alguma funcionalidade)	3. Aumentar resiliência com arquitetura voltada a serviços: permite ocultar recursos ainda não prontos ou com defeito.

Fonte: adaptado de FOWLER, 2010.

7.4. Arquitetura monolítica e microsserviço

Imagine que você está em casa em um final de semana tranquilo com sua família, fazendo aquele churrasco, tomando aquela cervejinha, e de repente toca o celular: é o seu chefe desesperado. A aplicação da sua empresa parou e ninguém faz ideia do que aconteceu. Você então precisa deixar sua família e os amigos de lado e sair correndo para a empresa ou, no melhor dos casos, acessar seu ambiente remotamente via VPN da empresa. Adeus final de semana.

Você calmamente olha os *logs* para entender o que pode ter acontecido e descobre: uma conexão que não é fechada em um *looping* que criava diversos *pools* de conexão no banco, até que ele não tinha mais *pool* disponível e travou.

Após realizar a correção, você simplesmente altera o código e, no melhor dos mundos, a aplicação de entrega contínua faz o resto do trabalho. A aplicação é reiniciada e tudo volta como era antes.

Claro que hoje essa é uma situação hipotética, mas já aconteceu muito no passado.

Agora, imagine o tempo (e o dinheiro) que a empresa perdeu com esse erro aparentemente simples de ser resolvido? Pense na quantidade de pessoas que podem não ter concretizado a compra de algum produto em uma plataforma *on-line*, digamos que em uma *Black Friday*. Estudos afirmam que *e-commerces offline* perdem cerca de 208 milhões de dólares por hora com esse tipo de situação.

Quando desenvolvemos um software cujas funcionalidades ficam ligadas a um único pacote, podemos dizer que essa arquitetura é monolítica ou que esse aplicativo é monolítico, pois todas as funcionalidades são ligadas umas às outras. Então, caso uma funcionalidade falhe, todas falham também e a aplicação para.

A necessidade de separar as funcionalidades de uma certa aplicação de forma independente foi o que criou a arquitetura de microsserviços. Essas funcionalidades são divididas em pequenas outras funcionalidades menores e independentes. Cada microsserviço tem seu código desenvolvido apenas para realizar o que é proposto.

Para citarmos um exemplo prático, imagine que somos um banco e temos duas aplicações apenas: nosso *website* e o aplicativo de celular. Ambos têm seu desenvolvimento apartado, cada um usando uma tecnologia diferente, porém chamando serviços relativamente iguais. Neste caso, vamos supor que temos um único serviço de extrato desenvolvido de forma independente, com seu código simples e *on-line* em um servidor. Tanto a aplicação *web* quanto o aplicativo de celular, por meio de sua interface, irão chamar esse mesmo serviço que está *on-line* independentemente dos outros.

Normalmente temos um serviço para cada atividade (Figura 7.6), seja para extrato, saldo em conta, atualização de cadastro, entre outros. Nesse caso, quando uma aplicação, seja *web* ou aplicativo de celular, chama o serviço de extrato, este serviço chama apenas o extrato do cliente em questão, nada mais do que isso. Ele pode receber o extrato atual ou de um dia específico, mas o serviço faz apenas esse trabalho; e, em caso de falhas, a única coisa que pode acontecer é o cliente não conseguir acessar o serviço em questão, podendo continuar navegando normalmente no *website* ou no aplicativo de celular.

A arquitetura orientada a microsserviços permite que as aplicações sejam feitas a partir de diversos outros serviços menores e independentes, visando uma melhoria na disponibilidade da aplicação e evitando que diversas tardes de domingo sejam interrompidas por problemas que facilmente poderiam ser resolvidos depois.

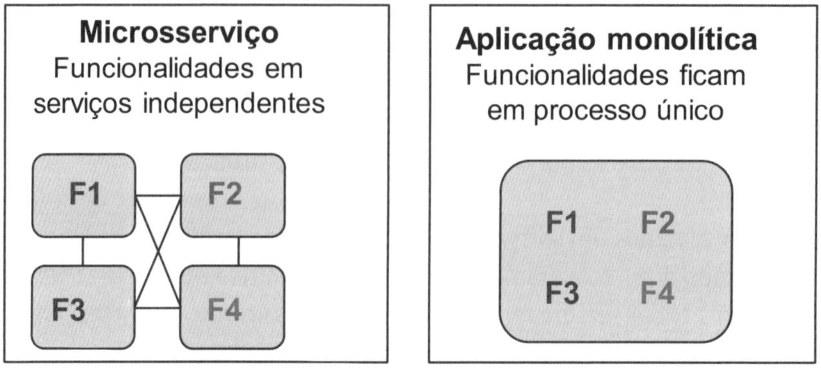

Figura 7.4. Arquitetura monolítica e microsserviços.
Fonte: LEWIS, 2014, e GUCKENHEIMER, 2018.

Além disso, temos também o conceito de reaproveitamento de serviços: não é necessário reinventar a roda cada vez que for criar uma nova aplicação, basta acessar algum microsserviço que faça o trabalho que você precisa, seja autenticar algum usuário, buscar alguma informação no banco de dados ou até mesmo um novo cadastro. Essas funcionalidades, por si só, já são coisas boas, porém há outro ponto positivo que pode ser levado em consideração ao pensar em uma nova arquitetura: os serviços andam sozinhos e independentes, ou seja, você pode atualizar um microsserviço e realizar seu *deploy* de forma independente, sem que a aplicação como um todo pare. Isso é maravilhoso, não?

Não estamos aqui falando que a estrutura monolítica não seja nunca recomendada, mas acreditamos que é um conceito antigo, tendo em vista que hoje reciclamos muito código (temos até padrões de desenvolvimento que ajudam nisso). Ter uma única aplicação para todas as transações (ex.: financeiro, cadastro de novos usuários, meios de pagamento, cadastro de funcionários, RH, etc.) não costuma ser uma boa ideia quando precisamos de alta disponibilidade, escalabilidade e também ter uma aplicação que se unirá automaticamente a outros ambientes e irá evoluir de forma independente frente a outras aplicações e projetos.

Para maiores detalhes do uso prático dos microsserviços, consulte o livro "Microsserviços Prontos Para a Produção: Construindo Sistemas Padronizados em uma Organização de Engenharia de Software" (2017).

A autora Susan Fowler apresenta com profundidade um conjunto de padrões de microsserviço, aproveitando sua experiência de padronização de mais de mil microsserviços do Uber.

7.5. Pulo do gato para a prova :-)

Tema	Tipo de questão
Padrão de liberação canário (*release* canário)	Cenários de organização para indicar a melhor técnica a ser aplicada
Feature Toggles (alternância de recursos)	Cenários de organização para indicar a melhor técnica a ser aplicada
Padrão de implantação azul-verde	Cenários de organização para indicar a melhor técnica a ser aplicada
Arquitetura fortemente acoplada (monolítica)	Identificar características deste tipo de arquitetura com um exemplo de cenário ou não
Arquitetura fracamente acoplada (microsserviços)	Identificar características deste tipo de arquitetura com um exemplo de cenário ou não

7.6. Referências

FOWLER, Martin. **BlueGreenDeployment.** 01 Mar. 2010. Disponível em: <https://martinfowler.com/bliki/BlueGreenDeployment.html>. Acesso em: 21 mar. 2019.

FOWLER, Martin. **FeatureToggle.** 29 Oct. 2010. Disponível em: <https://martinfowler.com/bliki/FeatureToggle.html>. Acesso em: 21 mar. 2019.

FOWLER, Susan. **Microsserviços Prontos Para a Produção:** construindo sistemas padronizados em uma organização de engenharia de software. São Paulo: Novatec, 2017.

GUCKENHEIMER, Sam. What are Microservices? **Microsoft Azure**, Jan. 09, 2018. <https://docs.microsoft.com/en-us/azure/devops/what-are-microservices>. Acesso em: 15 mar. 2019.

HUMBLE, Jez; FARLEY, David. **Entrega Contínua:** como entregar software de forma rápida e confiável. Porto Alegre: Bookman, 2014.

KIM, Gene; DEBOIS, Patrick; WILLIS, John; HUMBLE, Jez. **The DevOps Handbook:** how to create world-class agility, reliability, and security in technology organizations. Portland: IT Revolution Press, 2016.

LEWIS, James. **Microservices:** a definition of this new architectural term. 25 Mar. 2014. Disponível em: <https://martinfowler.com/articles/microservices.html>. Acesso em: 15 mar. 2019.

MUNIZ, Antonio; ADAPTNOW. Videoaula Jornada DevOps e Certificação oficial EXIN Professional. Udemy, 2018.

SATO, Danilo. **CanaryRelease.** 25 June 2014. Disponível em: <https://martinfowler.com/bliki/CanaryRelease.html>. Acesso em: 15 mar. 2019.

THE NETFLIX TECH BLOG. **How We Build Code at Netflix.** Mar. 09, 2016. Disponível em: <https://medium.com/netflix-techblog/how-we-build-code-at-netflix-c5d9bd727f15>. Acesso em: 15 mar. 2019.

PARTE III.
A SEGUNDA MANEIRA: *FEEDBACK*

8. Telemetria

Bárbara Cabral da Conceição
Analia Irigoyen
Antonio Muniz
Fernando Mellone
Fabrício Guimarães
Renato Fontes Nogueira

Como a telemetria depende de ferramentas para potencializar seu resultado, apresentamos telas com alguns exemplos neste capítulo.

Agradecemos a forte colaboração do Fernando Mellone, da Dynatrace, que colaborou na escrita do capítulo e gentilmente cedeu telas reais para facilitar o entendimento de quem nunca trabalhou diretamente com esse assunto.

8.1. Conceitos fundamentais da telemetria

Em ambientes complexos e de larga escala, coletar, correlacionar e analisar dados sobre o desempenho e a integridade dos ativos requer um esforço considerável durante todo o ciclo de vida de um software (implementação, teste, implantação e operação). O objetivo da telemetria é exatamente reduzir esse esforço.

O fornecimento de uma experiência completa em relação a *insights* operacionais ajuda os clientes a atender aos SLAs com seus usuários, reduzir os custos de gerenciamento e tomar decisões efetivas sobre o consumo e a adição de novos recursos. Só conseguimos alcançar esse objetivo se considerarmos todas as diferentes camadas envolvidas na telemetria, que são:

- ✓ Infraestrutura (CPU, IO, memória, SO, etc.).
- ✓ O aplicativo (tempo de resposta a chamado de uma API, exceções, etc.).
- ✓ Atividades de negócios (quantidade de transações por minutos em determinado período do dia, etc.).

Capturar, processar, correlacionar e consumir essas informações ajudará as equipes de operações (mantendo a performance dos ativos, analisando o consumo de recursos) e as equipes de desenvolvimento (nos testes, *troubleshoot* rápido de problemas, planejamento de lançamentos, etc.), que, tendo esses dados em mãos, conseguirão gerar métricas e indicadores que nos ajudarão a mostrar o status da integridade dos ativos do ambiente.

Segundo o "The DevOps Handbook", é importante, na telemetria, criar alertas cada vez melhores, usando a estatística para focar nas variações e nos valores discrepantes (*outliers*). Um exemplo destacado nesse livro para o uso de estatística é o de número de tentativas de *login* não autorizado diariamente, que se comporta ao longo do tempo de acordo com uma distribuição gaussiana (distribuição normal ou em forma de sino). Esse gráfico normal permite não só uma análise da tendência das tentativas de *login* não autorizado como apoia a definição de gatilhos para um alerta de segurança.

Um exemplo de alerta utilizando a distribuição gaussiana é avisar quando as tentativas de *login* não autorizado ultrapassarem o percentual médio considerando três vezes um desvio padrão.

As subseções a seguir detalham alguns destes e outros exemplos de métricas, registros e eventos que cobrem também os lados da infraestrutura, aplicação e negócio mencionados no livro "The DevOps Handbook".

8.1.1. Recursos de computação

O consumo dos recursos dos nós de computação que hospedam os componentes dos seus ativos é a primeira etapa no cenário de monitoramento e, logo, na solução de eventuais problemas. Uso da CPU, da memória, do disco e da latência da rede são alguns dos indicadores tradicionais a se observar nessa etapa. A seguir temos um exemplo de monitoramento de recursos usando a ferramenta de gerenciamento de performance de aplicativos Dynatrace (Figura 8.1).

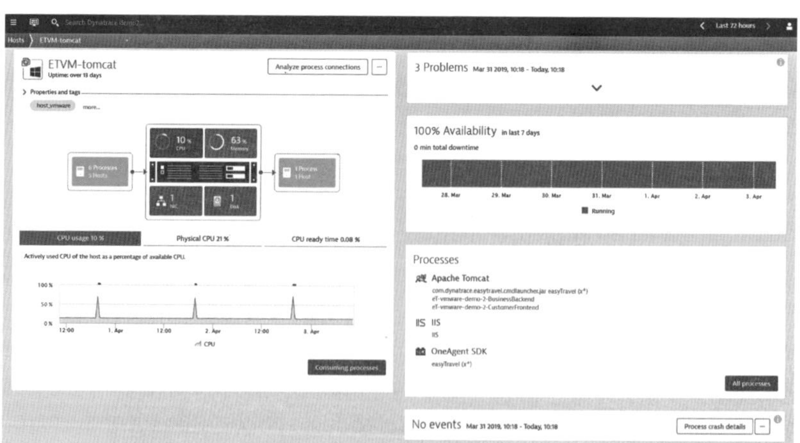

Figura 8.1. Monitoramento do consumo de recursos usando a ferramenta de APM Dynatrace. Fonte: cedido por MELLONE, 2019.

8.1.2. Tempo de resposta das requisições a serviços ou consultas ao banco de dados

Tempos são críticos em ativos distribuídos. Cargas de trabalho interativas são muito sensíveis aos tempos de resposta do banco de dados, por exemplo, e na maioria das vezes influenciam diretamente na experiência do usuário final. Uma boa prática seria definir limites aceitáveis de tempos e automatizar processos de medição com o objetivo de entender os comportamentos dos ativos nesse ambiente complexo. No destaque do exemplo a seguir, temos uma transação com tempo de resposta superior ao normal ou aceitável (Figura 8.2).

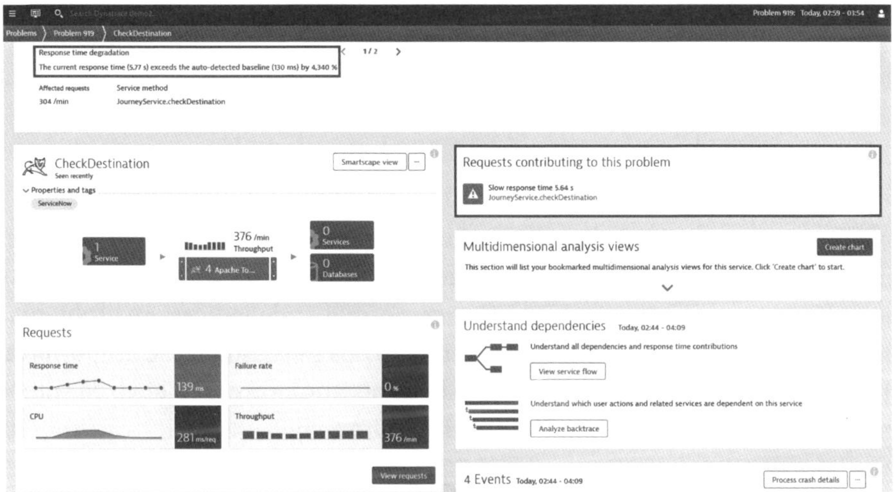

Figura 8.2. Evidência de degradação no tempo de resposta identificado automaticamente pela Dynatrace.
Fonte: cedido por MELLONE, 2019.

8.1.3. Exceções de aplicativos

Um número alto de exceções geradas pela sua aplicação, provavelmente, é um indicador de que algo de errado está acontecendo em seu ambiente. Um mau funcionamento temporário pode ser tolerável em determinados cenários, mas, em alguns casos, esse mau funcionamento deve acionar um alerta e receber atenção imediata das equipes responsáveis. Dessa forma, é possível solucionar os problemas quase que em tempo real, bem como ajudar com as atividades de análise de causa-raiz. Podemos ver a seguir todas as *exceptions* geradas em todas as aplicações monitoradas pela Dynatrace com um filtro de 24 horas, por exemplo (Figura 8.3).

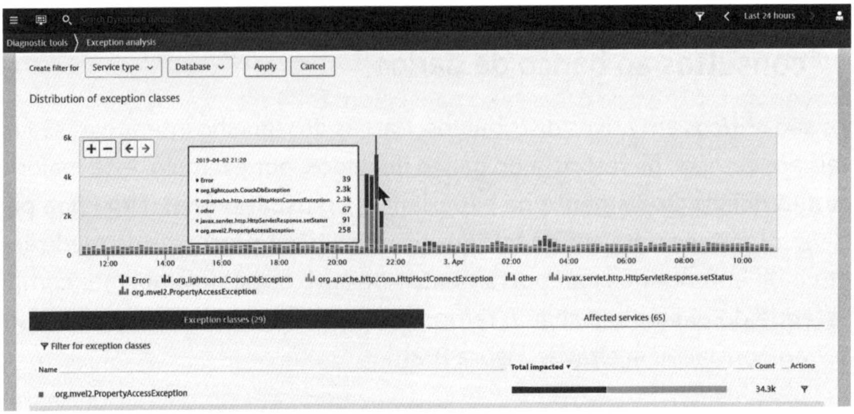

Figura 8.3. Entendimento e análise de todas as *exceptions* no nível de código nas aplicações do lado do servidor monitorado pela Dynatrace.
Fonte: cedido por MELLONE, 2019.

8.1.4. *Dashboard* de negócio

Tão importante quanto monitorar a *performance* e a integridade dos ativos do ambiente é monitorar também o comportamento dos usuários que consomem esses ativos. Um número de transações abaixo do normal pode indicar um problema ou minimamente uma mudança no comportamento dos seus usuários. Uma boa prática neste cenário seria alertar as equipes sobre essa mudança, com o objetivo de entender sua motivação, conforme exemplo a seguir (Figura 8.4).

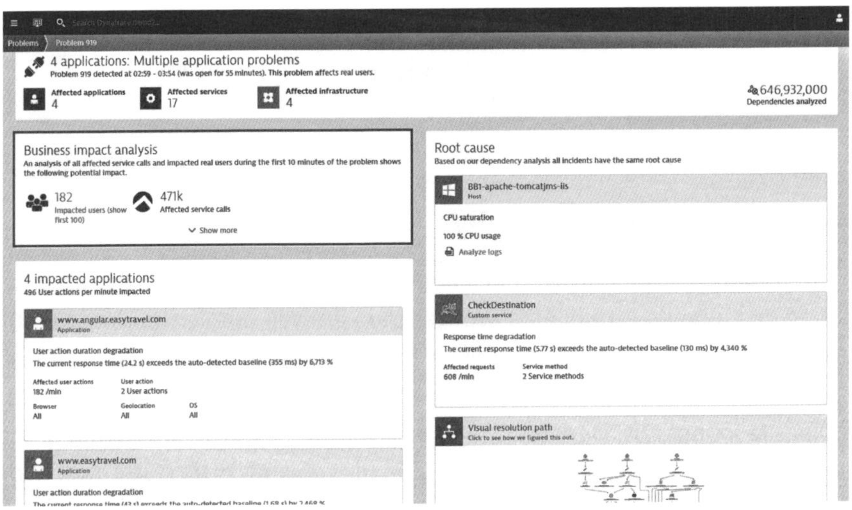

Figura 8.4. Dashboard informando todos os usuários afetados por um problema que durou 55 minutos e foi identificado automaticamente pela inteligência artificial da Dynatrace.
Fonte: cedido por MELLONE, 2019.

O conteúdo descrito e demonstrado anteriormente trata do *core* ou do ***framework* de monitoramento**, assunto que muito provavelmente será abordado no exame de certificação da EXIN e que é ilustrado pela Figura 8.24 na seção 8.3.

8.2. Como a telemetria contribui para a otimização do fluxo de valor

O relatório do estado do *DevOps* de 2018 (PUPPET, 2018) cita que organizações com alta *performance* têm **duas vezes mais chances** de superar suas metas de lucratividade, *market-share* e produtividade. Esse é o segredo de como as empresas podem utilizar cada vez mais os canais digitais para ser mais competitivas.

Em *DevOps*, construímos em toda a cadeia de entrega, do Desenvolvimento (*Development*) para a Operação (*Operations*), utilizando automação e ciclos de *feedback* de qualidade, promovendo novas funcionalidades e novos recursos em um fluxo que segue da esquerda (*left*) para a direita (*right*) para atender rapidamente às novas demandas de negócio (Figura 8.5).

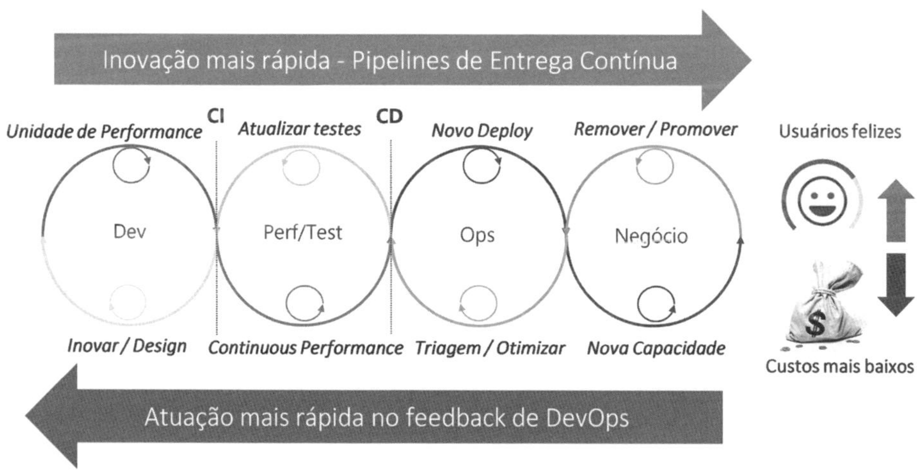

Figura 8.5. Entrega contínua com responsabilidade compartilhada de *DevOps* e negócios. Fonte: cedido por MELLONE, 2019.

Mas e se os usuários finais ou clientes não usarem essas novas funcionalidades e inovações? Esta questão não apenas representa um grande fator de custos, mas também não contribui para o sucesso dos negócios. Durante anos, foi para fornecer, ao time de Pesquisa e Desenvolvimento (P&D), o *feedback* correto para a realização de melhorias ou aprimoramentos; entretanto, *Dev*, *Ops* e a área de negócios (*business*) estavam separados em silos e todos esses aperfeiçoamentos não aconteciam. O conceito de *DevOps* quebra esses silos e rapidamente conecta os dados relacionados à experiência dos usuários finais e clientes ao *loop* de *feedback* de desenvolvimento. Além de usuários finais e clientes mais felizes e satisfeitos, isso aumenta as oportunidades de inovação, o crescimento de novas receitas e potencialmente a exposição da marca da empresa, além de mercados tradicionais de atuação da empresa.

O Facebook, por exemplo, toda vez que lança um novo recurso para seus usuários é também definido um critério de sucesso. Caso o recurso não seja utilizado, por exemplo, por 10% dos usuários dentro de um determinado período, a empresa não o considera um recurso bem-sucedido e, portanto, este novo recurso e seus custos associados são removidos.

8.2.1. Qualidade *versus* velocidade

Enquanto as equipes de desenvolvimento tentam atingir a velocidade dos negócios, o Puppet Labs e o "Relatório do estado de DevOps 2018" (PUPPET, 2018) observam que quando as equipes de desenvolvimento tentam atender às mudanças de velocidade de negócio a qualidade sofre. Esse é um obstáculo de *DevOps* para pessoas de baixo desempenho que desejam se tornar de alto desempenho. A figura a seguir compara os principais indicadores de desempenho em mudanças de TI, dentre eles o MTTR (Tempo Médio de Recuperação) (Figura 8.6).

Métricas de *performance* de TI	2016	2017
Frequência de *deploy*	200x mais frequente	46 x frequente
Lead time para a mudança	2.555x mais rápido	440x mais rápido
Tempo médio para recuperação (MTTR)	24x mais rápido	96x mais rápido
Taxa de falhas em mudança	3 x mais lento (1/3 provavelmente	5x mais lento (1/5 provavelmente)

Figura 8.6. Desempenho em mudanças de TI, 2016 e 2017.
Fonte: adaptado de PUPPET, 2017.

As três principais razões para isso:

✓ ***DevOps* promove a escolha:** você pode escolher a melhor pilha (*stack*) para endereçar o seu problema ou, ao contrário, não deixar esta sua pilha (*stack*) determinar qual problema você pode resolver e como. Esse elemento que empodera o poder de escolha aumenta a complexidade do monitoramento e o gerenciamento do ponto de vista técnico.

- ✓ ***DevOps* é impulsionado pelas necessidades e pela velocidade do negócio:** quando a urgência do negócio for velocidade em vez de quantidade, você poderá terminar dados e códigos ruins.
- ✓ ***DevOps* promove ações menores e mais ágeis:** ao colocar serviços em contêineres, temos equipes menores, mais enxutas, entregando serviços menores, ou microsserviços (*microservices*), parecendo que estamos construindo muitos pequenos silos. Essa cadeia de interações entre esses *microservices* cria dificuldades na análise de problemas ao longo de todo o *pipeline* de entrega das aplicações.
- ✓ ***DevOps* promove ciclos de *feedback* e *feedforward* (orientação de desenvolvimento):** no desenvolvimento de software é essencial que responsáveis pelo negócio, desenvolvimento e suporte dos aplicativos possam compartilhar informações sobre sua área e se comunicar sem atritos e com facilidade. Em *DevOps*, essas comunicações contínuas são chamadas de *feedback* e *feedforward loops*.

Para ilustrar (Figura 8.7) vejamos, por exemplo, os pontos de contato de um usuário final usando um programa de milhagem de uma companhia aérea. O cliente agenda um voo, faz o *check-in*, aguarda o embarque no *lounge* e, finalmente, viaja:

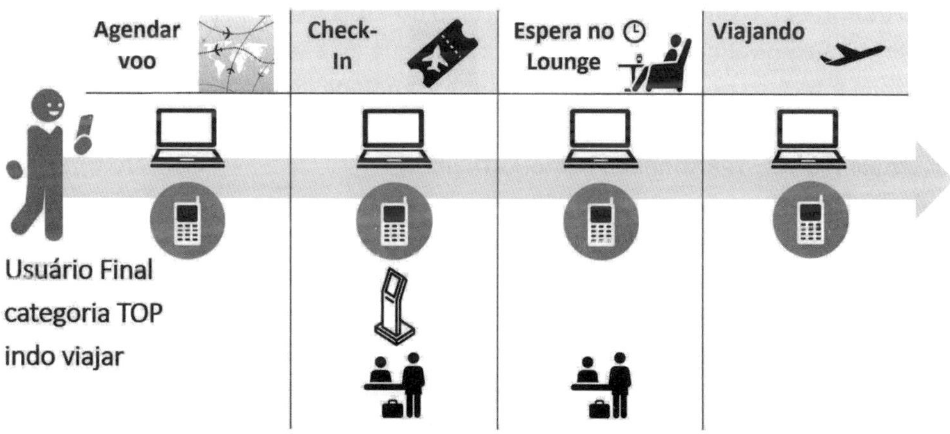

Figura 8.7. Visão do lado do negócio para o caso da companhia aérea.
Fonte: cedido por MELLONE, 2019.

Do ponto de vista técnico, há muitos pontos de contato digitais interagindo com esse cliente. Agora vamos ver a complexidade pela visão do lado técnico, para essas mesmas transações do exemplo (Figura 8.8):

Time / Equipe	Pilha (Stack)	Pipe Individual	Tempo de ciclo	Monitoramento
Serviço Geolocalização	JS	Dev Test/QA Ops Biz	Semanal	
Produto		Dev Test/QA Ops Biz	Cada Sprint	splunk>
Serviço de carrinho	MySQL	Dev Test/QA Ops Biz	Diariamente	elasticsearch + logstash + kibana
Serviço de Check-in	Microsoft .NET	Dev Test/QA Ops Biz	Sob Demanda	
Aplicativo Móvel	ionic	Dev Test/QA Ops Biz	Mensal	Google Analytics

Figura 8.8. Vários times trabalhando com suas *stacks* de preferência.
Fonte: cedido por MELLONE, 2019.

Na sobreposição da Figura 8.8, temos times, ou equipes pequenas, trabalhando com a pilha (*stack*) de sua preferência. Pode existir um serviço de geolocalização usando o *Node.js* sendo entregue em ciclos semanais; pode existir uma equipe de produto com ciclo de entrega a cada *sprint*; e, do outro lado do espectro de velocidade, um serviço de carrinho com validação de cartão de crédito que está sendo liberado diariamente. Adicione o serviço de *check-in* sob demanda e a equipe do aplicativo móvel fazendo as coisas separadamente com seus próprios ciclos de desenvolvimento. Aqui estão os pequenos silos mencionados anteriormente.

Caso esse cliente, com o nível mais alto do programa de fidelidade dessa companhia aérea, por exemplo, não consiga realizar o seu *check-in*, podemos imaginar o desafio enfrentado para solucionarmos o problema desse usuário, ou melhor, desse cliente final, agora frustrado com a entrega do serviço e que, possivelmente, poderá propagar sua insatisfação nas redes sociais, por exemplo. Pela perspectiva do time responsável pelo suporte, será necessário entender o que está acontecendo e onde exatamente. Todos os canais precisam estar funcionando de maneira ideal para garantir uma boa experiência do cliente com seu serviço e sua marca, conforme a Figura 8.9.

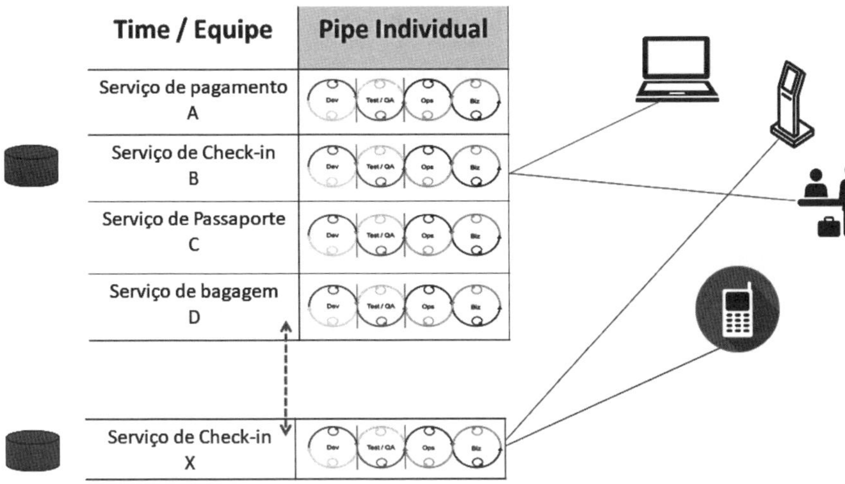

Figura 8.9. Usuário final não consegue efetuar seu *check-in*.
Fonte: cedido por MELLONE, 2019.

8.2.2. Quebrando silos e aumentando a visibilidade no nível do usuário final

Pelo prisma de *DevOps*, a telemetria precisa ser um *loop* de *feedback* contínuo em todo o *pipeline* de implantação com a capacidade de capturar a experiência de cada usuário final, ou cliente, de cada aplicativo, de forma automatizada.

Existem muitas ferramentas de telemetria no mercado que podem ajudar nessa questão. Essas ferramentas podem exigir mais ou menos esforço para definição de alertas de exceções (*exceptions*), demonstrar o motivo das lentidões (*slowdowns*), contribuir ou não de forma proativa na frustração de um usuário real que está sendo ou foi afetado, auxiliando na tomada de decisão e priorização das correções de problemas que impactam o cliente e, consequentemente, mais oneram o negócio da empresa.

A seguir é apresentado um caso de uso utilizando a plataforma Dynatrace, empresa de inteligência de software que oferece gerenciamento de desempenho de aplicações (APM), inteligência artificial para as operações de TI (AIOps), monitoramento de infraestrutura em nuvem e gerenciamento de experiência digital (DEM), que dão base para a explicação e para o melhor entendimento deste capítulo.

8.2.2.1. Visão de negócio

Pensando no lado comercial ou do negócio, o software da Dynatrace identifica e detalha um problema que está impactando os usuários reais e o negócio (número 1 da imagem a seguir). É possível verificar quantos clientes ou usuários estão sendo afetados, ou foram afetados, durante um determinado período em uma ou várias aplicações. Considerando-se as evidências e as prioridades, é possível entender que um problema específico que impactou apenas R$ 5,00 no negócio é menos crítico que um outro problema que ocorreu no mesmo período, porém impactou vários milhões de reais para a empresa (número 2 da imagem a seguir). Sendo assim, é possível priorizar e alocar melhor as equipes e os recursos para evitar a frustração de usuários reais que mais impactam o negócio da empresa. Visualizar as taxas de conversões subindo, mas suas finalizações de compra diminuindo (número 3 da imagem a seguir) é muito importante. Qual é o impacto dessa divergência para o negócio e os motivos que estão causando esse problema? É por causa de um comportamento diferente do usuário? Existem problemas técnicos? Perguntas que são facilmente respondidas com alguns cliques (Figura 8.10).

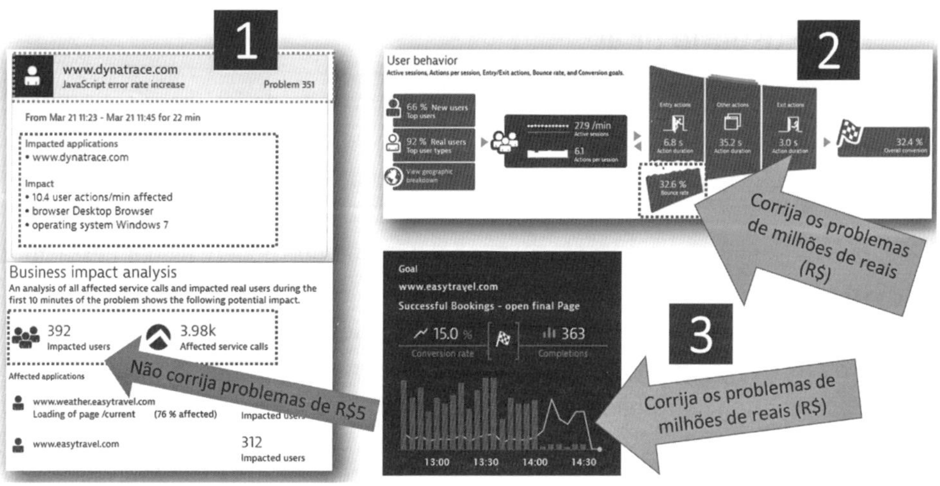

Figura 8.10. Tomada de decisão para correção de problemas que mais impactam o negócio. Fonte: cedido por MELLONE, 2019.

8.2.2.2. Visão de operação

No lado das operações, a Inteligência Artificial (IA) do software da Dynatrace analisa automaticamente o problema e facilita as tarefas diárias da equipe de operações. Por exemplo, não será necessário analisar os dados de um código escrito em *Node.js*, dados da AWS ou dados do *Google Cloud* para iniciar um trabalho manual de correlação para entender os motivos do problema, pois a IA da Dynatrace faz isso automaticamente. O mesmo *ticket* com todos os detalhes técnicos de um problema é identificado através de monitoramento *full stack*, definição de *baseline* automático e inteligência artificial. Esses fatores resolvem o problema mais rapidamente, economizando tempo e recursos, além de evitar possíveis impactos negativos nos negócios (Figura 8.11).

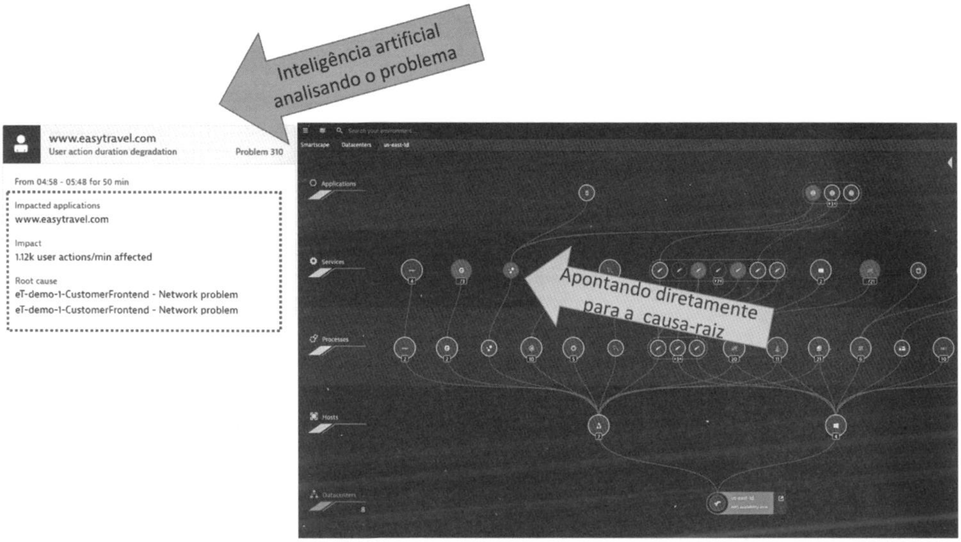

Figura 8.11. A inteligência artificial automatiza a maior parte do trabalho que você normalmente faria na operação. A Dynatrace empacota automaticamente essas informações em um *ticket* de problema e fornece todos os detalhes de que você precisa para tomar a decisão.
Fonte: cedido por MELLONE, 2019.

8.2.2.3. Visão de desenvolvimento

No lado do desenvolvimento, todos os tipos de dados estão disponíveis para permitir que o desenvolvedor tenha precisão e clareza ao redor dos problemas. É um problema de *javascript*? É um problema de comunicação de um terceiro com uma API também de um terceiro ou é alguma coisa no meu código? É problema de negócio, operações ou desenvolvimento? Fica evidente e com todos os detalhes para que o time de desenvolvimento direcione melhor os esforços.

Do ponto de vista do *DevOps*, o desenvolvedor quer ser acordado às 2:00 da manhã caso 300 pessoas tenham sido impactadas? Sim, se a média de acessos diário for de apenas 400 no site, mas se essa média diária for de 5.000.000 e apenas 300 forem afetados, provavelmente não é tão crítico (Figura 8.12).

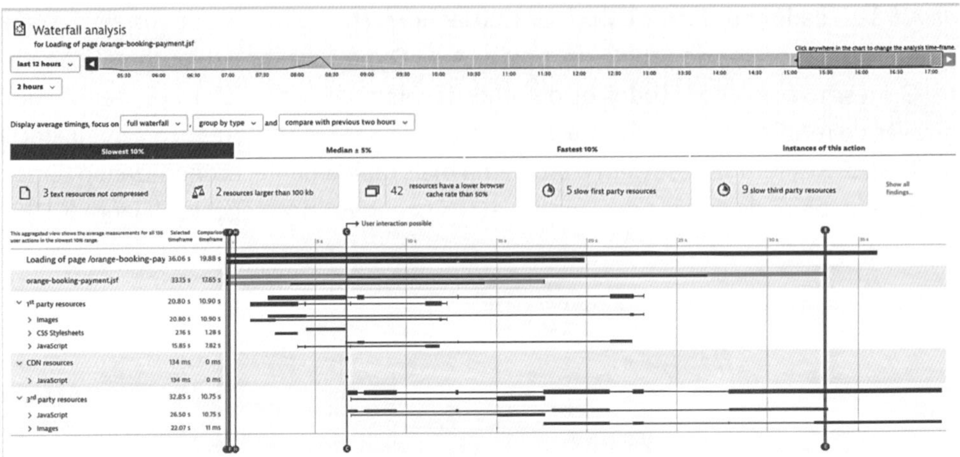

Figura 8.12. E, sob o capô, a Dynatrace tem todos os detalhes de que os arquitetos e desenvolvedores precisam para corrigir qualquer problema específico da aplicação. Fonte: cedido por MELLONE, 2019.

8.2.2.4. Desafio de complexidade técnica

O monitoramento *full stack* do software da Dynatrace resolve o problema da complexidade técnica, pois quebra o silo que foi introduzido com a proliferação de novas tecnologias e fornece visibilidade em profundidade em todo o *pipeline* de entrega das aplicações. Para ambientes extremamente complexos com várias tecnologias, o software da Dynatrace possui um único agente, chamado *OneAgent*, com inteligência artificial embarcada para ser instalado nos *hosts* da sua cadeia de entrega. Independentemente se a linguagem adotada for node.js, java, .net, PHP ou coisas fora do seu *data center*, aplicativos móveis, *websites*, esse agente único fornece visibilidade em todo o ambiente (Figura 8.13).

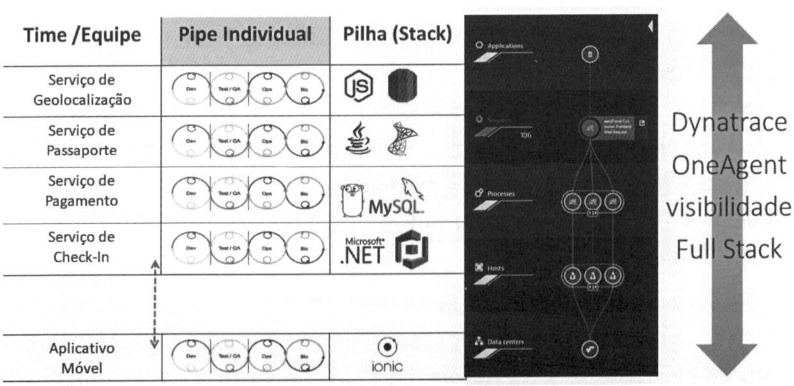

Figura 8.13. Desafio de complexidade técnica resolvido com o Dynatrace OneAgent. Fonte: cedido por MELLONE, 2019.

8.2.2.5. Desafio de qualidade de código ruim

Na cadeia de ferramentas de *DevOps*, o software da Dynatrace ajuda no deslocamento para a esquerda (*shift-left*) para detenção de todos os potenciais problemas de desempenho, escalabilidade e de arquitetura desde o início da cadeia, apontando de forma precisa todos os detalhes relevantes para rápidas correções e melhorias. Caso o código já esteja em produção, a plataforma de inteligência de software da Dynatrace ajuda na correção automática (*auto-healing*, em inglês). Todos esses pontos facilitam a construção de *pipelines* e sistemas mais resilientes, monitorando toda a cadeia de entrega das aplicações de ponta a ponta (Figura 8.14).

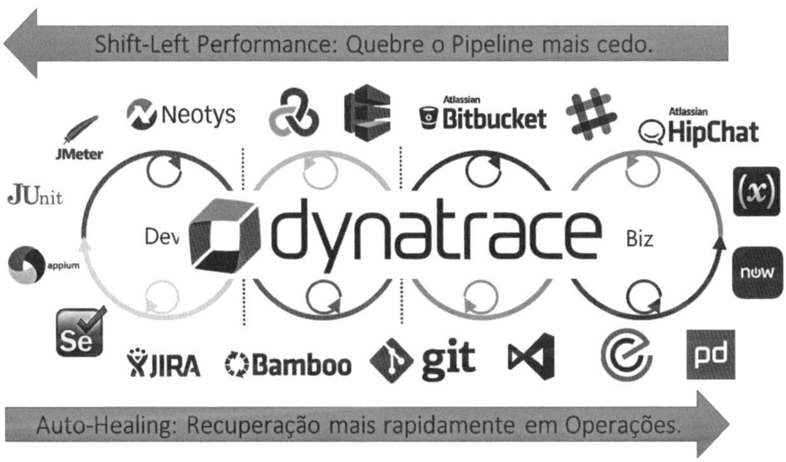

Figura 8.14. Desafio da qualidade de código ruim resolvido com o Dynatrace.
Fonte: cedido por MELLONE, 2019.

8.2.2.6. Desafio do silo de dados

Assim como o foco mencionado anteriormente dos pontos de contato de um usuário final usando um programa de milhagem de uma companhia aérea, agora podemos analisar todos esses serviços, em todos os canais e dispositivos, e ter uma visão do negócio que nos permite analisar o verdadeiro comportamento do usuário – isso cria *insights* e fornece informações técnicas para solucionar problemas com a experiência do usuário (Figuras 8.15, 8.16 e 8.17).

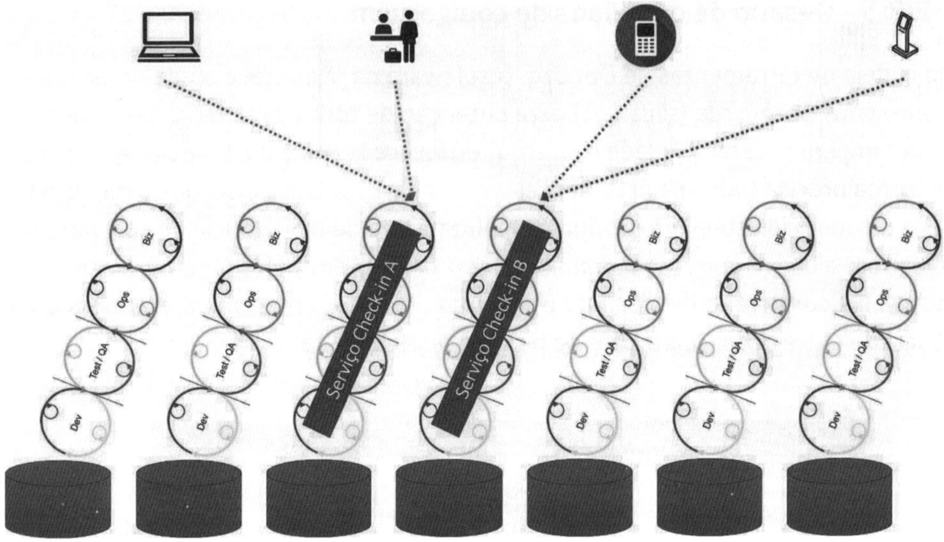

Figura 8.15. Desafio do silo de dados resolvido com o Dynatrace.
Fonte: cedido por MELLONE, 2019.

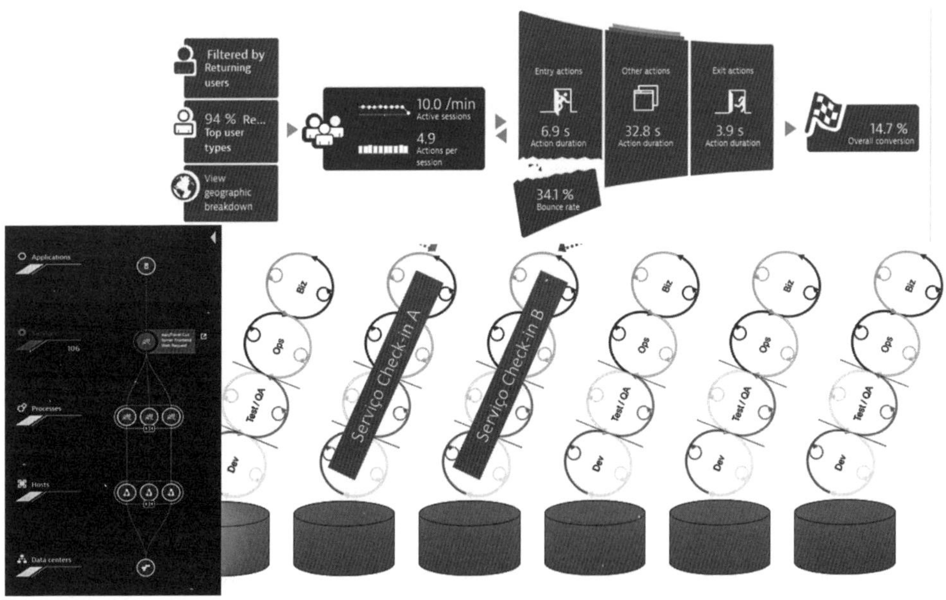

Figura 8.16. Desafio do silo de dados resolvido com o Dynatrace.
Fonte: cedido por MELLONE, 2019.

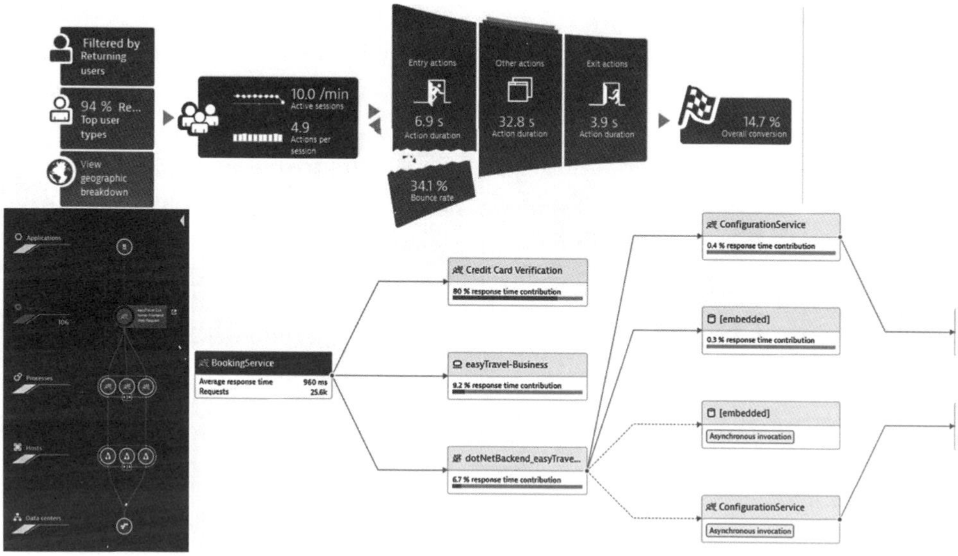

Figura 8.17. Desafio do silo de dados resolvido com o Dynatrace.
Fonte: cedido por MELLONE, 2019.

Isso é o que é necessário para ser incorporado em todas as cadeias de entrega de aplicações.

A resolução desses três desafios (desafio de complexidade técnica, desafio de qualidade de código ruim e desafio do silo de dados) leva ao objetivo final das equipes de desenvolvimento, operações e negócios que trabalham juntas em uma plataforma única de dados. Com as análises baseadas em IA, é possível evitar a sobrecarga de trabalho manual analisando uma avalanche de alertas para filtrar os falsos-positivos sobre o desempenho na cadeia de entrega das aplicações e extraindo apenas os dados necessários e relevantes para refinamento focado em melhorias e o foco em inovações.

Dessa forma, ainda é possível empoderar as equipes para escolha da pilha (*stack*) de tecnologia e *pipeline* que melhor desejar. Caso as implantações sejam feitas uma vez por semana, uma vez por mês ou de outra forma que funciona melhor para a demanda específica, todos os dados capturados estarão disponíveis em uma única plataforma colaborativa (Figura 8.18).

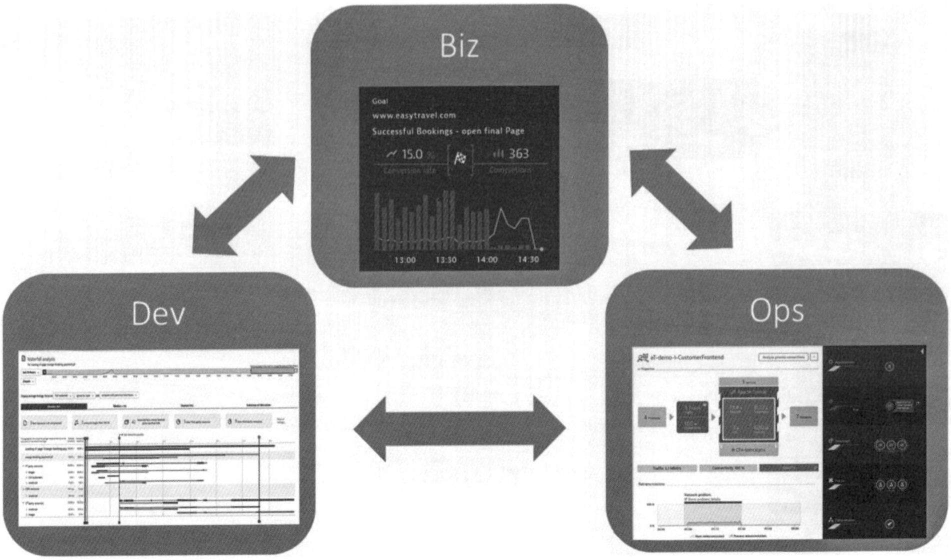

Figura 8.18. Colaboração *BizDevOps* para melhorar com sucesso a experiência dos usuários, iniciar novas iniciativas com confiança, reduzir a complexidade operacional e atingir o mercado mais rapidamente do que a concorrência.
Fonte: cedido por MELLONE, 2019.

8.2.3. Passos para uma demonstração no produto de telemetria

Uma maneira interessante para experimentação dos conceitos discutidos na área de telemetria é através de um *trial*, um meio de distribuição de software semelhante ao *demo* e ao *shareware*, porém com limitação de tempo para utilização de todas as funcionalidades e capacidades oferecidas pelo determinado produto. No caso do fabricante da plataforma de inteligência de software Dynatrace, essa demonstração, ou *trial*, é viabilizada pelo endereço no próprio portal da empresa – <www.dynatrace.com/trial>. Nenhum cartão de crédito é necessário para ter acesso às funcionalidades da tecnologia de forma ilimitada pelo período de 15 dias. Efetuado o cadastro no portal da Dynatrace, faça a instalação do agente *OneAgent* no(s) *host*(s) alvo(s) de telemetria e veja como a tecnologia descobre e mapeia de forma automática todo o ambiente utilizando a Inteligência Artificial (IA) embarcada nesse agente (Figura 8.19).

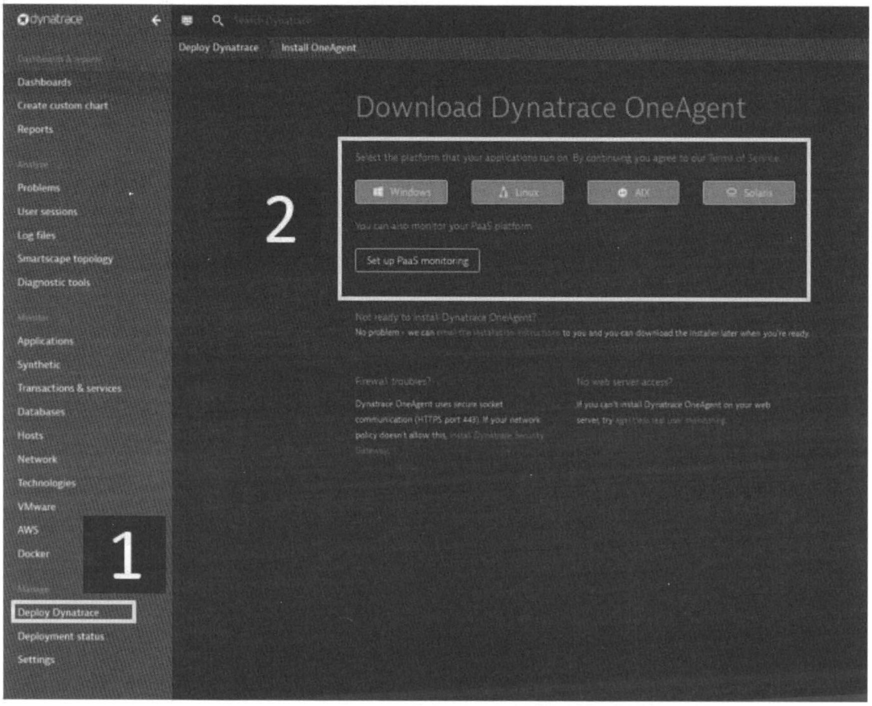

Figura 8.19. Instalação do Dynatrace *OneAgent*.
Fonte: cedido por MELLONE, 2019.

Perguntas que a telemetria ajuda a responder:

1. Quais evidências temos do nosso monitoramento de que um problema está ocorrendo (Figura 8.20)?

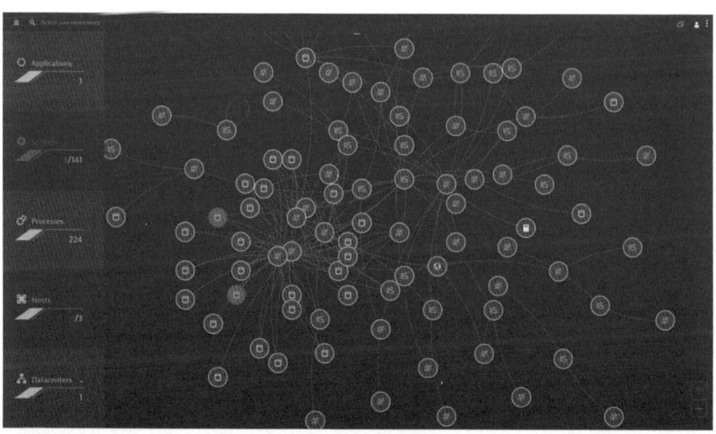

Figura 8.20. Dynatrace *OneAgent* monitora automaticamente *host*, processos, serviços e aplicativos, seja executando em tecnologia física, virtual, nuvem ou *containers*.
Fonte: cedido por MELLONE, 2019.

2. Quais eventos e mudanças relevantes em nosso aplicativo e ambientes que podem ter contribuído para o problema (Figura 8.21)?

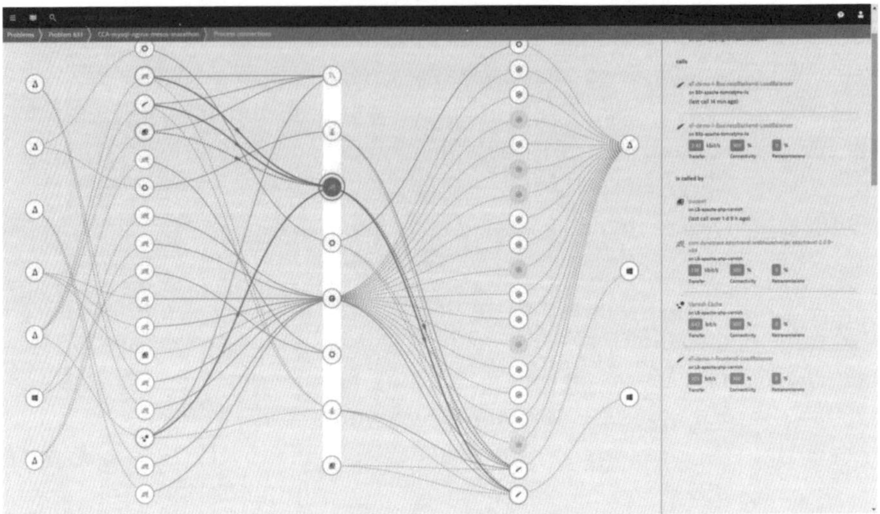

Figura 8.21. *Shift-Left*: analisando e parando o desempenho, a escalabilidade e as regressões arquiteturais no início, integrando a inteligência artificial Dynatrace em seu *pipeline* de CI/CD. Fonte: cedido por MELLONE, 2019.

3. Quais hipóteses podemos formular para confirmar o vínculo entre as causas levantadas e os efeitos (Figura 8.22)?

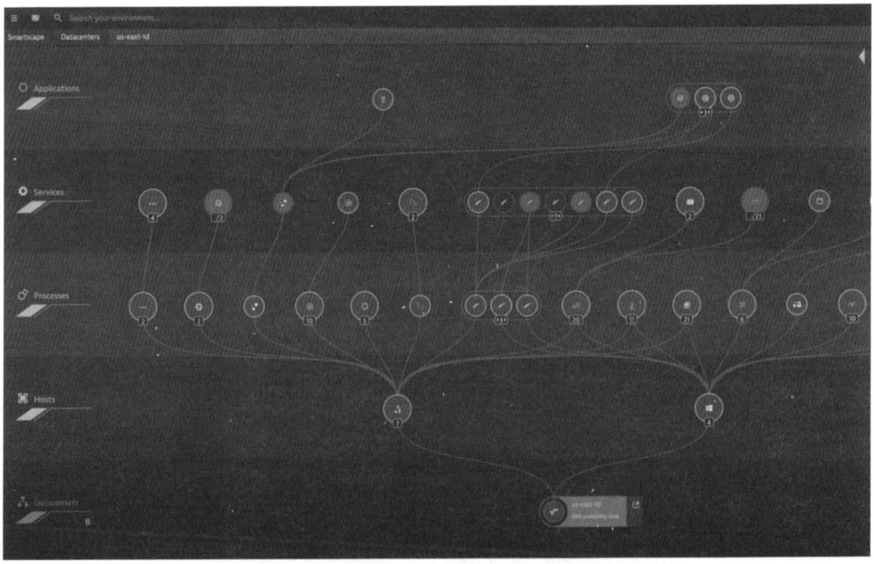

Figura 8.22. Detecção automática do problema, de anomalias e da causa-raiz. Fonte: cedido por MELLONE, 2019.

4. Como podemos provar quais dessas hipóteses estão corretas e afetam uma correção bem-sucedida (Figura 8.23)?

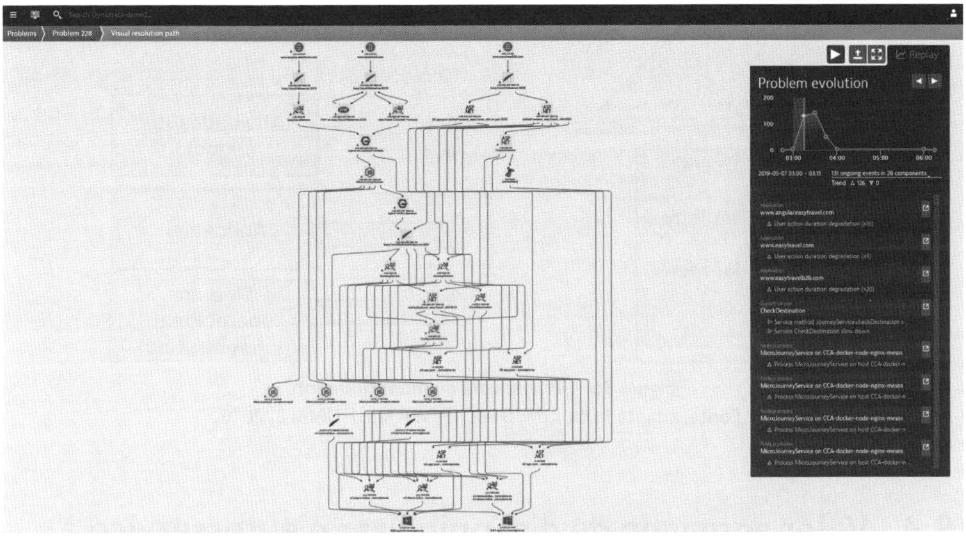

Figura 8.23. Alertas acionáveis: a inteligência artificial da plataforma Dynatrace informa por quê e onde seu aplicativo falhou, analisando todos os eventos relacionados para você, possibilitando a automação de remediação.
Fonte: cedido por MELLONE, 2019.

8.3. Componentes do *framework* de monitoramento

Conforme mencionado no livro "The DevOps Handbook" (2016), existem alguns exemplos de métricas na telemetria que cobrem:

- ✓ **A lógica do negócio (*business logic*):** número de transações de vendas, registro de usuários, taxa de abandono, resultados de testes A/B.
- ✓ **O aplicativo (*application*):** tempo de transação, tempos de espera, falhas do aplicativo, *performance* do banco de dados, redefinições de senhas do usuário.
- ✓ **O sistema operacional (*operating system*):** tráfego do servidor, carga de CPU, uso do disco, alterações de regras do *firewall* ou grupos de segurança.

Esses componentes geram eventos, registros e métricas que são capturados pelo roteador de eventos para a geração de informação que será utilizada na inspeção e investigação de *logs*, geração de gráficos e lançamento de alertas configuráveis (Figura 8.24).

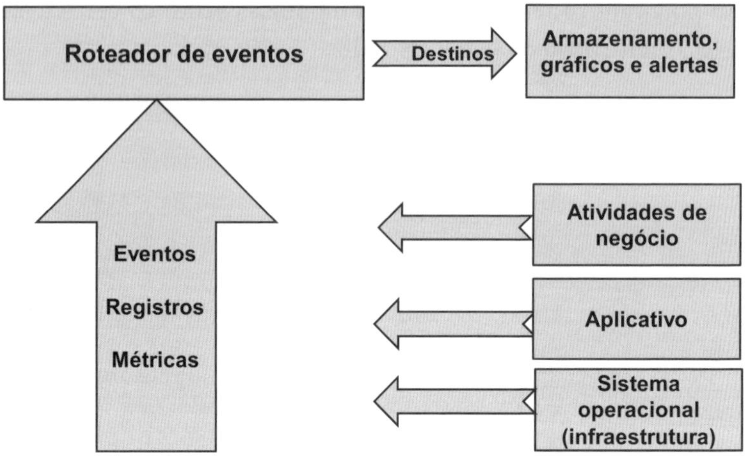

Figura 8.24. *Framework* de monitoramento.
Fonte: adaptado de KIM; DEBOIS; WILLIS; HUMBLE, 2016.

8.4. Valor agregado de disponibilizar o autosserviço à telemetria

Com as funcionalidades de telemetria implementadas pelos times de Desenvolvimento e Operações, os dados devem ser propagados para os envolvidos no fluxo de valor, onde os times serão capazes de aproveitar as informações coletadas criando seus próprios *dashboards* ou relatórios através de APIs *self-service*, sem necessidade de acesso privilegiado aos sistemas de produção e sem abertura de *tickets* com SLAs que podem demorar dias ou até semanas.

As informações de telemetria devem ser visíveis e de fácil acesso, possibilitando que todos os envolvidos no fluxo de valor compartilhem uma visão comum da realidade, acompanhando o desempenho dos serviços e componentes de infraestrutura envolvidos. Quando não existe telemetria suficiente, os problemas só são descobertos, em sua maioria, pelos usuários finais da aplicação.

É importante destacar que, mesmo com um *pipeline* de implantação, infraestrutura como código e uma cobertura abrangente de testes automatizados, há sempre riscos de que algo possa dar errado. A telemetria apoia na detecção de problemas que não são detectados imediatamente após o *deploy*, mas somente com o uso contínuo do software pelo usuário final. Nesse sentido, as empresas que possuem alta *performance* na solução de problemas (incidentes em produção) têm a telemetria como um monitoramento proativo do ambiente de produção.

Essas ações promovem a responsabilidade entre os membros das equipes e mostram a todos que não existe nada a esconder, reconhecendo e encarando de perto os problemas.

Outro importante conceito relacionado à informação é a telemetria *self-service*, que permite a propagação dessa informação e reforça os objetivos em comum de todos os envolvidos no fluxo de valor.

As informações também podem ser compartilhadas com os clientes externos, através de aplicativos ou uma página *web* com os status dos serviços demonstrando transparência e merecimento da confiança dos clientes (Figura 8.25).

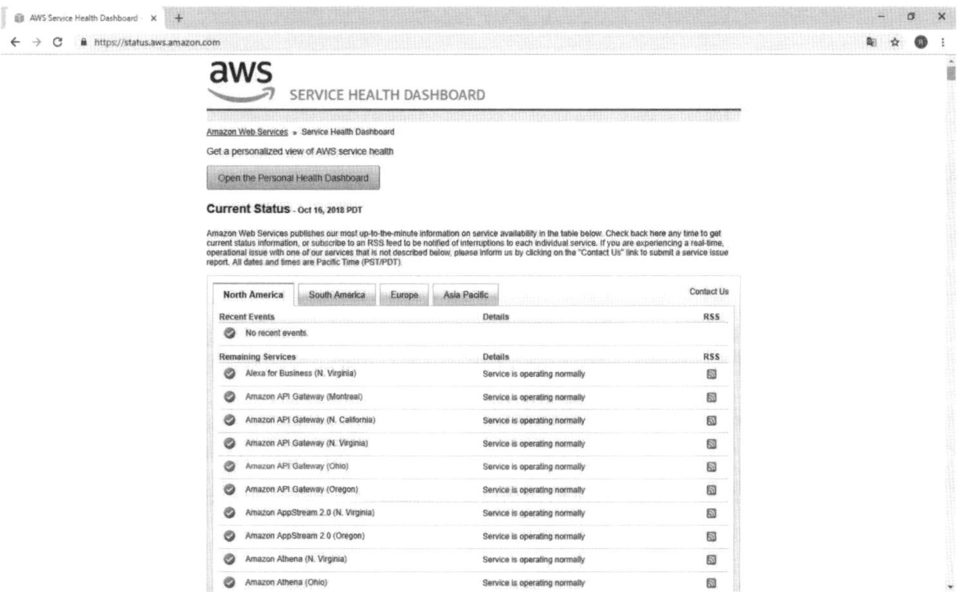

Figura 8.25. Página de status pública com os status dos serviços ofertados pela Amazon. Fonte: AWS, 2019.

Finalmente, o uso de técnicas estatísticas pode ser um bom aliado para o entendimento do comportamento dessas métricas ao longo do tempo e um poderoso instrumento de decisão na antecipação de problemas e no direcionamento estatístico de melhorias em todas as etapas do fluxo.

8.5. Pulo do gato para a prova :-)

Tema	Tipo de questão
Telemetria como apoio na liberação de versão	Entender a ajuda da telemetria diante de um cenário de liberação de versão
Monitoramento proativo	Entender o objetivo e identificar os benefícios
Valor agregado da telemetria	Entender os valores agregados e saber identificá-los
Telemetria *self-service*	Entender o conceito e identificar esse conceito em cenários descritos na prova
Estatísticas na telemetria	Entender como auxilia na antecipação de problemas
Métricas de telemetria	Identificar exemplos de métricas de aplicação, negócio e sistema operacional
Framework de monitoramento	Lembrar os três componentes de monitoramento

8.6. Referências

AWS. **Service Health Dashboard.** Disponível em: <https://status.aws.amazon.com/>. Acesso em: 22 mar. 2019.

DYNATRACE. Site. Disponível em: <https://www.dynatrace.com/>. Acesso em: 15 mar. 2019.

HUMBLE, Jez; FARLEY, David. **Entrega Contínua:** como entregar software de forma rápida e confiável. Porto Alegre: Bookman, 2014.

KIM, Gene; DEBOIS, Patrick; WILLIS, John; HUMBLE, Jez. **The DevOps Handbook:** how to create world-class agility, reliability, and security in technology organizations. Portland: IT Revolution Press, 2016.

MUNIZ, Antonio; ADAPTNOW. Videoaula Jornada DevOps e Certificação oficial EXIN Professional. Udemy, 2018.

PUPPET. **2017 State of DevOps Report.** Puppet, 2017. Disponível em: <https://puppet.com/resources/whitepaper/2017-state-of-devops-report>. Acesso em: 20 mar. 2019.

PUPPET. **2018 State of DevOps Report.** Puppet, 2018. Disponível em: <https://puppet.com/resources/whitepaper/state-of-devops-report>. Acesso em: 15 mar. 2019.

9. *Feedback*

Lamara Ferreira
Analia Irigoyen

Neste capítulo você conhecerá processos e ferramentas de *feedback* para apoiar na resolução de problemas, bem como na prevenção.

9.1. Resolvendo problemas de implantação com correção progressiva e reversão

As boas práticas e ferramentas, supracitadas na Primeira Maneira (fluxo), e a telemetria vista na Segunda Maneira (*feedback*), conforme mencionado no livro "The DevOps Handbook" (2016), podem diminuir substancialmente os erros em produção e tornar os *deploys* ou as implantações em produção mais seguros(as). Contudo, muitas vezes eles passam despercebidos e não conseguimos evitá-los.

Saber o que deve ser feito no momento em que identificamos um erro em produção é tão importante quanto preveni-los durante a execução do *pipeline* de implantação, pois a qualidade, a disponibilidade e o desempenho devem ser comprometidos na menor escala possível, para que os impactos sejam minimizados e os serviços sejam restabelecidos o quanto antes, em caso de falhas.

Nesse sentido, a telemetria pode ser usada para resolver problemas no momento do *deploy* antes mesmo da percepção do usuário. Por exemplo, é possível durante a implantação usar a telemetria para perceber um aumento nos avisos de tempo de execução (*warnings*) e ajustar o problema em poucos minutos.

Quando um erro em produção ocorrer, existem duas possibilidades para resolver o(s) problema(s), conforme tabela a seguir:

Fix forward	Reversão
Fazer alterações na aplicação para retornar ao estado de "sem defeitos". Pode ser feito "às pressas" e gerar outros novos problemas, como quebra do código-fonte, se não houver um processo bem definido, *pipeline* automatizado, testes e telemetria. Assim como os demais processos, o *fix* também precisa ser avaliado, para que, quando necessário, os impactos sejam reduzidos e a integridade da aplicação mantida, bem como a confiança da equipe de que um novo ajuste resolverá o problema, em vez de criar novos.	Voltar para a versão anterior, que estava sem defeitos. Pode ser realizada utilizando algumas ferramentas ou técnicas: *feature toggles* (alternância de estados das funcionalidades com *on/off*), padrão de liberação canário (*release* canário) ou *blue-green* ou até mesmo a retirada dos componentes que estão com falha. O processo de *rollback*, no qual o objetivo maior é voltar para o estado anterior sem falhas, também precisa ser amadurecido pela empresa e apoiado por testes e telemetria.

A técnica do *fix forward* é mais arriscada e sua utilização deve ser analisada levando em conta a maturidade de testes automatizados do *pipeline* de implantação.

A técnica de reversão é a menos arriscada, mas a que leva a mais perdas de valor para o usuário final, já que ele pode perder o acesso completo ou parcial às funcionalidades previstas para aquela implantação.

É recomendado que ambas as técnicas sejam amadurecidas pelas organizações, já que problemas sempre podem acontecer mesmo que tenhamos um excelente *pipeline* de implantação, sejamos apoiados por fluxos, automação e telemetria que prezam pela qualidade e pelo menor tempo possível de indisponibilidade.

Deve-se recuperar um software ao seu estado anterior sem falhas, de forma simples e rápida. Voltar à versão anterior deve ser uma atividade testada previamente, homologada pelo time e preparada para ser executada sempre que necessário. Dessa forma, "matar" um ambiente com problemas deve ser tão fácil quanto reconstruí-lo ou retornar ao seu estado anterior.

Conforme também mencionado no livro "The DevOps Handbook" (2016), como o *pipeline* de testes automatizados não garante "zero erros", principalmente em função da complexidade dos sistemas atuais, a existência de um suporte compartilhado estimula o aprendizado e um rápido *feedback*. Nesse sentido, todos os participantes do fluxo de valor, sejam da operação ou de desenvolvimento, devem compartilhar as responsabilidades para resolver incidentes em produção, dividindo responsabilidades, inclusive e principalmente, os que ocorrem fora do horário de trabalho. Quando a situação de responsabilidades compartilhadas existe, as queixas recorrentes entre operação e desenvolvimento dão lugar a *feedback* e colaboração.

9.2. Lista de verificação dos requisitos de lançamento com base em *DevOps*

As listas de verificação têm como objetivo inspecionar o aplicativo ou serviço previamente a sua entrada em produção, onde será submetido ao fluxo real de clientes.

Esses requisitos podem ser incluídos em um *checklist*, com o objetivo de garantir que diversos itens importantes sejam atendidos, tais como: segurança, qualidade, desempenho, usabilidade e outros.

Segundo Ian Sommerville, no livro "Engenharia de Software" (2007), o *checklist* é um artefato muito útil para garantir um processo de inspeção objetivo e repetível. Nesse sentido, o moderador tem as responsabilidades de: planejar a inspeção e alocar as pessoas envolvidas e os recursos que serão necessários na inspeção. Além disso, a visão geral desse processo pode ser detalhada nos seguintes passos:

- ✓ Cada membro da equipe de inspeção estuda o programa e aponta os erros.
- ✓ Os erros são mostrados pelo leitor e registrados pelo relator.
- ✓ São corrigidos os problemas que foram identificados.
- ✓ O moderador decide se outra inspeção é necessária ou não.

Os requisitos de lançamento, que serão as diretrizes que conduzirão a entrada em produção, podem ser definidos em conjunto pela equipe de produtos, desenvolvedores e principalmente pela experiência do time de operações, que atua como consultor apoiando o time nesta fase.

Alguns itens podem fazer parte deste *checklist*:

- ✓ **Levantamento e severidade dos defeitos encontrados:** o aplicativo funciona conforme esperado?
- ✓ **Tipo e frequência de alertas:** o aplicativo possui um número aceitável de alertas em produção?
- ✓ **Cobertura do monitoramento:** a maneira como o monitoramento foi implantado é suficiente para captar os problemas e saber quando algo está com problema?
- ✓ **Arquitetura do sistema:** o serviço segue uma arquitetura fracamente acoplada, o suficiente para suportar evoluções e mudanças na implementação em produção?
- ✓ **Processo de implementação:** existe um processo automatizado para realizar *deploys* e ajustes em produção?

- ✓ **Higiene da produção:** existem boas práticas de compartilhamento de conhecimento, automação e telemetria que permitam o suporte em produção por outras pessoas?

9.3. Aplicando verificações de segurança LRR e HRR

As verificações de segurança LRR e HRR são realizadas no modelo criado pela Google: SRE (Site *Reliability Engineer*) – em português, algo como Engenheiro de Confiabilidade do Site.

Segundo Thiago Pagotto descreve no seu artigo "SRE – Site Reliability Engineering" (2017), na Google é usada outra abordagem para gerenciamento de sistemas, distinta da clássica divisão da área de desenvolvimento e operações: são as equipes de SRE. Na divisão clássica entre operação e desenvolvimento, existe o mecanismo de *handback* de serviço; quando o software em produção indica alguma fragilidade que não pode ser resolvida pelo time de operações, o time de operações repassa o serviço para o time de desenvolvimento.

Já na divisão adotada pela Google, o time é composto por engenheiros de software que operam os produtos e criam sistemas para realizar o trabalho que seria feito por *sysadmins* geralmente de forma manual. O SRE (o time) se envolve em qualquer tarefa relacionada à utilização de recursos. Os SREs preveem a demanda, fazem o provisionamento e modificam o software. Isso já corresponde a grande parte da eficiência de um serviço. Eficiência e desempenho alinhado ao custo são uma responsabilidade de SRE. Nessa abordagem, o time de produto (desenvolvimento) é responsável pela implantação em produção e pela produção até que a *release* implantada do produto esteja estável o suficiente para ser monitorada pela equipe de SRE.

Dessa forma, ao realizar o lançamento de um novo serviço, a Google realiza duas etapas de revisão:

- ✓ **LRR (*Launch Readiness Review*, revisão de preparação para lançamento) ou *Launch Guidance*:** deve ser realizada antes de qualquer novo serviço ser disponibilizado para os clientes e receber o tráfego em produção.
- ✓ **HRR (*Hand-Off Readiness Review*, revisão de preparação para transferência):** é realizada quando um serviço é entregue para a área de Operações gerenciar, geralmente alguns meses depois do LRR.

Desta forma, os requisitos do HRR são muito mais rígidos que o LRR.

9.4. Usando a experiência do usuário (UX) como mecanismo de *feedback*

A área de UX (*User Experience*, experiência do usuário) vem se destacando amplamente no mercado, pois, dentre outros objetivos, busca fornecer *feedback* sobre o aplicativo/produto criado do ponto de vista do usuário. Dessa forma, utiliza diversas técnicas que podem mensurar as dificuldades do usuário, seu grau de satisfação, suas percepções, etc. Por exemplo: monitoramento de *clicks*, interceptação, estudos de campo, testes de usabilidade, mapa de calor e testes A/B.

É importante destacar que a técnica A/B mais comumente utilizada na prática de UX moderna envolve um site onde os visitantes são selecionados aleatoriamente para visualizar uma das duas versões de uma página, quer seja um controle ("A") ou um tratamento ("B"). Com base na análise estatística do comportamento subsequente desses dois grupos de usuários, demonstramos se há uma diferença significativa nos resultados dos dois, estabelecendo uma relação causal entre o tratamento e o resultado.

Segundo Fabrício Teixeira no livro "Introdução e boas práticas em UX Design" (2014), o profissional de UX (*User Experience*) tem como missão encontrar formas de ouvir o usuário para entender o que ele quer, o que ele precisa e testar se a solução que desenhamos realmente funciona para ele.

Se utilizarmos esta técnica internamente, com os times de Segurança, Desenvolvimento, Operações e outros, poderemos promover a empatia, por estarmos no lugar do outro, imersos nas suas dificuldades, desafios e até na própria rotina.

Ao analisar os trabalhos repetitivos, os retrabalhos e as atividades consideradas "braçais", poderemos levantar requisitos não funcionais (*non-functional requirement* – NFR), que podem ser automatizados e melhorados, como, por exemplo: execução de *scripts* que seguem sempre o mesmo padrão, instalações que seguem o famoso estilo "*next*, *next* e assim sucessivamente", configurações que serão mantidas, transferências e tratamento de arquivos, subir e baixar serviços/componentes, *backups* e outros. A grande maioria dos processos em que houver um passo a passo bem definido poderá ser automatizado, gerando, dessa forma, agilidade e integridade, por diminuir a interferência e a execução manual.

Através das atividades de UX, ao realizar a aproximação das equipes envolvidas, que até então só se viam em momentos críticos, como colocar serviços em produção, já contribuímos para o estreitamento dos silos e a diminuição do "Muro *DevOps*", porque podemos mantê-las juntas trabalhando nos requisitos não funcionais levantados, que vão melhorar suas atividades do dia a dia, por meio da automação, telemetria e testes, o que irá melhorar a agilidade, qualidade e integração do time.

Consequentemente, ao analisar a atividade que o colega de trabalho executa no seu dia a dia, também haverá um ganho muito positivo para a organização, no que tange à aprendizagem organizacional e à gestão do conhecimento. Ao explicar e exemplificar o trabalho executado, desenhar o funcionamento das suas atividades, dificuldades e desafios, o conhecimento tácito (adquirido de experiências anteriores, pesquisa, estudo e outros...) será transformado em explícito (compartilhado e acessível a todos), e da melhor forma possível, documentado através de código, que, quando automatizado, poderá ser executado por qualquer pessoa, como um serviço. Portanto, além de transformar o conhecimento tácito em explícito, ainda podemos reinventá-lo como serviço.

9.5. Pulo do gato para a prova :-)

Tema	Tipo de Questão
Deploy em produção: escolher entre opções de *fix forward* e reversão	Cenários de problemas em produção para indicar qual é a melhor coisa a fazer. Atenção para a maturidade da empresa no cenário descrito.
Revisão de Prontidão sem Intervenção (HRR) e não da Revisão de Prontidão de Lançamento (LRR)	Diferença entre elas ou características específicas de cada uma.
Suporte compartilhado	Questões sobre responsabilidades de todos os participantes do fluxo de valor.
Pipeline de testes não garante zero erros	Problemas pós-produção envolvendo telemetria, a telemetria sempre é a solução para prever erros após implantação, já que o *pipeline* de testes não garante zero erros.
Checklist do guia de revisão para o lançamento	Questões sobre o entendimento dos itens que estão no guia de lançamento.

9.6. Referências

HUMBLE, Jez; FARLEY, David. **Entrega Contínua:** como entregar software de forma rápida e confiável. Porto Alegre: Bookman, 2014.

KIM, Gene; DEBOIS, Patrick; WILLIS, John; HUMBLE, Jez. **The DevOps Handbook:** how to create world-class agility, reliability, and security in technology organizations. Portland: IT Revolution Press, 2016.

MUNIZ, Antonio; ADAPTNOW. Videoaula Jornada DevOps e Certificação oficial EXIN Professional. Udemy, 2018.

MURPHY, Niall Richard; BEYER, Betsy; JONES, Chris; PETOFF, Jennifer. (Eds.) **Site Reliability Engineering:** how Google runs production systems. Sebastopol: O'Reilly Media, 2016.

PAGOTTO, Thiago. SRE – Site Reliability Engineering. **AprendaCloud**, 31 dez. 2017. Disponível em: <https://www.aprendacloud.com.br/sre-google-site-reliability-engineering/>. Acesso em: 15 mar. 2019.

SOMMERVILLE, Ian. **Engenharia de Software.** 9.ed. São Paulo: Pearson, 2007.

TEIXEIRA, Fabrício. **Introdução e boas práticas em UX Design.** São Paulo: Casa do Código, 2014.

10. Desenvolvimento orientado a hipóteses e testes A/B

Leonardo Matsumota
Analia Irigoyen

O desenvolvimento orientado por hipóteses (*Hypothesis-Driven Development*) baseia-se no conceito da experimentação, criando uma hipótese para explicar um determinado resultado. No âmbito de desenvolvimento de sistemas e criação de produtos, por exemplo, quando estamos desenvolvendo novas *releases* e precisamos validar uma ideia no mercado, a hipótese é criada, e se o resultado é confirmado, comumente isso sinaliza a continuidade da evolução do produto. Quando não há boa aceitação, a tendência é o *pivot*, mudando o produto ou características que permitem testar novas hipóteses. O objetivo do desenvolvimento orientado a hipóteses é garantir a qualidade do que está sendo construído com base no entendimento do cliente ou usuário da aplicação, ou seja, se estamos construindo o software certo.

O conceito do *Build-Measure-Learn loop*, apresentado no livro "A Startup Enxuta", de Eric Ries (2012), traz alguns tipos de *pivot* que apoiam a decisão de mudar a estratégia e criar novas hipóteses com ciclos curtos, garantindo o *feedback* rápido. Entre os principais estão:

- ✓ ***Zoom-in pivot***: uma *feature* se torna o produto completo.
- ✓ ***Zoom-out pivot***: o produto completo se torna uma *feature* de um produto maior.
- ✓ ***Customer segment pivot***: a hipótese é parcialmente confirmada, mas para um público diferente do planejado.
- ✓ ***Customer need pivot***: altera para uma linha de negócios totalmente diferente, com base na relação com o cliente.
- ✓ ***Channel pivot***: o aprendizado de que a mesma solução pode ser entregue em um canal diferente com maior eficácia.
- ✓ ***Technology pivot***: inovação tecnológica para atrair e reter clientes.

Por isso coletar os resultados de validação da hipótese é tão importante, principalmente em *startups* que dispõem de baixo capital e precisam de ideias que tragam retorno ao investimento. Nesse cenário, não há espaço para soluções custosas, estoque de código e *releases* com pouca aceitação dos usuários. A primeira fase recomendada então é a de *Build*, dedicando-se a criar o produto mínimo viável (MVP – *Minimum Viable Product*), que é a versão mais simples do produto com um mínimo de esforço. A fase de *Measure* provê visibilidade do desenvolvimento e o progresso em relação aos objetivos. Em *Learn*, o processo empírico gerado pelo *validated learning* traz afirmativas valiosas sobre a aceitação dos produtos e perspectivas de negócio, evitando, assim, executar com sucesso um plano que não leva a lugar nenhum (Figura 10.1).

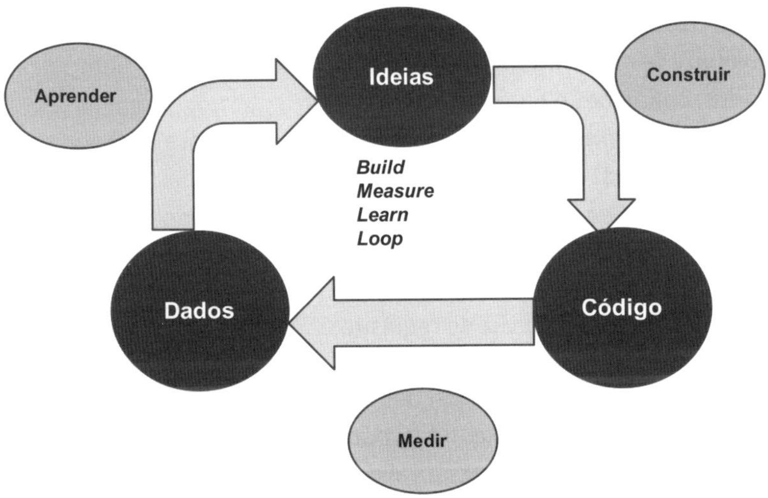

Figura 10.1. *Build-Measure-Learn loop*.
Fonte: adaptado de RIES, 2012.

Entre os principais benefícios da experimentação estão:

- ✓ Aprendizado contínuo.
- ✓ Investimento direcionado.
- ✓ Validações de hipóteses são mais valiosas que previsões de mercado ou *business plan*.

O *experiment framework*, criado por Beni Tait e derivado do *Hypothesis Driven Development* (HDD) e do *Lean Startup*, representa um modelo visual de explorar, criar protótipos e experimentar novas ideias. Este modelo surgiu da necessidade do time (UX, *research*, tecnologia, etc.) de alinhar se o desenvolvimento de novos produtos com base em hipóteses tinha correspondência com o idealizado. Era necessário ter visibilidade dos experimentos, acompanhar a evolução e gerar aprendizado para direcionar sua continuidade. Organizar também ideias de qualquer área, fortalecendo o mecanismo para visualizar, discutir e priorizar os experimentos para aplicar de volta o fluxo de criação de produtos.

O *experiment framework* possui seis processos básicos:

- ✓ ***Document assumptions***: permite que todos na organização contribuam com ideias e experiências, utilizando cartões para expor sua hipótese.
- ✓ ***Formulate a hypothesis***: preparação para a jornada, envolvendo o time na criação da hipótese a ser validada.
- ✓ ***Design the experiment***: elaborar como o experimento deve ocorrer.
- ✓ ***Develop the experiment***: o time trabalha no desenvolvimento das funcionalidades, condições e parâmetros.
- ✓ ***Run the experiment***: a execução é monitorada para obter as conclusões e opiniões no final do experimento.
- ✓ ***Share the findings***: compartilhar os resultados e o conhecimento obtido para direcionar os próximos experimentos.

Por que utilizar hipóteses em vez de requisitos?

Enquanto os requisitos são especificações que um produto deve ter para atender ao cliente, geralmente descritos pelo PO (*Product Owner*) em *user stories*, as hipóteses são ideias que precisam ser testadas e validadas no mercado. A tabela a seguir compara o formato utilizado na *user story*, no BDD (*Behavior-Driven Development*) e no HDD (*Hypothesis-Driven Development*).

User story	**BDD (*Behavior-Driven Development*)**	**HDD (*Hypothesis-Driven Development*)**
As a <role> *I want <goal/desire>* *So that <receive benefit>*	*In order to <receive benefit>* *As a <role>* *I want <goal/desire>*	*We believe <this capability>* *Will result in <this outcome>* *We will have confidence to proceed when <we see a measurable signal>*

Com as constantes evoluções e mudanças no mercado, as empresas precisam de um modelo extremamente dinâmico para criar produtos e validar hipóteses no mercado, como os testes A/B, por exemplo, além de viabilizar o *time-to-market*, trabalhando com entregas contínuas e criando MVPs (*Minimum Viable Product*) para validar as principais premissas do negócio.

Sem essa validação de hipóteses e suposições, as empresas podem estar desperdiçando tempo e recursos, criando soluções indesejadas pelos clientes. Por isso, experimente cedo e constantemente, solicitando *feedbacks* dos clientes e tomando decisões orientadas a dados. O diagrama HDD (*Hypothesis-Driven Development*) da IBM demonstra as etapas propostas, desde a definição da ideia, formulação da hipótese, construção do MVP, mensuração até o aprendizado baseado em *feedback* do cliente (Figura 10.2).

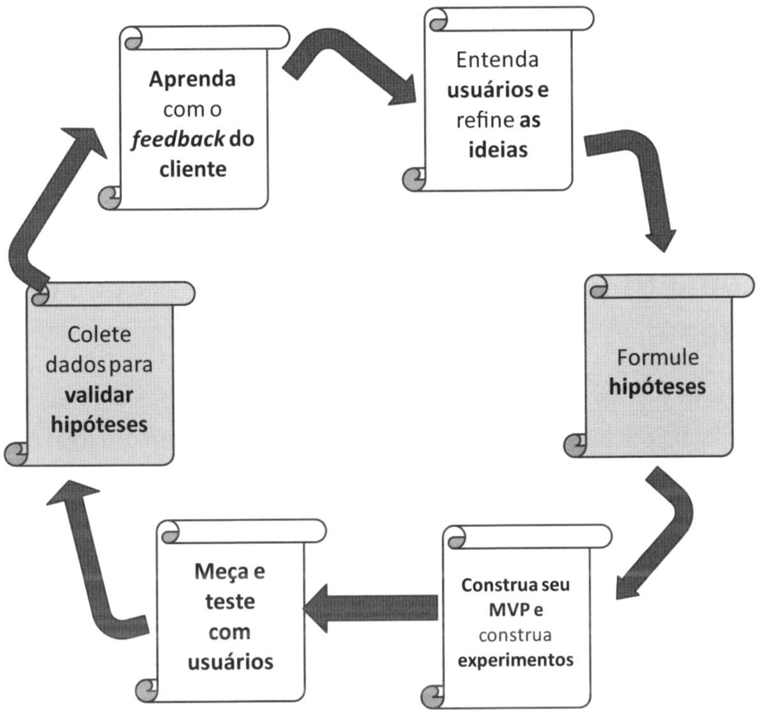

Figura 10.2. Diagrama HDD.
Fonte: adaptado de CHO (s.d.).

Os fundamentos da experimentação são utilizados como base e assim, de forma sistemática, definem-se os passos necessários para atingir um resultado esperado e também os indicadores para checar se aquela hipótese é válida ou não. As hipóteses, quando alinhadas ao MVP, podem fornecer um ótimo mecanismo de teste para prover informação e melhorar a confiança nas áreas incertas de seu produto e serviço.

Incorporar o *mindset* de experimentação contínua é fundamental nessa jornada. Mesmo em hipóteses não aprovadas, é possível obter *insights* valiosos para direcionar o valor do negócio. Quando as hipóteses são confirmadas, recomenda-se aplicar testes A/B, dividindo os usuários entre a opção A (função atual) e opção B (nova função). Os testes A/B podem ser aplicados através de formulários, pesquisas, entrevistas ou qualquer outro meio que permita coletar os dados. A análise dos dados coletados evidenciará qual será a melhor opção de escolha. Também é possível desenvolver funcionalidades com variações para testar as hipóteses A/B para serem acessadas por diferentes grupos de usuários, como, por exemplo: 50% dos usuários acessam a variação A e 50% acessam a funcionalidade com a variação B. Nesse sentido, a análise estatística junto com a telemetria pode ajudar na decisão de qual variação da funcionalidade ajuda no aumento da receita do software que está em produção, considerando que a arquitetura do seu software permite esse tipo de teste.

Os testes A/B se tornaram viáveis por causa do *DevOps*, que diminui os riscos de implantação e aumenta o número de *deploys* em produção.

10.1. Como os testes A/B podem ser integrados para *release*

As práticas de implementação contínua CD (*Continuous Deployment*) são fundamentais no mundo digital, principalmente em empresas inovadoras com foco em *time-to--market* e criação de produtos. A esteira de publicação dessas empresas realiza então o *deploy* de *releases* automático em produção. Os testes canários (ou testes A/B) habilitam essas funcionalidades para um grupo controlado de usuários, mantendo em produção duas comunidades (A/B) para minimizar, por exemplo, o risco para o valor do negócio em liberar novas *releases* para comunidades de usuários. Talvez seja necessário um experimento em um número reduzido de usuários para decidir se aquela funcionalidade será mantida ou removida. Há estratégias para escolher a liberação da nova versão, desde a liberação interna para funcionários da própria empresa até usuários escolhidos com base em seu perfil ou informações demográficas. A aceitação da funcionalidade vai direcionando o aumento de infraestrutura e dos usuários para esse ambiente e, assim, possibilita os testes A/B por restringir as novas funcionalidades a um grupo reduzido de usuários. Um ponto de atenção para o uso dos testes canários é a gestão de várias versões da aplicação em produção.

A empresa Eletronic Arts Inc. divulgou um caso de sucesso utilizando teste A/B na página de pré-vendas do jogo SimCity 5. Após remover um *banner* promocional da página, aumentou em 43% as conversões de venda. O padrão de desenho *feature toggles* é uma técnica que pode ser utilizada para essas implementações, permitindo aos times modificar o comportamento do sistema sem alteração de código. A proposta é ter uma alternativa para a manutenção de vários *branches* de código-fonte (*features branches*) e assim conseguir manipular a funcionalidade em tempo de execução.

Na figura a seguir, inicia-se pela inclusão dos *toggle points* no código-fonte para manipular o comportamento da funcionalidade. O *toggle router* determina o estado delas, considerando o *toggle context*. O *toggle configuration* controla o *toggle router* naquele ambiente (Figura 10.3).

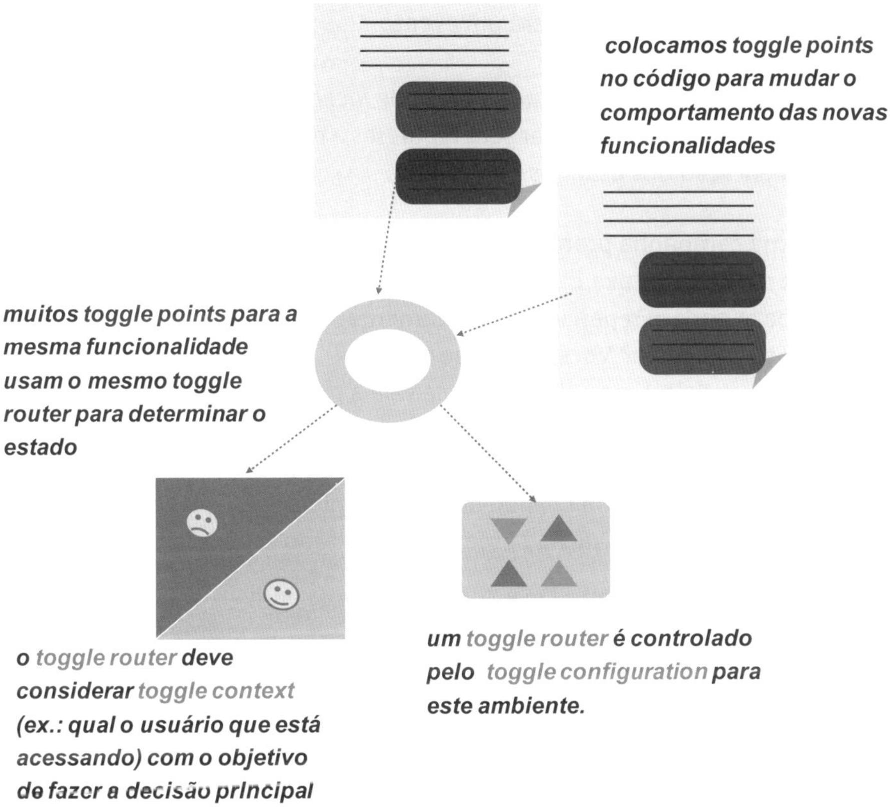

Figura 10.3. *Feature toggles*.
Fonte: adaptado de HODGSON, 2017.

10.2. Usando o desenvolvimento orientado a hipótese

Também abordado pelos autores do livro "The DevOps Handbook" (2016), o HDD é um processo orientado a hipótese com foco principal em validação das ideias sob a perspectiva de geração de ROI e satisfação dos usuários. Para isso, um processo maduro de CI (*Continuous Integration*) e CD (*Continuous Deployment*) habilita a esteira de validação de ideias e suporte imediato.

Ao formular as hipóteses, utilizam-se os conceitos da experimentação, e por isso a *user story* é insuficiente para verificar se a hipótese está correta. Na HDD criada, existe uma validação de hipótese referente a uma campanha promocional que pode aumentar a taxa de conversão.

A implementação do HDD em um time *cross functional* – desenvolvedores, UX, SM (*Scrum Master*), PO (*Product Owner*) e QA – iniciou com a validação de uma ideia de plataforma de inscrição *on-line* para um evento.

Algumas discussões surgiram durante a fase de *inception* para criação do produto, onde o *Product Owner* deve associar suas hipóteses a resultados esperados (métricas) após experimentação dos usuários do produto:

- ✓ E se uma campanha promocional estiver disponível durante duas semanas? Talvez melhore a taxa de conversão? Os usuários que não aproveitarem a promoção podem repercutir negativamente?
- ✓ E quanto isso custa? Você consegue estimar?
- ✓ E se, em vez de estimar, checarmos se vale a pena implementar? Acredito que realizando testes A/B podemos verificar a aceitação do público. E se aumentarmos a conversão em 10% já valeria a pena implementar?
- ✓ E como ficaria tudo isso criando histórias de hipóteses (em vez de histórias de usuários) com a priorização baseada no resultado esperado?

A seguir, um exemplo real da utilização dessa abordagem:

- ✓ ***We believe that*** uma campanha promocional de duas semanas.
- ✓ ***Will result in*** melhoria na conversão da inscrição.
- ✓ ***We will know we have succeeded when*** a taxa de conversão evoluir em 10% do início ao final da campanha promocional.

E, assim, o *Product Owner* prioriza esse desenvolvimento com o time e a implementação deve ocorrer em breve para confirmar se a hipótese irá gerar o valor idealizado. O time começa então a execução do *backlog* em gestão ágil com práticas CI/CD e apoio total do time de UI/UX para criação dos *layouts* e experiência do usuário. Após as duas semanas, verificando o progresso diariamente da conversão, o objetivo traçado inicialmente foi alcançado.

Nessa jornada, foi muito importante o *mindset* ágil da empresa, operando com práticas *DevOps* e arquitetura bem estruturada que possibilitam a inovação de produtos. Ao confirmar a hipótese, podemos adotar um exemplo de aumento em receita de R$ 78.000, justificando assim um desenvolvimento na plataforma de 160 horas para implementação dessa funcionalidade.

10.3. Pulo do gato para a prova :-)

Tema	Tipo de questão
Conceito básico de *feedbacks* curtos	Análise da maturidade em *DevOps* para que isso seja possível
Objetivo principal da técnica A/B	Ser capaz de entender os objetivos da técnica
Cenários envolvendo técnicas A/B, padrão de liberação canário (*release* canário) e pesquisa contextual	Ser capaz de entender o cenário e quando a técnica A/B é mais bem aplicada (hipóteses)
Conceito de hipótese	Entender o conceito de hipótese lendo um cenário real

10.4. Referências

CHO, Adrian. Hypothesis-driven development. **IBM**, s.d. Disponível em: <https://www.ibm.com/cloud/garage/practices/learn/practice_hypothesis_driven_development>. Acesso em: 22 mar. 2019.

HODGSON, Peter. **Feature Toggles (aka Feature Flags).** 09 Oct. 2017. Disponível em: <https://martinfowler.com/articles/feature-toggles.html>. Acesso em: 22 mar. 2019.

HUMBLE, Jez; FARLEY, David. **Entrega Contínua:** como entregar software de forma rápida e confiável. Porto Alegre: Bookman, 2014.

KIM, Gene; DEBOIS, Patrick; WILLIS, John; HUMBLE, Jez. **The DevOps Handbook:** how to create world-class agility, reliability, and security in technology organizations. Portland: IT Revolution Press, 2016.

MUNIZ, Antonio; ADAPTNOW. Videoaula Jornada DevOps e Certificação oficial EXIN Professional. Udemy, 2018.

O'REILLY, Barry. **How to implement Hypothesis Driven Development.** S.d. Disponível em: <https://barryoreilly.com/how-to-implement-hypothesis-driven-development/>. Acesso em: 19 mar. 2019.

RIES, Erick. **A Startup Enxuta.** São Paulo: LeYa, 2012.

11. Revisão e coordenação

Analia Irigoyen
Bárbara Cabral da Conceição
Eduardo Gomes

Por razões históricas, as revisões "formais" geralmente são chamadas de "inspeções". Esse é um resquício do seminal estudo de 1976 de Michael Fagan na IBM sobre a eficácia das revisões em pares. Ele tentou muitas combinações de variáveis e elaborou um procedimento para revisar até 250 linhas de prosa ou código-fonte. Após 800 iterações, ele apresentou uma estratégia de inspeção formalizada. Seus métodos foram mais estudados e ampliados por outros, principalmente Tom Gilb e Karl Wiegers.

Em geral, uma revisão "formal" refere-se a uma revisão de processo pesado com três a seis participantes reunidos em uma sala com documentos impressos e/ou um projetor. Alguém é o "moderador" ou "controlador" e atua como organizador, mantém todos na tarefa, controla o ritmo da revisão e atua como árbitro das disputas. Todos leem os materiais com antecedência para se preparar adequadamente para a reunião. Em uma Inspeção Fagan, um "leitor" examina o código-fonte apenas para compreensão – não para crítica – e apresenta isso ao grupo. Isso separa o que o autor pretendia do que é realmente apresentado; muitas vezes o próprio autor é capaz de detectar defeitos, dada a descrição de terceiros.

O maior ativo das inspeções formais também é sua maior desvantagem: quando você tem muitas pessoas gastando muito tempo lendo código e discutindo suas consequências, você vai identificar muitos defeitos. E há muitos estudos que mostram que inspeções formais podem identificar um grande número de defeitos no código-fonte. Mas a maioria das organizações não pode se dar ao luxo de amarrar tantas pessoas por tanto tempo.

Muitos estudos nos últimos 15 anos revelaram que outras formas de revisão revelam tantos defeitos quanto revisões formais, mas com muito menos tempo e treinamento. Esse resultado – antecipado por aqueles que tentaram muitos tipos de revisão – colocou as inspeções formais "de lado" na indústria.

Afinal, se você puder obter todos os benefícios comprovados das inspeções formais, mas ocupar um terço do tempo do desenvolvedor, isso é claramente melhor.

Então vamos investigar algumas dessas outras técnicas. Mas, primeiro, vamos entender o que é um processo de requisição puxado e como ele facilita as revisões de código. A seguir, vamos falar sobre alguns tipos de revisões amplamente utilizadas na área de desenvolvimento de software.

11.1. Eficácia de um processo de requisição puxado

Um processo de requisição puxado é baseado em uma forma de subir código-fonte do programa ou aplicação para o repositório onde está o código-fonte.

Quando se parte de um projeto de código existente, você realiza um processo de "puxar" o código para sua máquina, realiza as alterações necessárias e depois cria o *pull request*.

A seguir, a figura representa o processo de *pull request*, que pode ser realizado facilmente em algumas ferramentas de gerência de configuração. A sequência mais comumente realizada está representada pela Figura 11.1.

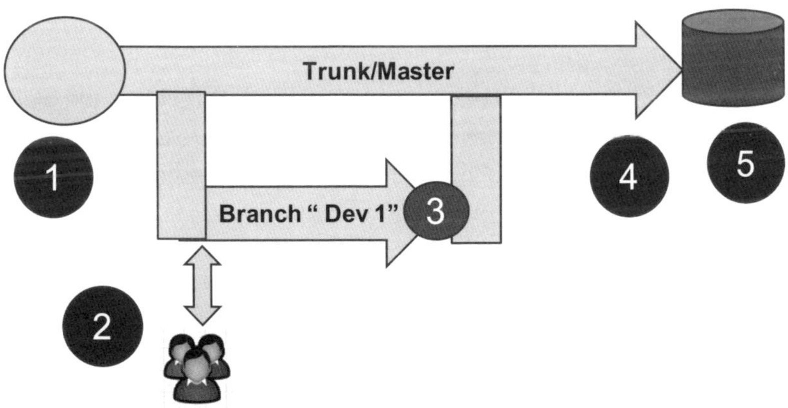

Figura 11.1. Representação do processo *pull request* em cinco passos.
Fonte: adaptado de MANDIC, s.d.

1. Quando vai desenvolver algo novo, o programador cria o *branch* e o nomeia com o objetivo de fazer alguma manutenção.
2. Ao longo do trabalho o programador altera ou cria códigos e realiza os *commits* conforme a frequência definida junto com o time.

3. Quando o programador acredita que o *branch* em que está trabalhando está pronto para ser integrado ou "mergeado", ou até mesmo quando precisa de um *feedback* ou ajuda do time, ele abre um processo de *pull request* ou sistema puxado.
4. Quando se obtêm as revisões e aprovações desejadas de alguém do time, o programador pode fazer o *merge* no *trunk* (linha principal).
5. Depois que as alterações do código estão no *trunk*, o *Ops* as implementa em produção e realiza o *deploy*.

Uma boa requisição *pull request* contém as informações de: o que está sendo corrigindo, quem está implementando e os potenciais riscos da implementação que está sendo realizada.

11.2. Programação em par

Programação em par é uma das práticas de revisões em pares mais conhecidas e mais utilizadas pelos que adotam a metodologia *Extreme Programming* (XP).

A programação em par, também conhecida como programação pareada, é uma técnica onde dois programadores são responsáveis pela mesma codificação, executando dois papéis. Um desenvolvedor atua como "motorista" ou "controlador" e outro age como "navegador" ou "observador".

O motorista desenvolve o código enquanto o "navegador" revisa o que o piloto está codificando, apontando problemas e trocando ideias sobre a solução dada; esses papéis de "piloto" e "copiloto" são invertidos ao longo do desenvolvimento, normalmente de hora em hora.

Essa técnica auxilia a equipe na manutenção do foco e na criação de um ambiente colaborativo. Em geral, a programação pareada se prova mais produtiva do que a isolada.

Inicialmente, essa técnica não parece auxiliar no aumento de produtividade, já que duas pessoas estão desenvolvendo o mesmo código; no entanto, é possível destacar diversas vantagens:

- ✓ **Compartilhamento do conhecimento:** no momento em que um código é conhecido por no mínimo duas pessoas, o conhecimento sobre o código e consequentemente o negócio não está sob responsabilidade somente de um desenvolvedor, contribuindo positivamente para o projeto e para o time. Não ter dependência de pessoas é algo positivo para todos os envolvidos, permitindo substituição por férias ou o alívio de uma carga pesada de trabalho para uma só pessoa.

- ✓ **Foco e disciplina:** uma das maiores vantagens da programação em par para uma organização. Normalmente, um integrante do time pode ter várias distrações (e-mails, WhatsApp, telefonemas...), fazendo diversas pausas ao longo das oito horas de trabalho. Além disso, a resolução de problemas por um programador sozinho pode levar horas e horas. Essa prática favorece a diminuição do desperdício de tempo de forma considerável. É comum ficar constrangido quando as distrações não são realmente necessárias. A quantidade gasta com a análise de causas de defeitos ou dificuldades na linguagem é consideravelmente diminuída. É natural que dois programadores juntos possam de forma colaborativa trabalhar melhor e com mais qualidade usando essa técnica.
- ✓ **Confiança e propriedade coletiva:** duas cabeças sempre pensam melhor que uma – este é um ditado popular que pode ser comprovado quando usamos a técnica de programação em par. A confiança em um desenvolvimento feito em par é maior, já que é validado por pelo menos mais uma pessoa. Facilita também o entendimento de que o código não é mais visto como de uma só pessoa, mas do time, além de favorecer o conhecimento mútuo e a integração com o time.
- ✓ **Aprendizado e experiência:** essa técnica favorece o aprendizado e o compartilhamento do conhecimento. Quando um time é formado de programadores mais experientes com programadores menos experientes, existe o aprendizado situado, que acontece com situações reais a serem resolvidas, considerando todas as premissas e restrições relacionadas. O aprendizado, quando é vivido e experimentado, tem maior efetividade.
- ✓ Esta técnica resulta diretamente em uma diminuição dos erros de codificação.

Apesar de elencar várias vantagens, também existem dificuldades em adotar essa técnica, tais como:

- ✓ A própria personalidade e o comportamento do programador. Nem todos têm facilidade de entender que o código produzido não é uma propriedade e sim um produto coletivo.
- ✓ Aceitar críticas e comentários a respeito do seu trabalho ou não saber como apontar problemas ou criticar o trabalho do outro.

Nesse sentido, a maior dificuldade na aplicação desta técnica é comportamental, podendo ser mitigada através de integrações entre o time e *icebreakers* de integração, por exemplo.

11.3. Revisão sobre os ombros

A técnica consiste em um desenvolvedor revisor olhar "por cima" do ombro do autor, ou seja, um desenvolvedor de pé sobre a estação de trabalho do autor enquanto o autor conduz o revisor por meio de um conjunto de alterações de código (Figura 11.2).

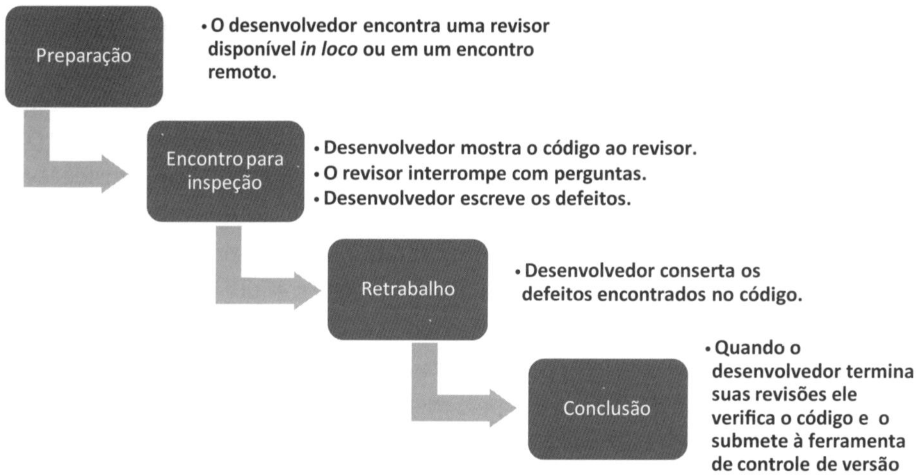

Figura 11.2. Processo de revisão *over-the-shoulder*.
Fonte: adaptado de COHEN, 2007.

Normalmente, o autor "conduz" a revisão; ele abre vários arquivos, aponta as mudanças realizadas e explica o que ele fez. Se o revisor vê algo errado, ele pode iniciar uma pequena medida de "programação em par", sendo que, enquanto o autor codifica a correção, o revisor pareia revisando o código dinamicamente. Mudanças maiores em que o revisor não precisa ser envolvido são realizadas fora da sessão de revisão "sobre os ombros".

Quando os desenvolvedores não estão geograficamente no mesmo local de trabalho, uma revisão sobre os ombros pode ser realizada com colaboradores de forma remota. Embora isso possa complicar o processo, é possível realizar reuniões remotas compartilhando a área de trabalho através de softwares utilizando a internet e/ou também se comunicar pelo telefone.

A vantagem mais óbvia da técnica é a simplicidade na execução. Qualquer um pode fazer isso, a qualquer momento e sem treinamento. Ela também pode ser implantada sempre que você precisar, e é realmente vantajoso quando há uma alteração especialmente complicada ou quando há uma ramificação de código "estável".

Alguns pontos que precisam ser considerados são a questão da velocidade e da profundidade com que a revisão é realizada. Como o autor está controlando o ritmo da revisão, muitas vezes o revisor não tem a chance de fazer um bom trabalho. O revisor pode não ter tempo suficiente para ponderar uma parte complexa do código e não tem a chance de pesquisar outros arquivos de origem para verificar efeitos colaterais ou se os APIs estão sendo usados corretamente.

Outra questão está relacionada com a disseminação do conhecimento do código que foi desenvolvido. O autor pode explicar algo que esclarece o código para o revisor, mas o próximo desenvolvedor que ler este código não terá a vantagem dessa explicação, a menos que seja codificado como um comentário no código.

Como geralmente não há verificação de que os defeitos apontados foram realmente corrigidos, é difícil melhorar o processo porque não existe uma forma de medir ou metrificar as alterações, já que geralmente elas são realizadas na máquina do desenvolvedor autor do código. Apesar disso, é uma técnica fácil de implementar e rápida de executar. Logo, ela pode ser utilizada sem nenhum tipo de restrição, nem mesmo de localização geográfica. A grande vantagem é que o desenvolvedor autor aprende dinamicamente como melhorar o código com um revisor mais experiente.

11.4. E-mail repassado ou passagem de e-mail

Esta é uma técnica de revisão de código muito comum em projetos de código aberto, onde comunidades com um grande número de desenvolvedores podem colaborar escrevendo e revisando códigos. Nesse tipo de revisão, que é feita de maneira assíncrona, o autor envia para os revisores um pacote de alterações contendo a descrição do código antes e depois de sua intervenção (tabela a seguir). Os destinatários examinam os arquivos, fazem perguntas, discutem com o autor e com outros revisores e sugerem mudanças. O processo de revisão termina quando os debates são resolvidos ou ignorados por um certo período de tempo. O autor então faz as alterações sugeridas e retorna aos revisores como feito.

Envio	Inspeção	Retrabalho	Conclusão
Autor envia arquivo com alteração no código para os revisores	Revisores examinam os códigos utilizando suas perspectivas. Inicia-se o debate até que a questão seja resolvida ou ignorada.	Autor responde aos defeitos no código fazendo as alterações e retomando a tarefa como concluída.	Não há uma conclusão formal do processo, subentende-se que termina quando todas as tarefas são sinalizadas como concluídas e nenhum revisor sugere nova alteração.

Fonte: adaptado de COHEN, 2007.

11.5. Revisão de código assistida por ferramentas

Ao contrário dos testes automatizados que avaliam o código em execução, a revisão de código é realizada de forma estática, ou seja, a qualidade do código é avaliada antes mesmo de ele ser colocado à prova, no momento da escrita do código. Por esse motivo também é chamado de teste de dentro para fora, porque ocorre antes do tempo de execução da aplicação.

Assumir que a análise estática de código realiza verificação sem que o código-fonte seja executado não significa dizer que apenas arquivos texto (com extensão .java, .jsp, .js, etc.) são verificados. Cada ferramenta, dependendo da sua implementação, pode realizar a verificação em código-fonte ou *bytecode*.

A revisão de código é realizada com base em um conjunto de boas práticas de desenvolvimento, sendo que pode ser realizada de forma manual, analisando o código-fonte, ou utilizando ferramentas que verificam se o código está seguindo os *guidelines* da linguagem de programação que está sendo analisada.

A análise estática é realizada cedo no estágio de desenvolvimento, tipicamente na fase de *code review*. Para organizações que praticam *DevOps*, a análise estática de código toma o lugar da fase de "criação" do código, tomando parte no *loop* do *feedback* automatizado.

Dessa forma, os desenvolvedores saberão mais cedo se existem problemas com o código e será mais fácil corrigir esses problemas se eles forem identificados cedo.

As ferramentas de análise estática trazem algumas vantagens no ciclo de desenvolvimento de software, como uma análise muito mais rápida e eficiente no momento em que o código está sendo desenvolvido do que se essa análise fosse realizada no momento do *code review*.

Para escolher uma ferramenta é necessário considerar que cada linguagem de programação tem um conjunto de padrões de estilo de código e também regras de codificação; logo, a ferramenta precisa seguir os padrões específicos de cada linguagem. E também a ferramenta (IDE) que está sendo utilizada para codificar deve permitir a instalação de *plugins* para realizar a verificação do código, além de prover o *feedback* de análise estática indicando potenciais *bugs* ou problemas de codificação.

11.6. Cenários para escolha da melhor técnica de revisão

Não existe a melhor ou a pior técnica de revisão. Existe o momento certo para aplicar cada uma delas.

Durante o desenvolvimento da aplicação, realizar programação em par ajuda os desenvolvedores a conversar sobre o código que estão desenvolvendo, sendo assim um método bem natural de os dois aprenderem juntos. Como ambos podem "pilotar" o computador, cada um exercita também as habilidades de comunicação e ajuda a praticar um vocabulário técnico adequado para os padrões de codificação que estão aplicando.

Quando o desenvolvedor está trabalhando ainda no código, e antes de abrir o *pull request*, é interessante chamar um desenvolvedor mais experiente para opinar sobre as decisões de arquitetura que ele tomou. Por isso, é interessante aplicar a técnica de revisão sobre os ombros, na qual o desenvolvedor que quer validar se a forma que fez é interessante pede apoio para alguém mais experiente para ambos conversarem sobre o código.

Depois que ele abrir o *pull request* para o repositório, o código fica disponível para o time visualizar o seu trabalho. Dessa forma, geralmente a técnica de e-mail repassado ou passagem de e-mail é utilizada – alguns chamam essa etapa do processo de *code review* ou revisão de código. Geralmente, o desenvolvedor revisor aponta e sugere no próprio código modificações que podem ser aceitas ou não pelo dono do código.

Por fim, existe a revisão assistida por ferramentas. Ela é adequada para quando o desenvolvedor ainda está com o código em sua máquina e as ferramentas já vão sinalizando alertas de onde o código não está usando os padrões de codificação da linguagem; e também algumas ferramentas analisam o código no momento em que o *pull request* é aberto, ferramentas que são conectadas ao serviço de integração contínua do projeto.

Portanto, não existe certo ou errado, mas o momento em que cada técnica pode ser utilizada.

11.7. Pulo do gato para a prova :-)

Tema	Tipo de questão
Revisão sobre o ombro	Exemplos práticos da revisão; a técnica correta deve ser assinalada.
Programação em par	Exemplos práticos da revisão; a técnica correta deve ser assinalada.
Características de uma boa requisição *pull request*	Conhecer o conteúdo de uma requisição *pull request.*

11.8. Referências

COHEN, Jason. Four Ways to a Practical Code Review. **Methods & Tools**, Winter 2007. Disponível em: <http://www.methodsandtools.com/archive/archive.php?id=66>. Acesso em: 19 mar. 2019.

KIM, Gene; DEBOIS, Patrick; WILLIS, John; HUMBLE, Jez. **The DevOps Handbook:** how to create world-class agility, reliability, and security in technology organizations. Portland: IT Revolution Press, 2016.

MANDIC. **5 Elementos para um Pull Request perfeito.** Disponível em: <https://blog.mandic.com.br/artigos/5-elementos-para-um-pull-request-perfeito/>. Acesso em: 22 mar. 2019.

MUNIZ, Antonio; ADAPTNOW. Videoaula Jornada DevOps e Certificação oficial EXIN Professional. Udemy, 2018.

PARTE IV.
A TERCEIRA MANEIRA: APRENDIZAGEM E EXPERIMENTAÇÃO

12. Aprendizagem

Vanesa Bustamante
Bárbara Cabral da Conceição
Antonio Muniz
Analia Irigoyen

A famosa frase de Alvin Toffler diz que "os analfabetos do futuro não serão os que não sabem ler ou escrever, mas os que não sabem aprender, desaprender e reaprender". Considerando o momento transformador que vivemos, este capítulo apresentará algumas recomendações de como podemos criar uma cultura de experimentação e aprendizado. Uma das formas de estimular o aprendizado é utilizar os erros que ocorrem de uma forma mais frequente para gerar um aprendizado e ter uma cultura livre de culpa.

De forma análoga a Alvin Toffler, segundo Steven Spears, para trabalhar em segurança em ambientes complexos, a palavra-chave é ser uma organização resiliente, ou seja, a organização deve conhecer técnicas que a tornem capaz de se autodiagnosticar de forma independente, conseguindo detectar problemas, resolvê-los e, principalmente, multiplicar os conhecimentos e aprendizados com a solução para toda a organização. Este capítulo tem o objetivo de explorar essas técnicas e ajudar a sua organização a ser resiliente.

Conforme descrito no livro "The DevOps Handbook" (2016), a utilização de *chats* automatizados em oposição aos *scripts* automatizados garante não só a transparência e o *feedback* contínuo como a contribuição para o aprendizado organizacional. Outras equipes ou até mesmo novos funcionários podem aprender as rotinas locais diariamente bem mais rapidamente do que em treinamentos de ambientação tradicionais. Uma outra importante contribuição dos *chats* automatizados é aumentar o instinto colaborativo, porque é mais fácil você pedir ajuda quando outros estão pedindo ajuda também. Saber que não é só você que tem dúvidas é um alívio e um convite à colaboração.

Outra técnica que pode ser usada como aprendizado organizacional são as histórias de usuário de operações, que devem ser muito bem definidas, com o principal objetivo de aumentar o potencial de serem reproduzidas e utilizadas também pela área de Desenvolvimento para melhor planejamento e estimativas.

12.1. Tipos de macaco do exército simiano e injeção de falha para aumentar resiliência

O time de Engenharia da Netflix criou um processo para injeção de falhas chamado *Chaos Monkey*, que foi criado em resposta ao movimento de mover a aplicação de uma infraestrutura física para uma infraestrutura na nuvem provida pela AWS (*Amazon Web Services*). Na época, eles precisavam garantir que a perda de uma instância da Amazon não poderia afetar a experiência de *streaming* da Netflix. Esta técnica ficou bastante conhecida quando em 2011 houve uma grande indisponibilidade no AWS que impactou muitas empresas no mundo. A grande surpresa do mercado foi que esse acontecimento não gerou grandes impactos nos serviços da Netflix, e o motivo foi que suas equipes já tinham aumentado a resiliência da infraestrutura com o aprendizado adquirido na injeção de falhas. E o resultado principal foi que a forma como eles implementaram o sistema permitiu o aprendizado contínuo das equipes sem a cultura de medo e punição.

A prova de certificação *DevOps Professional* aborda questões com o nome do macaco do exército simiano, conforme destacado a seguir.

- ✓ ***Chaos Gorilla* (Gorila do caos):** este dispositivo simula a falha de uma zona inteira de disponibilidade AWS.
- ✓ ***Chaos Kong* (Kong do caos):** simula indisponibilidade em regiões inteiras da AWS (ex.: Europa, América do Norte, África, etc.).
- ✓ **Macacos de latência:** causa atrasos ou paralisações artificiais e simula a degradação de serviço para garantir que serviços dependentes respondam de forma adequada.
- ✓ **Macaco de *janitor*:** responsável por garantir que o ambiente esteja livre de desperdício e desorganização.
- ✓ **Macaco de conformidade:** localiza e desliga instâncias AWS que não seguem as melhores práticas (ex.: falta e-mail para alerta).
- ✓ **Macaco de segurança:** é uma extensão de vulnerabilidades.
- ✓ **Doutor macaco:** verifica a integridade de cada instância e desliga instâncias não íntegras quando o responsável não resolve a causa-raiz no tempo combinado.

12.2. Reunião *post mortem* livre de culpa

Quando incidentes aparecem, o que diferencia uma empresa de sucesso de outras é o tempo que as equipes levam para recuperar os serviços. Não podemos confiar 100% que um serviço nunca vai ter problemas e torna-se muito importante que os times façam uma reflexão de como nos preparamos sempre que um novo software entra em produção.

Segundo Dekker, citado em "The DevOps Handbook", o erro humano não pode ser visto unicamente a partir do desempenho dos seres humanos; devemos considerar as ferramentas utilizadas, as tarefas delegadas e também o ambiente de trabalho. É fundamental combater a teoria da maçã podre, que busca "eliminar as pessoas que causaram os erros". A reunião *post mortem* livre de culpa é fundamental para instituir uma cultura de aprendizado contínuo.

Relatos como o do engenheiro da Google, que confessou: "eu estraguei uma linha de código e isso nos custou um milhão de dólares em receita e não fui demitido", comprovam que algumas empresas entenderam que não devemos buscar culpados e sim melhorar nosso processo de trabalho para garantir evolução contínua.

Nesse cenário é bastante favorável a realização da reunião *post mortem.*

Mas o que é uma reunião *post mortem*?

É uma reunião que deve ser livre de culpa, ou seja, o foco não está em quem fez isso ou aquilo, mas, sim, na evolução constante da equipe e dos processos utilizados durante todo o ciclo de desenvolvimento de uma demanda/projeto.

Como podemos iniciar a prática?

O facilitador ou líder poderá fazer um relato inicial de que é uma reunião *post mortem* e assim reforçar que o objetivo não é encontrar culpados nem focar em eventos passados para entender o que poderia ou deveria ter sido feito.

Importante: nunca nomear ou envergonhar quem é o culpado pela falha.

É importante também deixar claro que as ações mapeadas deverão ser atribuídas a alguém e que a priorização deverá determinar se de fato é uma ação a ser desenvolvida ou apenas uma ideia. Esta etapa é fundamental para evitar que a reunião gere uma lista de intenções que nunca serão implementadas.

Durante a reunião os participantes detalharão em comum acordo a "linha do tempo" do incidente, incluindo quando ele foi detectado, como foi detectado, quando o serviço foi restabelecido, como foi a comunicação durante e após o incidente, etc.

Importante: incentivar quem compartilha problemas do sistema.

É importante saber se houve uma ação proativa devido a um monitoramento automatizado ou manual, se soubemos pelo cliente, ou se outra área nos avisou. Quando temos visibilidade desses pontos, podemos priorizar ações preventivas e de monitoramento que nos ajudarão a evitar novas crises.

A expressão "linha do tempo" refere-se de forma linear às etapas que ocorreram durante o incidente até sua resolução e nos dá uma clareza acerca da complexidade do ecossistema, das áreas e dos processos envolvidos e também do fluxo da comunicação. Nesse sentido, o primeiro passo para uma reunião de lições aprendidas sem culpa é a construção de uma linha do tempo.

Podemos descobrir que houve vários eventos que contribuíram para o incidente e assim registrar hipóteses a respeito de causa e efeito possíveis, além de mapear atividades e atores para corrigi-lo.

Tão importante quanto a reunião é o registro dela, portanto não deixe passar muito tempo após sua realização para gerar o relatório.

Se isso não acontecer, teremos feito várias sessões de discussão que serão esquecidas em breve e não ajudarão na evolução contínua do processo. É preciso registrar os fatores de sucesso e de fracasso, para que as pessoas possam ouvir uma mensagem positiva e negativa e avaliar o que queremos repetir e o que devemos evitar no futuro.

Vale reforçar sempre que o objetivo da reunião não é punir, mas evoluir continuamente a equipe. Esse "detalhe" é fundamental para que seja um *post mortem* honesto, aberto a opiniões distintas e focado em garantir qualidade.

Importante: criar confiança para que a equipe aprenda com os problemas.

Para isso, é preciso criar um plano de ação com as etapas a serem seguidas: quais foram as recomendações priorizadas e como iremos medir se a melhoria foi alcançada. Realizar a reunião *post mortem* para mero registro sem partir para a ação acaba desmotivando o time e diminuindo a credibilidade dessa ferramenta poderosa.

Por último, precisamos tornar esse registro disponível. É fundamental que ao término da reunião de *post mortem* todos sejam informados que o relatório gerado estará disponível em um lugar de fácil acesso. A recomendação é que as futuras equipes façam uso desse material para repetir as ações de sucesso e evitar os mesmos problemas.

Em linhas gerais, podemos concluir que quando as reuniões *post mortem* são executadas de maneira consistente, elas auxiliam as organizações a sair do caos e as elevam a um patamar de funcionamento mais adequado, permitindo manter as partes boas enquanto expurga as partes ruins.

> **Importante:** lições aprendidas sem culpa e injeção controlada de falhas em produção.

Resumo para a prova:

Após a solução de incidentes, devemos entender o ocorrido e divulgar:

1. Ações que deram certo.
2. Ações que podem ser aprimoradas.
3. Erros e medidas para evitar recorrência.

Conforme recomendado no livro "The DevOps Handbook", seguem as etapas importantes:

1. Agendar a reunião com as pessoas envolvidas
Esta etapa deve ser realizada o mais breve possível para aproveitar as lembranças das causas e dos efeitos e evitar que eventos alterem as circunstâncias do ocorrido.

Quem participa?

- ✓ Envolvidos nas decisões que podem ter contribuído para o erro.
- ✓ Quem identificou o problema.
- ✓ Quem respondeu e diagnosticou o problema.
- ✓ Quem foi afetado pelo problema.
- ✓ Outros interessados.

2. Realizar a reunião

- ✓ Crie uma *timeline* com detalhes e respeitando as visões sem punição.

- ✓ Autonomia para a equipe melhorar a segurança e incentivo para cada um detalhar sua parte na falha.
- ✓ Incentive que as pessoas que falharam sejam os especialistas em ajudar os outros para evitar recorrência.
- ✓ Aceitar que as pessoas podem decidir adotar ou não uma ação.
- ✓ Propor contramedidas com dono e data-alvo para acompanhamento.

3. Publicar o resultado da reunião

- ✓ Divulgar amplamente as informações e os artefatos da reunião em local centralizado onde toda a empresa pode aprender.
- ✓ Incentivar que todos acessem as informações para evitar recorrência.
- ✓ Se necessário, estabeleça que os incidentes graves podem ser encerrados somente após a conclusão da reunião.
- ✓ Existem empresas que tornam públicas as reuniões: Google, Amazon, Chef, Etsy.

12.3. Quando utilizar dias de jogo

Dias de jogo ou *game days* é um conceito que vem da engenharia da resiliência, cujo objetivo é criar exercícios programados para aumentar a resiliência através da injeção de falhas de grande escala em sistemas críticos. Durante a injeção de falhas estamos expondo os defeitos latentes em nosso sistema (que são problemas que só aparecem quando falhas são injetadas nele).

Foi popularizado por Jesse Robbins pelo trabalho que fez na Amazon para garantir disponibilidade do site.

Ele ficou conhecido como o "Mestre do Desastre" e defende que "um serviço não está realmente testado até o estragarmos em produção".

Fazendo uma analogia com o nosso dia a dia, quantas vezes deparamos com um plano de *fallback* onde ficamos preocupados se as etapas previstas serão executadas como planejamos?

Quantas rotinas de *backup* de banco de dados são executadas diariamente, semanalmente, e não sabemos se quando for a hora de usar essas informações vamos conseguir fazer o *restore* de forma apropriada?

Nessa linha, é importante fazer esses "testes" de forma preventiva para avaliar a sua eficiência quando realmente for necessário.

Suponha que vamos simular a parada do *data center* de uma empresa para poder avaliar a eficiência no redirecionamento para o site de contingência, tempo de resposta, sistemas que estarão disponíveis, árvore de comunicação, dentre outras ações.

O livro "The DevOps Handbook" destaca as etapas para o dia de jogo:

1. **Planejar a interrupção.** Simular a perda completa do *data center*.
2. **Adotar medidas.** Direcionar as chamadas ao site de contingência.
3. **Testar medidas.** Avaliar se os sistemas críticos estão funcionando corretamente na contingência.
4. **Executar interrupção.** Avaliar resultados da ação, tempo de resposta, eficiência.
5. **Seguir plano e aprender.** Avaliar situações não previstas, incrementar plano com novas etapas, divulgar.

12.4. Pulo do gato para a prova :-)

Tema	Tipo de Questão
Tipos de macaco do exército simiano	Cenários para que seja indicado qual o macaco mais adequado
Reunião de lições aprendidas	Identificar os passos para uma reunião sem culpa, a primeira coisa a fazer e quem deveria participar
Game days (dias de jogo)	Identificar a principal objetivo desse tipo de técnica
Chat automatizado	Cenários onde a técnica *chat* automatizado é mais indicada para o aprendizado organizacional
Histórias de usuários de operações	Cenários onde a história de usuário de operações é mais indicada para o aprendizado organizacional

12.5. Referências

HUMBLE, Jez; FARLEY, David. **Entrega Contínua:** como entregar software de forma rápida e confiável. Porto Alegre: Bookman, 2014.

KIM, Gene; DEBOIS, Patrick; WILLIS, John; HUMBLE, Jez. **The DevOps Handbook:** how to create world-class agility, reliability, and security in technology organizations. Portland: IT Revolution Press, 2016.

MUNIZ, Antonio; ADAPTNOW. Videoaula Jornada DevOps e Certificação oficial EXIN Professional. Udemy, 2018.

13. Descobertas

Bárbara Cabral da Conceição
Rodrigo Moutinho
Analia Irigoyen

Quando alguns times descobrem falhas e aprendem algo sobre o sistema, é preciso que exista algum mecanismo que também divulgue esse aprendizado para outros times da organização. O desafio é ter uma forma de explicitar o conhecimento, até mesmo para que novos integrantes da organização tenham um local de onde possam aprender e ficar mais preparados para os desafios que possam surgir. Dessa forma, é gerado um repositório de conhecimento global da organização que fica disponível a todos os colaboradores.

Uma das maneiras de descobrir novas falhas ou pontos no sistema que possam ser frágeis é realizar experimentação de forma contínua. Experimentação contínua é um processo onde podem ser definidos rituais que colocam o sistema à prova e aplicam uma determinada tensão em alguns pontos da aplicação para verificar se ele é resiliente. Geralmente esse tipo de atividade tem um objetivo específico, como aumentar a cobertura de testes ou injetar falhas, usando o conceito de *Chaos Monkey* da Netflix.

O livro "The DevOps Handbook" (2016) cita que empresas de alto desempenho obtêm os mesmos resultados (ou melhores) refinando as operações diárias, introduzindo tensão continuamente para aumentar o desempenho, e assim gerando mais resiliência nos seus sistemas. Com a experimentação contínua é possível aumentar a capacidade do software e, muitas vezes, exigir mais recursos. Esse processo de aplicar estresse para aumentar a resiliência é chamado de antifragilidade por Nassim Nicholas Taleb, autor do livro "Antifrágil: Coisas que se beneficiam com o caos" (2015).

13.1. Usando requisitos não funcionais para projetar as operações

Conforme mencionado no livro "The DevOps Handbook" (2016), a codificação de requisitos não funcionais de Operações (*Ops*) permite que os serviços aproveitem o conhecimento coletivo e a experimentação da organização. Dessa forma, a equipe de desenvolvimento consegue ter uma visão mais ampla da infraestrutura e de como os dispositivos se relacionam com o código. Isso permite que os serviços tenham implantação simples e continuidade em produção para detectar e corrigir problemas rapidamente, permitindo também melhor planejamento e resultados mais previsíveis.

Também segundo os autores do livro "The DevOps Handbook" (2016), um grande benefício de implementar e integrar requisitos não funcionais em todos os nossos serviços de produção é garantir que os serviços sejam fáceis de implantar e continuem em execução na produção, onde podemos detectar e corrigir rapidamente problemas e garantir que se degradem ligeiramente quando os componentes falharem.

Requisitos não funcionais nem sempre são observáveis sem ferramentas de medição. Existem alguns padrões de serviço que podem ser observados, tais como: disponibilidade, capacidade, desempenho, segurança e continuidade. Para cada requisito não funcional deve haver uma forma de acompanhar e controlar os recursos da aplicação, para que não ultrapasse uma margem, ou *threshold*, que seja aceitável para o pleno funcionamento do software. Para tal, são inseridas ferramentas de telemetria para extrair dados da execução do software no momento em que ele está sendo utilizado.

São os requisitos não funcionais:

1. **Telemetria completa de produção:** verifica através de métricas se o sistema está se comportando conforme o esperado.
2. **Capacidade de monitorar dependências:** verifica se os serviços que fornecem dados ao sistema estão operacionais, funcionando e na capacidade adequada.
3. **Serviços resilientes que degradam quando necessário:** serviços que podem ser degradados de forma planejada para que a aplicação não caia dada uma carga excessiva no sistema.
4. **Compatibilidade com todas as versões:** verifica se o sistema é compatível com outros sistemas nos quais ele é integrado. Geralmente aqui são implementados testes de contrato.
5. **Mensagens intuitivas de erros:** os *logs* de erros da aplicação devem ter toda a informação necessária para que o time possa reagir de forma eficaz quando investiga um determinado problema e/ou incidente na aplicação. Uma forma de melhorar o entendimento dos *logs* é usar níveis de *logging* (histórico), que são um meio de categorizar as entradas no seu arquivo de *log*. Muitas organizações usam a categoria urgência para diferenciar esse histórico.

6. **Monitorar pedidos dos usuários:** ter uma ferramenta onde são acompanhadas as solicitações dos usuários, que geralmente chegam via suporte da aplicação, realizando ajustes se necessário ou dando um *feedback* de como contornar o problema até a correção definitiva. Também ser transparente ao usuário quanto aos *feedbacks* de melhorias que eles vão dando ao longo do percurso.
7. **Configurar tempo de execução:** determinar uma medida de limite para acompanhar o tempo de execução dos processos e saber no exato momento em que eles estão sofrendo degradação do serviço ou o serviço se tornou indisponível.

13.2. Elaborando histórias de usuários de operações reutilizáveis

Quando existem atividades do time de *Ops* que não podem ser automatizadas ou se tornar *self-service*, o objetivo é tornar esse trabalho visível nas entregas de Desenvolvimento (*Dev*). Tarefas repetitivas e manuais devem ser adicionadas ao *backlog* de melhorias do time, de forma unificada, para que o aprendizado seja realizado de forma global. Deve-se identificar o momento de transferência das atividades entre as equipes e reduzir o número de transferências (*hand-offs*). Para tal, é preciso identificar todas as tarefas/histórias de trabalhos operacionais necessárias e os atores envolvidos para realizá-las.

Um grande benefício de criar histórias bem definidas do usuário de Operações é que expõe o trabalho de Operações de TI passível de reprodução, de forma que aparece ao lado do trabalho de Desenvolvimento, permitindo melhor planejamento e resultados mais passíveis de reprodução.

Um outro ponto é manter as configurações de ambientes automatizadas; sendo assim, sempre que preciso é possível criar um ambiente novo de forma rápida e confiável, considerando que as mesmas configurações serão aplicadas em ambiente de produção.

Informações para os trabalhos recorrentes de *Ops*:

1. **Atividades:** levantar quais são as atividades do time de operação que o time de *Dev* pode ajudar a automatizar.
2. **Recursos necessários:** determinar o que é preciso em termos de infra para que o sistema venha a funcionar em produção.

3. **Etapas planejadas:** para cada etapa do projeto ou do ciclo de desenvolvimento do software, é necessário entender em quais etapas o time de operação atua para agir sempre em conjunto com a evolução do software. Ou seja, reduzir o número de transferências (*hand-offs*) das atividades, documentando de forma simples quando há atuação do desenvolvimento ou da operação e em que momento isso ocorre.
4. **Ferramentas:** disseminar o conhecimento acerca das ferramentas que o time de operações utiliza para poder atuar junto com eles seja no monitoramento, seja na infra ou em outras configurações necessárias. Embora cada time tenha autonomia para escolher suas ferramentas, é interessante disseminar o conhecimento sobre as ferramentas e tentar alinhar ferramentas que possam ser utilizadas pelos times de desenvolvimento e operações.

O objetivo principal é ter uma lista de tecnologias suportadas por *Ops* e que sejam definidas coletivamente com *Dev*. Embora cada equipe tenha autonomia para a escolha de tecnologias, deve-se pensar sempre em princípios que atendam a toda a organização.

Cuidado com tecnologias que:

1. Reduzem o fluxo de trabalho.
2. Criam altos níveis de trabalho não planejado.
3. Criam altos níveis de pedidos de suporte.
4. São inconsistentes com resultados arquitetônicos desejados (segurança, disponibilidade, etc.).

13.3. Objetos que devem ser armazenados no repositório de códigos-fonte

O código-fonte armazenado em repositórios pode ser uma alternativa poderosa para integrar descobertas locais em conhecimento global. É o local que os desenvolvedores mais acessam diariamente para realizar o seu trabalho.

Apesar de o software muitas vezes ser desenvolvido em uma ou mais linguagens de programação, existem algumas regras ou padrões de projeto que facilitam a organização do código e a sua manutenção. Uma boa abordagem é armazenar a documentação de padrões de projeto de forma automatizada e disponibilizá-la dinamicamente para que seja consultada.

Uma outra forma de documentar as regras de negócio de uma aplicação é utilizar os testes de software como documentação. Segundo Gojko Adzic, no livro "Specification by Example" (2011), os testes de software servem como uma documentação viva de como o software precisa se comportar. E pelo fato de ser executável, esse tipo de documentação nunca fica desatualizado.

Martin Fowler, no artigo "Specification By Example", cita que uma das grandes vantagens de usar a especificação por exemplo é que os exemplos são geralmente muito mais fáceis de ser utilizados e entendidos, particularmente para os não *nerds* para os quais escrevemos o software.

Um grande desafio para as aplicações é manter o conhecimento em um repositório de código atualizado. Em 2015, a revista Exame publicou uma matéria falando sobre como a empresa Google mantém um repositório único com 2 bilhões de linhas de código.

> *Em uma conferência de engenharia no Vale do Silício, a gerente de engenharia do Google, Rachel Potvin, disse que estimava que todos os serviços on-line do Google, somados, teriam algo em torno de 2 bilhões de linhas de código. Isso inclui todos os serviços, como o Google Maps, Plus, Pay, Photos, Gmail e Drive, mas não conta os sistemas operacionais Android e Chrome OS.*

Como já citado em detalhes no Capítulo 4, seguindo referências do livro "The DevOps Handbook" (2016), em um repositório de código podemos armazenar:

1. Configuração de infra como as receitas do Chef e manifesto do Puppet.
2. Ferramentas de implementação.
3. Padrões de testes e segurança.
4. Ferramentas do *pipeline* de implementação.
5. Ferramentas de monitoramento e análise, tutoriais e padrões.

13.4. Como transformar descobertas locais em melhorias globais

Algumas ações podem ser realizadas com o objetivo de descobrir pontos importantes para a evolução do time e seu aprendizado, como na Figura 13.1 a seguir:

Figura 13.1. Visão de como transformar descoberta local em conhecimento global.
Fonte: MUNIZ; ADAPTNOW, videoaula oficial Exin, 2018.

1. ***Chat* automatizado:** as conversas com o time são registradas de forma dinâmica e todos podem colaborar e dar sua opinião. Além disso, algumas operações no sistema, como o *deploy*, podem ser automatizadas via *chatbots*. Você digita o comando no *chat* e ele se comunica com a aplicação executando uma instrução pra subir aquele *branch* do código para algum ambiente de testes ou até mesmo para a produção. Dessa forma, não existe a necessidade de realizar reuniões formais e escrever atas, já que tudo é conversado e resolvido dinamicamente.
2. **Automatizar atividades em software:** em vez de utilizar documentos estáticos que ficam passíveis de nunca ser atualizados, você documenta no próprio código. Os engenheiros da General Eletric criaram o conceito de *ArchOps*, onde os diagramas são automatizados e atualizados dinamicamente, ou seja, qualquer pessoa do time pode ter uma visão clara da arquitetura.
3. **Código-fonte em repositório único:** mesmo usando microsserviços, onde os repositórios são separados em partes, a ideia aqui é que todos tenham acesso a todo o código. Sendo assim, é possível ter uma compreensão maior do sistema como um todo e não apenas uma parte específica. As configurações de infra

podem estar nesse repositório, além dos padrões de testes e segurança e das configurações do *pipeline* de implantação da ferramenta de integração contínua utilizada. Padrões de codificação e tutoriais também podem estar no repositório.

4. **Teste automatizado como documentação e comunidade de prática:** quando são criados os testes automatizados, existem exemplos de como a aplicação deve funcionar. Neste caso, as regras de negócio também são documentadas usando testes, como uma documentação viva, que nada mais são que uma fonte rica das entradas e saídas possíveis de cada ponto de comunicação do software. As comunidades de prática se resumem a pessoas que se reúnem para discutir o comportamento do sistema e que definem de fato esse comportamento usando ferramentas de discussão ou bate-papo, como Slack, Skype, da Microsoft, Google Hangouts, Appear.in, dentre outras.
5. **Codificar requisito não funcional de *Ops*:** criar mecanismos de monitoramento de requisitos não funcionais dentro do próprio código serve como um tipo de "estetoscópio" da aplicação. Assim como o cardiologista usa aparelhos de medição para estudar a frequência cardíaca, o software deve ter aparelhos de medição do time de operações instalados dentro do código-fonte para monitorar a "saúde" da aplicação.
6. **Histórias de usuários de *Ops* usadas em *Dev*:** tudo o que o time de operação realiza no dia a dia. É necessário criar histórias para "ensaiar" todas as ações junto ao time de desenvolvimento, mantendo a equipe toda preparada para imprevistos.
7. **Escolhas de tecnologia para objetivos de negócio:** cada tecnologia tem características que influenciam tanto no esforço de aprendizado e desenvolvimento da aplicação quanto no impacto dos requisitos não funcionais para o pleno funcionamento da aplicação. Um exemplo disso são tecnologias assíncronas, que enviam um *request* e não têm uma previsão de retorno da resposta ao sistema quando utilizados os conceitos de *jobs* e filas. É interessante alinhar se esse tipo de estratégia está cumprindo os requisitos de negócio também para ter uma transparência com o usuário final que está utilizando a aplicação.

É importante lembrar que o processo de descobertas através de experimentação deve envolver alguns requisitos básicos, como: declarar explicitamente o problema que queremos resolver, elaborar uma hipótese de como nossa contramedida resolverá o problema, levantar métodos para testar (ou validar) a hipótese, interpretar os resultados e utilizar os resultados para informar a próxima iteração.

Uma das formas de aumentar o aprendizado organizacional e a melhoria global é usando salas de bate-papo e *chatbots* para capturar o conhecimento e facilitar a comunicação entre as equipes.

Os benefícios da executar o trabalho pelo *chat* em vez de executar *scripts* automatizados via linha de comando são:

- ✓ O conhecimento fica explícito para todos os envolvidos.
- ✓ Pessoas novas na equipe podem conhecer a rotina do time e rapidamente se integrar ao que é realizado diariamente.
- ✓ Quando as pessoas veem outras ajudando tornam-se mais colaborativas, gerando uma cadeia de colaboração, um dos mais importantes princípios do *DevOps*.
- ✓ O acesso à comunicação pública é rápido, ajudando no compartilhamento de informações sobre lições aprendidas e soluções adotadas no dia a dia com transparência.

Transformar processos que estão documentados em editores de texto em *workflows* e/ou *scripts* automatizados é uma outra forma de transformar um conhecimento local em organizacional, permitindo a sua ampla utilização através do reúso e fornecendo valor agregado para todos os que usam.

13.5. Pulo do gato para a prova :-)

Tema	Tipo de questão
Descobertas locais em aprendizados globais	Formas utilizadas; detalhe de cada forma para utilização na prática
Representação de requisito não funcional	Saber diferenciar um requisito funcional de um não funcional
Backlog de operações	Saber identificar as tarefas repetitivas e manuais para serem criadas histórias para o time de *Ops*
Requisitos não funcionais	Identificar exemplos de requisitos não funcionais
Histórias de usuários de operações	Lembrar o benefício de criar histórias bem definidas do usuário de Operações Lembrar o benefício de implementar e integrar requisitos não funcionais em todos os nossos serviços de produção

13.6. Referências

ADZIC, Gojko. **Specification by Example:** how successful teams deliver the right software. Shelter Island: Manning Publications, 2011.

FOWLER, Martin. Martin Fowler: Specification by Example. **DZone**, nov. 18, 2011. Disponível em: <https://dzone.com/articles/martin-fowler-specification>. Acesso em: 19 mar. 2019.

FRANKLIN, Luccas. Google tem 2 bilhões de linhas de código. **Exame**, 19 set. 2015. Disponível em: <https://exame.abril.com.br/tecnologia/servicos-do-google-somam-2-bilhoes-de-linhas-de-codigo/>. Acesso em: 19 mar. 2019.

HUMBLE, Jez; FARLEY, David. **Entrega Contínua:** como entregar software de forma rápida e confiável. Porto Alegre: Bookman, 2014.

ITPEDIA. **Arquitetura DevOps – Monitoramento DevOps.** Disponível em: <https://www.itpedia.nl/pt/2017/07/04/devops-architecture-monitoring/>. Acesso em: 19 mar. 2019.

KIM, Gene; DEBOIS, Patrick; WILLIS, John; HUMBLE, Jez. **The DevOps Handbook:** how to create world-class agility, reliability, and security in technology organizations. Portland: IT Revolution Press, 2016.

MUNIZ, Antonio; ADAPTNOW. Videoaula Jornada DevOps e Certificação oficial EXIN Professional. Udemy, 2018.

TALEB, Nassim Nicholas. **Antifrágil:** coisas que se beneficiam com o caos. Rio de Janeiro: Best Business, 2015.

PARTE V.
SEGURANÇA E GESTÃO DE MUDANÇAS

14. Segurança da informação

Rodrigo Santos
Antonio Muniz

DevOps é um conjunto de melhores práticas entre áreas até então "separadas e concorrentes". No que tange à segurança da informação, a área de infraestrutura (*Ops*) assume o papel de segurança com seus *firewalls*, controles de acesso, *backups*, contingência, disponibilidade, etc. Já o desenvolvimento (*Dev*) se concentra mais no versionamento, na integridade dos dados e em outras ações ligadas ao código.

Por outro lado, ter uma equipe de segurança (*Sec*) atuante também é uma necessidade no mundo *DevOps*. É preciso antecipar os requisitos de segurança desde o início do projeto para que a segurança da informação não seja vista como uma barreira lá no final na hora da passagem para produção do sistema.

O Gartner, em 2017, em um dos seus artigos, apresentou a preocupação de incluir a visão de segurança da informação ao longo do ciclo de vida de desenvolvimento de software e, aproveitando o movimento *DevOps*, cunhou o termo "DevSecOps" incluindo a visão do *Sec*.

Com o *DevSecOps*, é preciso criar um ambiente de alta disponibilidade, confiabilidade e produtividade para obter um melhor resultado para os clientes.

Embora o termo *DevSecOps* seja mencionado em algumas literaturas, é importante destacar que o nome original *DevOps* já contempla as iniciativas e práticas de segurança da informação no início do ciclo de desenvolvimento. Além disso, a prova de certificação oficial EXIN não cita *DevSecOps*.

Então como fazer para que a segurança da informação não se perca nesse ambiente tão dinâmico que é o *DevOps*? Isso iremos responder nas próximas páginas.

14.1. Como integrar controles de segurança preventiva

Um tópico muito debatido em *DevOps* é a necessidade de permitir a produtividade dos desenvolvedores, pois, como o número de desenvolvedores cresce a cada dia, não há pessoas de operações suficientes para lidar com todo o trabalho de implementação.

Adicionalmente, a situação é ainda pior com relação à equipe de segurança da informação nas organizações, que pouco se aproximava das equipes de *Dev*, deixando apenas para fazer verificações de segurança no momento da passagem dos artefatos para produção e durante o processo de gestão de mudanças, ou seja, qualquer não conformidade encontrada nesta etapa já era tarde demais, acarretando retrabalho para toda a equipe de *Dev* e *Ops*.

Conforme mencionado no livro "The DevOps Handbook" (2016), a separação de tarefas pode, muitas vezes, impedir isso, pela diminuição do ritmo e redução do *feedback* (retroalimentação) que os engenheiros *Dev* e *Ops* recebem sobre seu trabalho. Isso impede que esses engenheiros *Dev* e *Ops* assumam total responsabilidade pela qualidade de seu trabalho e reduz a capacidade de uma empresa de gerar aprendizagem organizacional. Consequentemente, sempre que possível devemos evitar o uso da separação de tarefas como controle. Em vez disso, devemos escolher controles, como programação em par, inspeção contínua de verificações de códigos e revisão de códigos.

Há que se constatar que a proporção de desenvolvedores, analistas de operações e analistas de segurança da informação em uma organização de tecnologia típica no mercado é de 100 *Devs*, 10 *Ops* e 1 *InfoSec*, respectivamente. Essa diferença entre a quantidade dos integrantes das equipes é muito grande nas organizações (Figura 14.1).

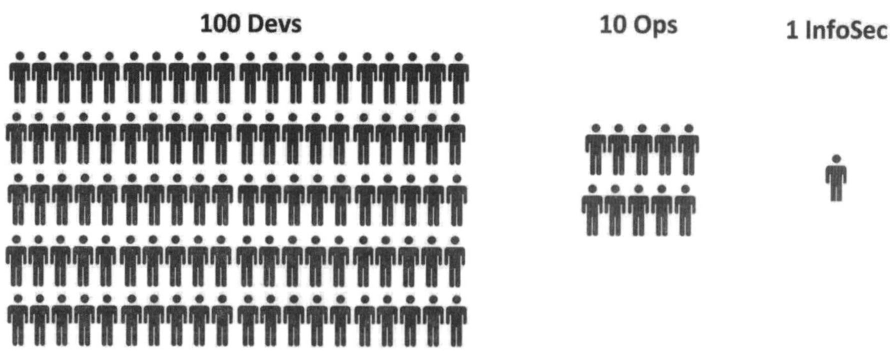

Figura 14.1. Distribuição típica entre equipes *Dev*, *Ops* e *InfoSec* nas organizações.
Fonte: KIM; DEBOIS; WILLIS; HUMBLE, 2016.

Quando a segurança da informação está em menor número, sem automação e com pouca integração no trabalho diário do *Dev* e de *Ops*, ela consegue fazer muito pouco – às vezes só consegue fazer o básico, que é a verificação de conformidade no momento pré-produção.

Sendo assim, o objetivo é que a equipe de segurança da informação participe ativamente desde o início do ciclo de desenvolvimento, com grande foco em automatização dos controles, o chamado *shift-left* (Figura 14.2).

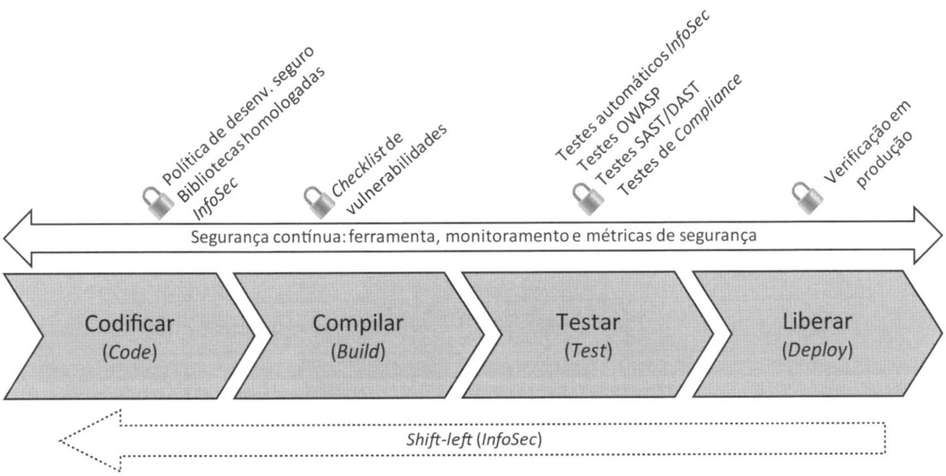

Figura 14.2. *Shift-left* e a segurança contínua.
Fonte: SANTOS; MUNIZ; ADAPTNOW, palestra DevSecOps Infnet, 2018.

A Figura 14.2 apresenta como se pode implementar o *shift-left* da segurança da informação no ciclo *DevOps*, por meio da implantação do conceito de segurança contínua ou *Continuous Security* (CS) com uso de ferramentas automatizadas, monitoramento contínuo de segurança e métricas bem estabelecidas.

Além disso, algumas ações são sugeridas para integrar a equipe de *InfoSec* nas fases *DevOps*:

- ✓ **Codificar (*code*)**
  - Política de desenvolvimento seguro.
  - Bibliotecas homologadas de *InfoSec*.
- ✓ **Compilar (*build*)**
  - *Checklist* de vulnerabilidades.

✓ **Testar (*test*)**
- Testes automáticos *InfoSec*.
- Testes OWASP.
- Testes SAST/DAST.
- Testes de *compliance*.

✓ **Liberar (*deploy*)**
- Verificação em produção.

Além do conceito de *shift-left*, são propostas sete maneiras para melhor integração com a equipe de segurança da informação na colaboração *DevOps*, conforme demonstrado na Figura 14.3.

Figura 14.3. Sete maneiras para melhor integração do *Sec* com o *Dev* e o *Ops*.
Fonte: KIM; DEBOIS; WILLIS; HUMBLE, 2016, e MUNIZ; ADAPTNOW, videoaula oficial Exin, 2018.

14.1.1. Integrar *InfoSec* com *Dev* desde o início

Esta é uma maneira fácil de impedir que a segurança da informação seja um bloqueador no final do projeto. Convide a equipe de segurança da informação para demonstrações dos produtos no final de cada intervalo de desenvolvimento, técnica também chamada de conformidade por demonstração. Isso ajuda todos a entender as metas da equipe relacionadas às metas organizacionais, ver suas implementações durante o processo de criação e oferecer informações sobre o que é necessário para atingir os objetivos de segurança e conformidade enquanto ainda há tempo suficiente para fazer correções.

Alguns benefícios que são alcançados com essa aproximação:

- ✓ Atuar como consultor interno colaborando para que o software atenda aos requisitos de segurança e *compliance*.
- ✓ Entender os objetivos do time no contexto do negócio, melhorando o conhecimento para tomar decisões de segurança baseadas em riscos nesse contexto.
- ✓ Reduzir o uso de listas de verificação estática e maior confiança no ciclo de desenvolvimento de software.
- ✓ Observar a construção do código logo no início.
- ✓ Engajar a equipe de segurança da informação para que se sinta parte da jornada *DevOps*.

14.1.2. Integrar *InfoSec* no controle de defeitos e *post mortem*

Os problemas de segurança deveriam ser registrados e acompanhados usando a mesma ferramenta de *Dev* e *Ops*.

Assim, o trabalho da segurança da informação deve ter a mesma visibilidade de todos os outros trabalhos no fluxo de desenvolvimento, facilitando a priorização frente aos outros trabalhos das equipes envolvidas – por isso a importância de se ter tudo rastreando no mesmo sistema de acompanhamento de trabalho que o Desenvolvimento e as Operações usam diariamente.

As mesmas técnicas para reunião *post mortem* "sem culpa" podem ser aplicadas nos incidentes de segurança; isso torna visível o trabalho de todas as equipes e aumenta a empatia e a colaboração entre elas.

14.1.3. Controles de segurança preventivos no código-fonte

Os repositórios compartilhados de código-fonte são uma maneira fantástica de permitir que qualquer pessoa descubra e reutilize o conhecimento coletivo da organização, não apenas para código mas também para repositório, *pipeline* de implementação, padrões e segurança, entre outros.

Assim, as equipes *Dev* e *InfoSec* poderiam deixar homologadas uma biblioteca de código e configurações recomendadas (por exemplo: autenticação de dois fatores, ferramentas para criptografia, etc.).

A equipe *InfoSec* pode incluir outros mecanismos ou ferramentas que aumentem a segurança dos sistemas e ambientes, como segurança para sistema operacional, padrões de configuração automatizados (ex.: Chef, Puppet, Ansible).

14.1.4. Integrar segurança no *pipeline* de implementação

A inclusão de testes de segurança no *pipeline* de implementação permite ao *Dev* e ao *Ops* um *feedback* rápido e notificação imediata em caso de vulnerabilidade.

Ferramentas agilizam avaliações e ajudam a evitar que a segurança seja verificada somente no final do ciclo. Ex.: Sonar, Veracode e Gauntlet.

Idealmente, esses testes devem ser executados em cada código confirmado por *Dev* ou *Ops* e até mesmo nos estágios iniciais de um projeto de software.

14.1.5. Garantir segurança no aplicativo e no ambiente

Os testes ocorridos em *Dev* costumam priorizar o fluxo lógico positivo, conhecido como "caminho feliz". Para aumentar a segurança, devemos executar também os testes do "caminho triste", "caminho ruim" ou "caminhos ruins", que são explorados pelo pessoal de QA, *InfoSec* e Fraude (principalmente erros ligados à segurança).

Como exemplo, ao testar o preenchimento de um formulário que tenha um campo para o cartão de crédito, é necessário incluir números incorretos para avaliar o comportamento da aplicação e verificar se há alguma falha de segurança.

14.1.5.1. Garantir segurança no aplicativo

Análise estática: teste de dentro para fora. Teste em ambiente que não é em tempo de execução.

Uma ferramenta que inspecione o código em busca de todos os comportamentos e procura falhas de codificação.

Análise dinâmica: teste de fora para dentro. Teste realizado enquanto o sistema está em execução, monitora comportamento funcional, tempo de resposta, teste de penetração, etc.

14.1.5.2. Garantir segurança no ambiente

Nesta etapa deve-se fazer o que for necessário para ajudar a garantir que os ambientes estejam em estado seguro e com risco reduzido.

Testes automatizados devem ser utilizados para garantir que todas as configurações adequadas tenham sido aplicadas, tais como segurança de BD, senhas, etc.

São realizados testes de vulnerabilidade para entender como está o ambiente real.

14.1.6. Telemetria do aplicativo e do ambiente

A telemetria ajuda a garantir que os nossos ambientes estejam em um estado de *hardening* adequado e com riscos controlados. Isso envolve a geração de testes automatizados para garantir que todas as configurações apropriadas tenham sido corretamente aplicadas para proteção de configuração, segurança do banco de dados, comprimentos de chave e assim por diante. Também envolve o uso de testes para verificar ambientes em busca de vulnerabilidades conhecidas e usar um *scanner* de segurança para mapeá-los.

14.1.7. Proteger *pipeline* de implantação

Códigos maliciosos podem ser injetados nas infraestruturas que suportam CI/CD. Por isso, é preciso revisar todas as alterações introduzidas no controle de versão para impedir que servidores de integração contínua executem código não controlado.

E para que esses códigos potencialmente mal-intencionados sejam detectados, a análise estática pode ser realizada considerando critérios específicos de segurança, garantindo a remoção dos erros antes mesmo da execução do *build* e minimizando os problemas de segurança que poderiam ser encontrados mais tarde no *pipeline* de implantação.

14.2. Como integrar a segurança ao *pipeline* de implantação

Já é sabido que o *pipeline* de implantação pode apresentar algumas vulnerabilidades, que, por sua vez, podem ser exploradas por uma pessoa mal-intencionada. Por exemplo, algumas credenciais, como a do sistema de versionamento, ficam gravadas na *pipeline*, sendo assim, uma pessoa pode executar um código na *pipeline* e passar a ter acesso a um código-fonte, vindo a roubá-lo, alterá-lo ou ainda apagá-lo.

É por isso que precisamos prover segurança no *pipeline* de implantação. Algumas práticas *DevOps* podem fornecer um *pipeline* de integração contínua e implantação contínua (CI/CD), de modo a melhorar a postura da segurança em geral. O *DevOps* combinado com o *InfoSec* inclui práticas que elevam os aspectos operacionais e de gestão de um sistema para garantir uma entrega confiável e o gerenciamento de sistemas mais seguros.

Tendo isso como base, as equipes de *DevOps* devem prover segurança para proteger o ambiente e o *pipeline*, proteger o *build* contínuo e a integração, através de algumas estratégias de mitigação.

Para evitar que *Dev* introduza código não autorizado, algumas ações podem ser tomadas:

1. Teste de código.
2. Revisão de código.
3. Teste de penetração.
4. Servidores de IC como código.

Para evitar que usuários não autorizados tenham acesso ao código ou ambiente:

1. Controle das configurações de ambiente.
2. Teste de ataques de injeção de SQL.
3. Uso de credenciais de IC somente leitura.
4. Uso de VM isoladas.

14.3. Como utilizar a telemetria para aumentar a segurança

A telemetria é uma forma de monitoramento de aplicações em tempo real e em qualquer ambiente. Ela permite conhecer em mais detalhes os padrões de uso de uma aplicação, acessos realizados, entre outras questões.

A telemetria de segurança da informação deve cobrir as ações e ferramentas dos três times: Desenvolvimento, Controle de Qualidade e Operações, cobrindo o processo de ponta a ponta.

É preciso haver ainda uma inspeção constante e eficaz na detecção ágil de violações. Isso é possível nomeando um responsável para observar a telemetria no dia a dia. Existem ferramentas mais inteligentes que fazem essa análise e geram alertas em caso de detecção de ações fora do padrão ou comportamento normal, cabendo ao responsável identificar os alertas reais dos falsos positivos.

Pode-se dividir a telemetria em dois grandes temas, a telemetria em aplicativos e a telemetria em ambientes.

14.3.1. Telemetria em ambientes

Além da telemetria de aplicativos, pode-se aplicar a telemetria de ambientes. Essa detecção é importante para capturar ações que afetem a própria infraestrutura do ambiente, indicando alteração de componentes, configurações, portas do servidor, entre outras. Esse controle se justifica ainda mais se nossa infraestrutura não está em nosso ambiente e se encontra hospedada na nuvem, por exemplo.

Entre os elementos que podem ser monitorados, destacam-se:

- ✓ Alterações de componentes e infraestrutura na nuvem.
- ✓ Alterações em configurações diversas (Puppet, Chef, entre outros).
- ✓ Alteração de usuários nos grupos privilegiados de *admin* e *InfoSec*.
- ✓ Erros HTTP no servidor *web*, como os 4xx e 5xx. Ex.: 401 – Não autorizado; 403 – Permissão negada; 502 – *Bad gateway*.
- ✓ Abertura e fechamento de portas.

A abertura de uma porta no servidor, por exemplo, pode proporcionar a infecção por *trojan*, como a porta 80 711, que, já é sabido, pode ser explorada por diversos trojans como AckCmd, BlueFire, WebDownloader, entre outros.

14.3.2. Telemetria em aplicativos

A telemetria em aplicativos é mais específica e pode ser usada para identificar possíveis tentativas de fraudes, acessos não autorizados, entre outras ações, relativas à própria aplicação, como, por exemplo:

- ✓ Alteração de dados cadastrais e dados financeiros, como número do cartão de crédito.

✓ Quantidade de *logins* malsucedidos e bloqueio de usuário.
✓ Acesso a transações e opções bloqueadas para permissão do usuário corrente.
✓ Solicitação de redefinição de senhas.

Pode parecer bobagem, mas o número de *logins* malsucedidos, por exemplo, pode indicar que alguém pode estar tentando descobrir a senha de outro usuário através do método de tentativa e erro. Um usuário, tipicamente, não erraria sua senha mais de duas vezes seguidas no mesmo dia ou em dias repetidos. Essa informação pode gerar um alerta de incidente de segurança para o time de *InfoSec*.

Telemetria em sistemas específicos pode e deve ser mais sofisticada. Por exemplo, pode-se gerar uma análise de segregação de função (SOD) e análise de riscos. O administrador do sistema pode ter criado um usuário privilegiado e apagado no mesmo dia sem uma autorização formal.

A telemetria também pode ser útil de forma combinada entre sistemas e ambientes. É o caso de quando um sistema é muito visado por *hackers*, que frequentemente tentam explorar vulnerabilidades, falhas na segurança, obter senhas para acesso não autorizado e cometer golpes. Nesse caso, uma telemetria de desempenho da aplicação somada com uma telemetria de número de requisições ao ambiente podem, juntas, apresentar indícios de ataques e ajudar nessa prevenção da instalação como um todo.

14.4. Pulo do gato para a prova :-)

Tema	Tipo de questão
Conformidade de demonstração	Identificar objetivos e identificar a prática dado um cenário específico
Ferramentas de segurança (compartilhamento *DevOps* e Operação)	Conhecimento sobre visibilidade dos problemas de segurança
Integração de testes de segurança ao *pipeline* de implantação	Identificar os principais objetivos dessa integração
Análise estática	Identificar esta técnica dado um determinado cenário de segurança
Revisão de código na segurança	Identificar esta técnica dado um determinado cenário de segurança
Telemetria na área de segurança	Saber identificar exemplos de telemetria na área de segurança

14.5. Referências

HUMBLE, Jez; FARLEY, David. **Entrega Contínua:** como entregar software de forma rápida e confiável. Porto Alegre: Bookman, 2014.

KIM, Gene; DEBOIS, Patrick; WILLIS, John; HUMBLE, Jez. **The DevOps Handbook:** how to create world-class agility, reliability, and security in technology organizations. Portland: IT Revolution Press, 2016.

MUNIZ, Antonio; ADAPTNOW. Videoaula Jornada DevOps e Certificação oficial EXIN Professional. Udemy, 2018.

SANTOS, Rodrigo C; MUNIZ, Antonio. Palestra DevSecOps, Infnet e AdaptNow, Rio de Janeiro, 2018.

15. Gestão de mudanças (GEMUD)

Analia Irigoyen
Mauro Pedra
Antonio Muniz

Apresentaremos alternativas que as empresas mais inovadoras estão praticando para alcançar implantações frequentes com qualidade usando *DevOps* e, ao mesmo tempo, protegendo o *pipeline* de implantação para cumprir com objetivos regulatórios, conformidade e segurança da informação.

15.1. Como inserir segurança no processo de gestão de mudanças?

Conforme já visto nos capítulos 12 e 13, o aprendizado organizacional e a experimentação contínua contribuem fortemente para a criação de um ambiente seguro de trabalho.

Boa parte das organizações possui controles e processos de aprovação antes que uma nova versão de um produto seja colocada em produção para os clientes. O objetivo pretendido é mitigar riscos operacionais e riscos de segurança advindos de novas implantações. Há uma crença nessas organizações de que quanto mais há controles e níveis de aprovação, esses riscos podem ser diminuídos e compartilhados, ou seja, quanto mais aprovações e evidências geradas, maior é a sensação de confiança de que o produto será implantado em produção de maneira suave e segura para o cliente. Um exemplo prático pode ser observado quando, a partir de implantações ruins ou problemáticas, em reuniões posteriores de *feedback*, há deliberações no sentido de inserir mais níveis de aprovação (travas) ou novos itens em *checklists* para tentar mitigar riscos.

Entretanto, nem sempre essa teoria se comprova na prática. Todas essas exigências, aprovações, critérios e *checklists* de conformidade, qualidade e segurança são feitas devido à falta de confiança ou medo de erros serem embutidos em produção. Se o *pipeline de* implantação for implementado corretamente para que essas implantações sejam de baixo risco, a maioria das mudanças não precisará passar por um processo manual de aprovação, pois haverá confiança obtida a partir da existência de controles como testes automatizados e telemetria com monitoramento proativo dos serviços e softwares em produção.

As principais responsabilidades dos gerentes de liberação, por exemplo, são automatizar cada vez mais a liberação do software e simplificar continuamente a gestão de mudanças e suas aprovações.

Observe na Figura 15.1 um resumo desse processo tradicional (em cima) e com *DevOps* (embaixo).

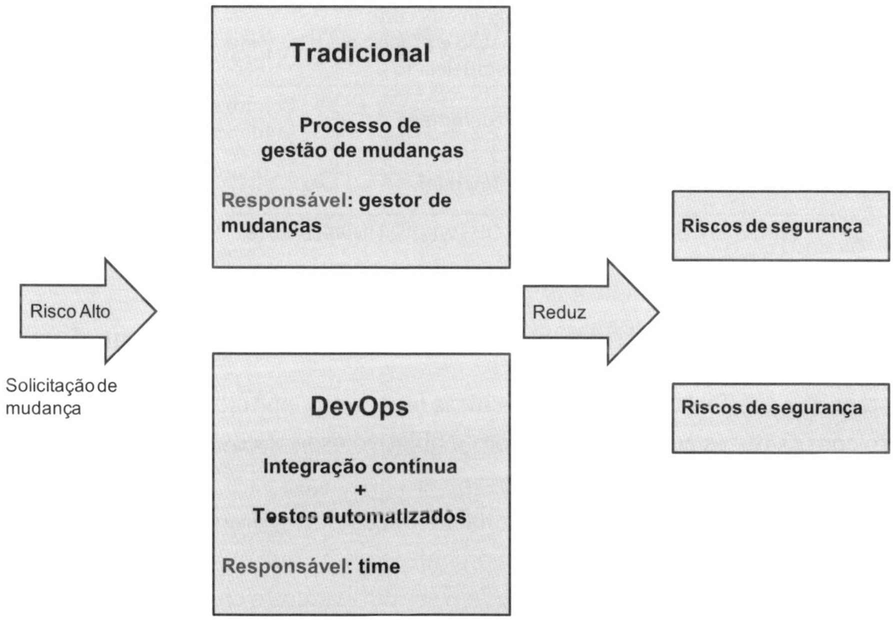

Figura 15.1. Representação de formas para reduzir riscos de segurança e operacionais: processo *DevOps* ou processo tradicional. Fonte: elaborado pelo autor.

Em outras palavras, de acordo com a filosofia *DevOps*, o objetivo é agilizar o máximo possível qualquer tipo de aprovação de mudanças que seja necessária, retirando a necessidade de confiar excessivamente nos processos de aprovação, que por vezes são realizados por um gerente distante do centro de trabalho que desenvolveu o produto, sem o conhecimento técnico necessário para avaliar reais impactos ou erros. Logo, é necessário estabelecer um processo e uma cultura de confiança maior no trabalho, técnicas, revisões e telemetria que são feitas ao longo do processo e que efetivamente contribuem para assegurar a qualidade e confiabilidade das implantações. A filosofia *DevOps* permite que a grande maioria das mudanças seja classificada em baixo risco com o uso do *pipeline*.

A programação das mudanças pode ser de três tipos: programada, programada com automação e imediata.

As seguintes categorias das mudanças são as mais praticadas pela gestão de serviços no mercado (tabela a seguir):

Categorias da mudança	Risco	Programação das mudanças	Requer aprovação?	Complexidade e impacto
Padrão	Baixo	Programada com automação e processo estabelecido	Não	Baixo
Normal	Alto	Programada	Comitê de Mudanças	Variável
Urgente	Potencialmente alto	Imediata	Comitê Emergencial	Variável

Fonte: KIM; DEBOIS; WILLIS; HUMBLE, 2016.

15.2. Como manter a conformidade durante a mudança

Existem diversas ferramentas e/ou técnicas (vistas no Capítulo 14) que são utilizadas junto com os testes automatizados com o objetivo específico de segurança. São elas:

- ✓ Análise estática.
- ✓ Análise dinâmica.
- ✓ Testes de penetração.
- ✓ Proteção do *pipeline* de implantação.
- ✓ Mitigação de riscos com autorizações de acesso.
- ✓ Teste de código.
- ✓ Revisão de código.
- ✓ Teste de penetração.

Uma prática que é bastante utilizada em *DevOps*, que tem o objetivo de trazer a conformidade da segurança de informação para dentro do desenvolvimento, é a prática "compliance by demonstration" ou *compliance* por demonstração. Essa prática consiste em envolver as pessoas de segurança da informação desde o início do desenvolvimento, inclusive na reunião de *review* (caso a organização esteja usando o *Scrum*).

A área de desenvolvimento enxerga a *Gemud*, com seus controles e auditoria exigidos, como um empecilho à agilidade requerida pelos clientes. Entretanto, a *Gemud* está apenas exigindo requisitos de disponibilidade e conformidade que, por sua vez, também são demandados pelos clientes. Logo, é importante desenvolver a empatia e colaboração entre os times de *Dev* e *Gemud*/Auditoria para que cada um entenda que o papel do outro também é necessário e importante, apesar de por vezes ambos serem conflitantes em seus objetivos. Por exemplo, comumente há Requisições de Mudança (RDM) que exigem o preenchimento de dezenas de campos com informações sobre o que será aplicado em produção; porém, na perspectiva de *Dev*, nem todos são essenciais ou relevantes. Uma prática alinhada à filosofia *DevOps* consiste no diálogo. Para isso, o *Dev* pode e deve conversar com *Gemud* para entender a real necessidade desses inúmeros campos na RDM para possivelmente negociar uma redução.

É importante não confundir agilidade com pressa na hora de implantar *DevOps* nas empresas. Há diversos exemplos recentes de falhas graves que causaram indisponibilidades em sistemas críticos em empresas renomadas ou até mesmo incidentes de segurança. Podemos exemplificar com alguns casos públicos, como o ocorrido no HSBC. Em 2016, milhões de clientes ficaram sem acesso às suas contas digitais por dois dias. Outro caso mais recente ocorreu em 2018: houve indisponibilidade de sistemas do TSB Bank. Quando a operação retornou, permitiu acesso a contas de terceiros, causando um grave incidente de segurança. Logo, é super importante ser ágil para atender às demandas de mercado, porém tão essencial quanto é realizar isso com estabilidade e segurança nas implantações. O grande objetivo da *Gemud* é prezar pela estabilidade dos serviços por meio de implantações seguras, com qualidade; porém, isso normalmente acaba causando uma burocracia e controles excessivos, tornando as implantações lentas. Logo, é essencial que *Gemud* e *Dev* colaborem entre si e confiem mutuamente um no outro, para tornar as implantações mais velozes, seguras e estáveis.

Tradicionalmente, as áreas de negócio, requisitos e *Dev*/QA trabalham em silos, onde cada uma aponta a outra como responsável pelos atrasos, retrabalhos ou má qualidade nas implantações, seja porque não é entregue o que o cliente deseja ou porque o cliente não sabe o que quer, ou ainda porque somente falta realizar os testes. Entretanto, os métodos ágeis endereçam esses conflitos incentivando maior colaboração entre essas áreas. Por outro lado, esqueceram de incluir a área de Operações nessas definições, incluindo-se a equipe *Gemud*, ou seja, essas equipes continuaram trabalhando da forma tradicional, com seus processos manuais, janelas de implantações fora de expediente, diversidade de ambientes etc., ou seja, a área de Operações não estava alinhada aos princípios da agilidade, o que causava conflitos constantes principalmente com a equipe de *Dev*. Paralelamente a isso, a *Gemud*/SI cobra evidências para auditoria e conformidade, porém todas as equipes não se atentam ao foco principal que é entrega de valor ao cliente, que fica refém desses conflitos, sem seu produto entregue ou com má qualidade ou ainda instável. No entanto, o perfil do cliente atual não é mais de reclamar quando algo vai mal e sim de buscar opções na concorrência. Esse cenário, portanto, obrigou as empresas a buscar alternativas para serem mais ágeis com qualidade e estabilidade. *DevOps* se encaixa perfeitamente como uma alternativa para solucionar esses conflitos através de estímulo à colaboração e à mudança de cultura e *mindset*. Uma analogia simples e interessante que pode ser feita para entender o *mindset DevOps* pode ser verificada na diferença de objetivos entre dois esportes similares: o tênis e o frescobol. No caso do primeiro, o objetivo do jogador é "derrubar" seu oponente. Já no segundo a ideia é que os jogadores colaborem entre si e repassem a bola de maneira a facilitar o golpe de seu parceiro. Logo, o tênis pode ser comparado a uma organização sem o *mindset DevOps*, já o frescobol pode ser entendido de forma análoga ao *mindset DevOps*. De forma similar, pensando em colaboração entre os times de *Dev* e *Ops*, se *Ops* tem uma necessidade de automatizar suas tarefas corriqueiras, porém não tem o conhecimento necessário para codificar, *Dev* pode apoiar *Ops* nessa tarefa. Da mesma forma, *Ops* pode ajudar *Dev* flexibilizando as janelas de implantações, desde que *Dev* garanta os requisitos mínimos de qualidade e segurança.

A existência de sistemas legados também adiciona dificuldades na conformidade da mudança no *pipeline* de implementação, mas, ainda assim, é possível simplificar o processo de mudança em mudanças com riscos altos, garantindo sua conformidade, com as recomendações listadas na Figura 15.2:

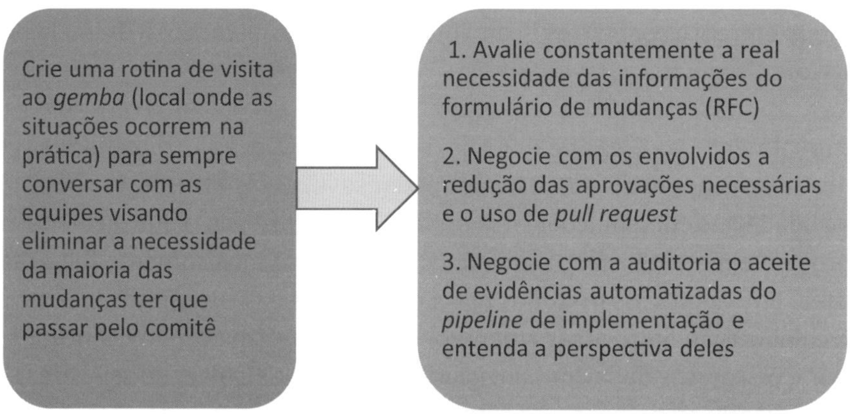

Figura 15.2. Conclusão do debate com mais de vinte pessoas sobre *Gemud*. Fonte: *OpenSpace* do *DevOps Days* RJ e palestra "*DevOps* simplifica *Gemud* e controles para auditoria" no *The Developer's Conference* – TDC (MUNIZ, 2018).

No *OpenSpace* do *DevOps Days* RJ (2018), tivemos mais de vinte profissionais com atuação em contextos organizacionais variados que compartilharam diversas ideias sobre *DevOps* e Gestão de Mudanças. O pensamento de todos convergiu nas seguintes conclusões:

✓ Colaboração, empatia, embaixadores *DevOps*, comunicação e automação. Uma das conclusões foi gerar empatia ajudando os auditores a entender as automações e ferramentas e mostrar que a existência de segurança e controle pode ajudar a desburocratizar a maior parte das mudanças em muitos contextos organizacionais.

✓ Outro ponto de destaque na discussão do time foi a importância de aplicar uma das práticas mais difundidas no *Lean*, que é o hábito de "ir ao *Gemba*", que representa o local onde as coisas acontecem de verdade. O objetivo básico é comprovar os fatos e não ficar restrito aos dados que recebemos. O grupo exemplificou situações práticas de como essas ações geram empatia e colaboração nas organizações, principalmente para obter êxito e potencializar a transformação digital. Nesse sentido, é importante entender a dor do outro e se adaptar de acordo com o cenário e o contexto organizacional, mostrando que a evolução algumas vezes é mais efetiva que uma revolução.

Nesse sentido, também com o objetivo principal de ganhar confiança, é importante aumentar o grau de transparência e deixar acessível aos auditores e gestores de mudança:

✓ Lista de mudanças realizadas nos últimos três meses.

✓ Compartilhar a lista completa dos problemas encontrados nessas mudanças.

✓ Compartilhar os indicadores de mudanças, como, por exemplo: tempo médio entre falhas ou tempo médio para reparar uma mudança.

✓ Demonstrar o controle do ambiente onde são realizados os testes automatizados e as implementações.

✓ Demonstrar como os erros são controlados e o processo de correção; neste ponto é importante mostrar as ferramentas de automação e o controle de acesso, quando necessário.

✓ Automatizar o máximo possível as solicitações e a gestão de mudanças para que seja fácil mostrar as evidências automatizadas do controle e gerar nos *stakeholders*, no gestor de *compliance*, nos auditores e no gestor de mudanças confiança no processo *DevOps*. Muitas vezes, o diálogo e o treinamento das pessoas em algumas ferramentas podem gerar a confiança necessária.

Resumidamente, o processo de gestão de mudanças serve como controle primário para reduzir as Operações e os riscos de segurança, bem como oferecer suporte a requisitos de conformidade.

15.3. *Cases* reais de aplicação de *DevOps* na Gestão de Mudanças

Como *DevOps* é jornada de automação, mas também tem muito de colaboração, a ideia desta seção é trazer uma experiência prática. A *Gemud* tradicional é embasada em processos tradicionais de controle e auditoria, sendo bastante criticada pelas equipes de TI devido ao seu excesso de burocracia, falta de agilidade e existência de muitos níveis de aprovação.

Além disso, quando há problemas nas implantações em produção, geralmente a *Gemud* tradicional é responsabilizada diretamente.

Através de uma pesquisa com mais de 100 pessoas da comunidade *DevOps*, Muniz coletou *feedbacks* reais sobre a adoção de práticas *DevOps* nas empresas que foram apresentados em palestras do *DevOps Days* 2018 em BH e TDC 2018 em Porto Alegre, conforme resultados a seguir:

1. Na maioria das empresas (51%) a janela de implantação é semanal.
2. Também foi constatado que a maioria dos entrevistados (74%) tem a percepção de que a *Gemud* atual em suas empresas pode ser otimizada com *DevOps*.
3. Por último, a maioria dos entrevistados (82,4%) afirmou que a coleta de evidências para a auditoria é realizada de forma manual nas empresas.
4. Em outras palavras, podemos interpretar esses dados como uma percepção consensual de que a auditoria nas empresas de TI não está em consonância com as práticas *DevOps*, mas, sim, em sintonia com os processos mais tradicionais a partir de evidências manuais.
5. Portanto, existem oportunidades para as equipes simplificarem os controles da Gestão de Mudanças em suas organizações com *DevOps*.

A ideia principal na adoção de *DevOps* e sua inserção na *Gemud* consiste em adaptação. Não é porque funciona de uma determinada forma em uma empresa que essa forma irá acontecer perfeitamente em uma outra, pois são contextos diferentes. É preciso adquirir o entendimento e as habilidades necessárias para fazer o ideal uso de processos, ferramentas e pessoas para que o *mindset DevOps* seja absorvido na organização. Dessa forma, inclusive os auditores e a própria *Gemud* entenderão os propósitos positivos que a flexibilidade e a agilidade podem trazer e irão se juntar à iniciativa como novos agentes de mudança.

Para reflexão, deixamos uma pergunta: com a maioria das mudanças sendo classificadas como de baixo risco, com *pipeline* de implantação inteiramente automatizado, incluindo testes e *rollback*, é possível eliminar o Comitê de Mudanças?

15.4. Pulo do gato para a prova :-)

Tema	Tipo de questão
Tipos de mudanças e os riscos envolvidos	Questionamento sobre o significado de mudança-padrão e o risco envolvido
Características de uma mudança-padrão	Conhecer as características de uma mudança-padrão dado um cenário descrito
Técnicas para manter a conformidade nas mudanças	Conhecer as técnicas de conformidade e os principais objetivos
Processo de Gestão de Mudanças	Conhecer o objetivo principal do processo

15.5. Referências

HUMBLE, Jez; FARLEY, David. **Entrega Contínua:** como entregar software de forma rápida e confiável. Porto Alegre: Bookman, 2014.

KIM, Gene; DEBOIS, Patrick; WILLIS, John; HUMBLE, Jez. **The DevOps Handbook:** how to create world-class agility, reliability, and security in technology organizations. Portland: IT Revolution Press, 2016.

MUNIZ, Antonio. Aprendizado exponencial e grande honra mediar debate com uma galera TOP de várias empresas no Open Space do DevOps Days RJ 2018. **LinkedIn**, 11 nov. 2018. Disponível em: <https://www.linkedin.com/pulse/aprendizado-exponencial-e-grande-honra-mediar-debate-com-antonio/>.

MUNIZ, Antonio; ADAPTNOW. Videoaula Jornada DevOps e Certificação oficial EXIN Professional. Udemy, 2018.

PARTE VI. ORIENTAÇÕES PARA CERTIFICAÇÃO E SIMULADO *ON-LINE*

16. Certificação *EXIN DevOps Professional*

Karine Cordeiro
Hugo Cordeiro

O EXIN é um dos principais institutos independentes de certificação e já certificou milhões de profissionais no domínio digital em todo o mundo. Possui mais de mil parceiros distribuídos em 150 países, levando a transformação digital através da avaliação de competências e oferecendo uma ampla gama de certificações relevantes e muito exigidas nos campos de TI e *Service Management*. As certificações podem ser feitas em qualquer lugar do mundo e em diversos idiomas.

A certificação *EXIN DevOps Professional* destina-se tanto a quem trabalha em um ambiente *DevOps* quanto a quem trabalha em uma organização que considera possível a transição para um ambiente de trabalho *DevOps*.

O público-alvo inclui, entre outros:

- ✓ Desenvolvedores de software e de sites.
- ✓ Engenheiros de sistemas.
- ✓ Engenheiros de *DevOps*.
- ✓ Proprietários de produtos e de serviços.
- ✓ Gerentes de projetos.
- ✓ Engenheiros de testes.
- ✓ Equipes de operação e suporte de gestão de serviços de TI.
- ✓ Gerentes de processos.
- ✓ Profissionais de *Lean IT*.
- ✓ Praticantes do *Agile Scrum*.

Para obter a certificação é necessária a conclusão do exame *EXIN DevOps Professional* com sucesso, ou seja, obter o mínimo de 65% de índice de aprovação.

Recomenda-se conhecimento anterior de *Agile*, *Lean* e/ou de gestão de serviços de TI, adquirido, por exemplo, por meio do exame *EXIN Agile Scrum Foundation*, do exame *LITA Lean IT Foundation*, ou do *EXIN IT Service Management Foundation based on ISO/IEC 20000.*

A certificação *EXIN DevOps Professional* testa candidatos no nível 2 e 3 de acordo com a taxonomia revisada de Bloom:

✓ **Nível de Bloom 2 – Compreensão:** um passo além da lembrança (nível 1). O entendimento mostra que os candidatos compreendem o que é apresentado e podem avaliar como o material de aprendizagem pode ser aplicado em seu próprio ambiente.
✓ **Nível de Bloom 3 – Aplicação:** mostra que os candidatos têm a capacidade de utilizar as informações em um contexto diferente daquele em que elas foram aprendidas. Esse tipo de pergunta pretende demonstrar que o candidato é capaz de resolver problemas em novas situações, aplicando o conhecimento adquirido, fatos, técnicas e regras de um modo novo ou diferente. A pergunta geralmente contém um breve cenário.

Ao se inscrever para a realização do exame, você receberá um *link* no seu e-mail. Atenção! após receber as instruções você terá 21 dias para realizar o exame.

Organize-se e prepare o ambiente antes de iniciar a prova. O *checklist* a seguir mostra o que é proibido durante a realização da prova:

✓ A mesa do computador deve estar vazia.
✓ Não pode haver interrupção durante o exame (faça em um ambiente silencioso, sem ninguém por perto, e combine com seus pares para não ser incomodado durante a aplicação do exame).
✓ Ambiente bem iluminado.
✓ Fique em silêncio e com olhar fixo na tela.
✓ É proibido o uso de fone ou *headset*.
✓ Mantenha microfone e *webcam* ligados.
✓ Todos os aplicativos do computador devem ser fechados.

No momento da realização da prova você precisa:

✓ Acessar o *link* recebido por e-mail e inserir o código.
✓ Confirmar o idioma escolhido.
✓ Ter em mãos documento de identificação com foto.
✓ Será solicitado que você mostre 360 graus do seu local.

16.1. Requisitos para a prova

O número recomendado de horas presenciais antes da realização da prova é de 16 horas. Isso inclui atividades em grupo, preparação para o exame e paradas curtas (*breaks*). Esse número de horas não inclui tarefas para casa, a logística (preparação) relacionada à sessão do exame, a sessão do exame e intervalos de almoço.

Recomenda-se uma carga mínima de estudos de 60 horas, dependendo do conhecimento existente.

A prova tem duração de 90 minutos e possui 40 questões com 3 ou 4 alternativas cada e é SEM CONSULTA.

> **Observação importante:** caso uma questão possua duas respostas corretas, você deve escolher a que melhor se adequa ao cenário descrito na questão.

16.2. Assuntos prioritários

A prova se divide em cinco requisitos agrupadores, sendo que cada um corresponde a um percentual no índice de aprovação. São eles:

1. Adoção do *DevOps* (12,5%).
2. A Primeira Maneira: fluxo (25%).
3. A Segunda Maneira: *feedback* (retroalimentação) (30%).
4. A Terceira Maneira: aprendizagem e experimentação contínuas (20%).
5. Segurança da Informação e Gestão de Mudanças (12,5%).

A seguir é possível ver especificamente o que se espera do candidato em cada um dos requisitos do exame:

1. Adoção do DevOps (12,5%)

1.1 Conceitos básicos do DevOps (2,5%)

O candidato sabe...

- ✓ 1.1.1 Descrever conceitos básicos do *DevOps*, como entrega contínua, infraestrutura ágil, *Kata*, WIP, débito técnico e tempo de espera (*lead time*).

1.2 Princípios das Três Maneiras (3,75%)

O candidato sabe...

- ✓ 1.2.1 Distinguir os princípios de fluxo, *feedback* (retroalimentação), bem como aprendizagem e experimentação contínuas.
- ✓ 1.2.2 Explicar a diferença entre o Sistema de Registro (SoR) e o Sistema de Engajamento (SoE) com relação ao DevOps.

1.3 Organização (6,25%)

O candidato sabe...

- ✓ 1.3.1 Explicar como as diversas funções do *DevOps* funcionam em conjunto para agregar valor ao negócio.
- ✓ 1.3.2 Explicar as diferenças entre as formas *I-shaped, T-shaped* e *E-shaped* com relação ao *DevOps*.
- ✓ 1.3.3 Explicar como integrar as Operações no trabalho diário de Desenvolvimento.

2. A Primeira Maneira: fluxo (25%)

2.1 *Pipeline* de implantação (12,5%)

O candidato sabe...

- ✓ 2.1.1 Escolher técnicas, tais como infraestrutura como código e *containers*, para resolver um problema do *pipeline* de implantação.
- ✓ 2.1.2 Escolher a melhor solução para otimizar o fluxo de valor.
- ✓ 2.1.3 Avaliar a integralidade de um repositório de controle de versão compartilhada.
- ✓ 2.1.4 Adaptar a Definição de Pronto (DoD) para refletir os princípios do *DevOps*.
- ✓ 2.1.5 Explicar como as ferramentas podem ser utilizadas para automatizar a elaboração e a configuração do ambiente.

2.2 Testes automatizados (5%)

O candidato sabe...

- ✓ 2.2.1 Explicar a diferença entre uma pirâmide de teste não ideal e uma pirâmide de teste ideal.
- ✓ 2.2.2 Selecionar o uso pretendido do Desenvolvimento guiado por Teste (TDD) em um fluxo.

2.3 Integração contínua (5%)

O candidato sabe...

- ✓ 2.3.1 Escolher a estratégia de ramificação (*branching*) ideal.
- ✓ 2.3.2 Explicar a influência da dívida técnica sobre o fluxo.
- ✓ 2.3.3 Explicar como eliminar a dívida técnica.

2.4 Lançamentos de baixo risco (2,5%)

O candidato sabe...

- ✓ 2.4.1 Discriminar os diversos padrões de lançamento e de implantação para permitir lançamentos de baixo risco.
- ✓ 2.4.2 Selecionar o arquétipo arquitetônico certo a ser utilizado.

3. A Segunda Maneira: *feedback* (retroalimentação) (30%)

3.1 Telemetria (7,5%)

O candidato sabe...

- ✓ 3.1.1 Descrever como a telemetria pode contribuir para otimizar o fluxo de valor.
- ✓ 3.1.2 Descrever os componentes do *framework* de monitoramento.
- ✓ 3.1.3 Explicar o valor agregado do acesso do autosserviço à telemetria.

3.2 *Feedback* (retroalimentação) (10%)

O candidato sabe...

- ✓ 3.2.1 Resolver problemas de implantação utilizando técnicas de correção progressiva e reversão.
- ✓ 3.2.2 Alterar as listas de verificação dos requisitos da orientação de lançamento para se ajustarem a uma orientação do *DevOps*.
- ✓ 3.2.3 Aplicar verificações de segurança utilizando a Revisão de Prontidão de Lançamento (LRR) e a Revisão de Prontidão sem Intervenção (HRR).
- ✓ 3.2.4 Explicar como a criação da experiência do usuário (UX) pode ser utilizada como mecanismo de *feedback* (retroalimentação).

3.3 Desenvolvimento orientado a hipóteses e testes A/B (5%)

O candidato sabe...

- ✓ 3.3.1 Explicar como os testes A/B podem ser integrados em um lançamento e em testes de recursos.
- ✓ 3.3.2 Explicar como o desenvolvimento orientado a hipóteses pode ajudar a fornecer o resultado esperado.

3.4 Revisão e coordenação (7,5%)

O candidato sabe...

- ✓ 3.4.1 Examinar a eficácia de um processo de requisição puxado.
- ✓ 3.4.2 Explicar as técnicas de revisão: programação em par, sobre o ombro, e-mail repassado e revisão de código assistida por ferramenta.
- ✓ 3.4.3 Escolher a melhor técnica de revisão para determinada situação.

4. A Terceira Maneira: aprendizagem e experimentação contínuas (20%)

4.1 Aprendizagem (10%)

O candidato sabe...

- ✓ 4.1.1 Diferenciar entre os diversos tipos de Macaco do Exército Simiano para melhorar a aprendizagem.
- ✓ 4.1.2 Realizar uma reunião de *post mortem* livre de culpa.
- ✓ 4.1.3 Explicar como a injeção da falha de produção cria resiliência.
- ✓ 4.1.4 Explicar quando utilizar os dias de jogos.

4.2 Descobertas (10%)

O candidato sabe...

- ✓ 4.2.1 Descrever como utilizar requisitos não funcionais (NFR) (codificados) para projetar para as Operações.
- ✓ 4.2.2 Explicar como elaborar histórias de usuários de operações reutilizáveis com base no desenvolvimento.
- ✓ 4.2.3 Explicar quais objetos devem ser armazenados no repositório de códigos-fonte de compartilhamento simples.
- ✓ 4.2.4 Explicar como transformar descobertas locais em melhorias globais.

5. Segurança da Informação e Gestão de Mudanças (12,5%)

5.1 Segurança da Informação (7,5%)

O candidato sabe...

- ✓ 5.1.1 Explicar como integrar controles de segurança preventiva.
- ✓ 5.1.2 Explicar como integrar segurança ao *pipeline* de implantação.
- ✓ 5.1.3 Explicar como utilizar a telemetria para aumentar a segurança.

5.2 Gestão de Mudanças (5%)

O candidato sabe...

- ✓ 5.2.1 Explicar como manter a segurança durante a mudança.
- ✓ 5.2.2 Explicar como manter a conformidade durante a mudança.

16.3. Agendamento da prova com desconto

Em uma parceria da AdaptNow com o EXIN, ao adquirir este livro você ganha 6% de desconto em qualquer certificação na plataforma do EXIN. Para tanto, acesse: <https://www.exin.com/br-pt/certificacoes/>, escolha a certificação que deseja fazer, siga os passos do site e no "step 1" do pagamento insira o código **5D70.861F.1375** e clique em "Código de verificação". O desconto será aplicado no "step 2" para que você confirme o pagamento.

Para maiores detalhes de como agendar o exame *on-line* e dicas adicionais:

1. Acesse o *QR Code* disponível no final do livro.
2. Selecione o curso "Jornada DevOps e Certificação oficial EXIN Professional".
3. Assista, gratuitamente, à seção "Dicas para prova de certificação", localizada no final das aulas demonstrativas.

Qualquer problema no acesso à videoaula, encaminhe e-mail para: <munizprofessor@gmail.com>.

16.4. Referências

EXIN. **Exin DevOps Professional – Guia de preparação.** Edição 201806. Exin, 2018. Disponível em: <https://dam.exin.com/api/&request=asset.permadownload&id=3653&type=this&token=b22af82d1b97c4d27e7457225b8da720>. Acesso em: 19 mar. 2019.

MUNIZ, Antonio; ADAPTNOW. Videoaula Jornada DevOps e Certificação oficial EXIN Professional. Udemy, 2018.

17. Simulado

Eduardo Gonçalves

17.1. Simulado com 40 questões

Este simulado é uma amostra oficial do EXIN e está no mesmo formato do exame oficial.

1/40

Qual é um princípio do Manifesto Ágil?

A) Criar uma cultura de aprendizagem contínua e dinâmica.
B) Criar *feedback* (retroalimentação) e *feedforward* (orientação de desenvolvimento) em nosso sistema de trabalho.
C) Fornecer um software de trabalho com frequência, a cada duas semanas ou até a cada dois meses.
D) Aumentar o fluxo, tornando o trabalho visível, reduzindo os tamanhos dos lotes e os intervalos de trabalho, bem como construindo a qualidade.

2/40

A qual das Três Maneiras a ação de "institucionalizar a melhoria do trabalho do dia a dia" pertence?

A) Aprendizagem e experimentação contínuas.
B) *Feedback* (retroalimentação).
C) Fluxo.

3/40

Qual é a diferença entre um Sistema de Engajamento (SoE) e um Sistema de Registro (SoR) em termos de ritmo de mudança?

A) Ambos SoE e SoR normalmente têm o mesmo ritmo de mudança.
B) Normalmente, o SoE tem um ritmo muito mais elevado de mudança do que o SoR.
C) Normalmente, o SoE tem um ritmo muito mais baixo de mudança do que o SoR.
D) Esta relação varia segundo o sistema de informações.

4/40

Qual é o benefício de Desenvolvimento e Operações usarem a mesma ferramenta?

A) Um *backlog* unificado, no qual todos priorizam projetos de melhoria a partir de uma perspectiva global.

B) Os desenvolvedores obtêm *feedback* (retroalimentação) sobre o desempenho de seus aplicativos na produção, o que inclui corrigi-los quando sofrem avarias.

C) Permitir que a equipe execute implantações durante o horário comercial normal e realize correções simples.

D) Transformar o conhecimento de Operações em um código automatizado que possa ser muito mais confiável e amplamente reutilizado.

5/40

Mais resultados orientados para o mercado podem ser criados pela melhor integração das capacidades de Operações às equipes de Desenvolvimento, tornando-as mais eficientes e produtivas. Qual abordagem faz isso melhor?

A) Atribuir uma ligação do Desenvolvedor com a equipe de Operações.

B) Criar autoatendimentos de infraestrutura.

C) Terceirizar a equipe de Operações.

D) Treinar Desenvolvedores para fazer o trabalho de Operações.

6/40

Um banco precisa de prazos mais longos para fazer ofertas novas ou modificadas ao mercado, em função de atrasos na criação de novos ambientes por engenheiros de Operações. O que é verdade sobre a criação automática de ambientes?

A) Ambientes criados automaticamente podem ser utilizados para todos os ambientes.

B) Ambientes criados automaticamente podem ser utilizados para todos os ambientes, exceto o ambiente de produção em função de restrições de segurança.

C) O *DevOps* exige a revisão de Operações ao criar automaticamente ambientes na produção, em função do princípio de quatro olhos.

D) O *DevOps* exige o acordo manual de Operações ao criar automaticamente ambientes na produção, em função do princípio de quatro olhos.

7/40

Qual valor deve ser incluído em um bloco de processo de mapa de valor?

A) Telemetria de aplicativos.

B) Percentual de conclusão e de precisão.

C) Velocidade da equipe.

D) WIP (trabalho em andamento).

8/40

A fim de minimizar os riscos para o negócio dentro do *DevOps*, qual dos seguintes itens é um objetivo principal do controle de versões?

A) Garantir a capacidade de alertar quando a configuração é alterada com relação ao estado desejado.
B) Garantir a capacidade de recriar o estado anterior do ambiente de teste.
C) Garantir a capacidade de recriar o ambiente de produção e de desenvolver processos.
D) Garantir a capacidade de compartilhar o código-fonte entre diferentes equipes de desenvolvedores.

9/40

Uma equipe de TI se reúne para revisar algumas mudanças que devem ser feitas, com a finalidade de adotar o *DevOps* posteriormente. Eles precisam concordar com uma Definição de Pronto (DoD) que esteja alinhada com os princípios do *DevOps*. Qual Definição de Pronto é mais adequada para o *DevOps*?

A) O código foi integrado na ramificação principal e passou nos testes da unidade automatizada.
B) O código está sendo executado conforme o esperado no *laptop* do desenvolvedor e passou nos testes da unidade.
C) O código está sendo executado em um ambiente similar ao de produção e passou nos testes de aceitação do usuário.

10/40

Qual ferramenta pode ser mais bem utilizada para automatizar o desenvolvimento e a configuração de ambientes?

A) Um sistema de registro de *tickets* para o provisionamento de um ambiente de desenvolvimento, teste ou aceitação.
B) Uma ferramenta que copia as configurações do ambiente de produção para os ambientes de desenvolvimento, teste e aceitação.
C) Arquivos de configuração por ambiente que tenham distribuição e manutenção manuais com a finalidade de manter a sincronia dos ambientes.
D) Ferramentas de gerenciamento de configuração da infraestrutura como código, que permitam que os próprios programadores alterem os ambientes.

11/40

Um objetivo específico da criação de um conjunto de testes automatizados é encontrar erros o mais cedo possível. A pirâmide ideal de automação de testes mostra a ordem correta na qual o teste deve ser executado. Qual teste deve ser executado primeiro?

A) Teste de API automatizado.
B) Teste de componente automatizado.
C) Teste de integração automatizado.
D) Teste de unidade automatizado.

12/40

Uma equipe de *DevOps* deseja aumentar a velocidade utilizando o desenvolvimento orientado a testes. Qual ordem de ações está correta?

A) Refatorar, Escrever um caso de teste, Escrever o código funcional.
B) Escrever o código funcional, Escrever um caso de teste, Refatorar.
C) Escrever um caso de teste, Escrever o código funcional, Refatorar.

13/40

Uma seguradora contrata um profissional de *DevOps* para orientar a equipe de *DevOps* na escolha de uma estratégia de ramificação (*branching*). O profissional de *DevOps* avalia duas estratégias: 1. Otimizar em prol da produtividade individual 2. Otimizar em prol da produtividade da equipe. Qual declaração sobre essas duas estratégias é verdadeira?

A) Ambas as estratégias resultam em um valor igual do esforço de mesclagem.
B) A estratégia 1 resulta em um esforço de mesclagem muito maior do que a 2.
C) A estratégia 2 resulta em um esforço de mesclagem muito maior do que a 1.

14/40

Uma empresa de varejo mudou radicalmente o processo de desenvolvimento de *waterfall* (cascata) para *DevOps*. Muitas escolhas precisam ser feitas em um curto período. Isso está causando um pouco de dívida técnica. O tempo até o lançamento, por exemplo, aumentou radicalmente. Mas há maneiras de eliminar muitos dos atrasos. O mapeamento do fluxo de valor mostra que 20% do tempo de *sprint* é gasto no código de portabilidade, tudo isso mantido em *branches* de códigos (ramificações) separados. Qual solução para esta dívida técnica resultará em um fluxo mais rápido?

A) Adotar o desenvolvimento com base em *trunk* (tronco).
B) Reproduzir falhas de teste em estações de trabalho do desenvolvedor.
C) Começar a fazer *releases* canário.
D) Usar mais telemetria.

15/40

Qual é a característica de uma arquitetura que permite produtividade, capacidade de teste e segurança?

A) Interfaces definidas com flexibilidade.
B) Integração rígida.
C) APIs bem definidas.

16/40

Qual é a melhor abordagem de telemetria para resolver problemas dentro do *DevOps*?

A) O investimento em ferramentas de telemetria é importante e deve concentrar-se no ambiente de produção, no *pipeline* de implantação e na pré-produção.
B) O investimento em ferramentas de telemetria é importante e deve concentrar-se apenas no ambiente de produção.
C) O investimento em ferramentas de telemetria não é importante e deve concentrar-se na reinicialização de serviços redundantes, o que é muito mais barato.
D) O investimento em ferramentas de telemetria não é importante, o foco deve concentrar-se no usuário do aplicativo, que é uma forma muito mais completa e mais barata de monitorar o serviço.

17/40

Dentro do *framework* de monitoramento, os dados devem ser coletados a partir de três camadas. Qual não é uma dessas três camadas?

A) Aplicativo.
B) Lógica comercial.
C) Métrica comercial.
D) Sistema operacional.

18/40

Para qual público-alvo a telemetria de acesso de autoatendimento agrega valor?

A) Somente para desenvolvedores.
B) Somente para desenvolvedores e operadores.
C) Somente para desenvolvedores, operadores e partes interessadas.
D) Para desenvolvedores, operadores, partes interessadas e clientes.

19/40

Em um ambiente com testes automatizados, processos de implantação rápida e telemetria suficiente, qual técnica oferece mais benefícios do *DevOps* para o negócio?

A) Correção progressiva.
B) Reversão.
C) Retirada de servidores avariados.
D) Desativação de recursos avariados.

20/40

Uma empresa de software compilou os seguintes requisitos de guia de lançamento:

- ✓ Contagens de defeitos e gravidade: o aplicativo é executado conforme foi projetado?
- ✓ Cobertura de monitoramento: a cobertura de monitoramento é suficiente para restaurar o serviço quando as coisas não dão certo?
- ✓ Arquitetura de sistemas: o serviço tem uma integração suficientemente rígida para resolver uma alta taxa de incidentes na produção?
- ✓ Tipo/frequência de alertas por *pager*: o aplicativo está gerando um número incompatível de alertas na produção?

Qual requisito da guia de lançamento não está em conformidade com o modo de trabalho do *DevOps*?

A) Contagens de defeitos e gravidade: o aplicativo é realmente executado conforme foi projetado?
B) Cobertura de monitoramento: a cobertura de monitoramento é suficiente para restaurar o serviço quando as coisas não dão certo?
C) Arquitetura do sistema: o serviço tem uma integração suficientemente rígida para resolver uma alta taxa de incidentes na produção?
D) Tipo/frequência de alertas por *pager*: o aplicativo está gerando um número incompatível de alertas na produção?

21/40

Qual é uma característica exclusiva da Revisão de Prontidão sem Intervenção (HRR) e não da Revisão de Prontidão de Lançamento (LRR)?

A) A HRR é muito mais rigorosa e tem padrões de aceitação mais elevados.
B) A HRR é comunicada pelas equipes de produtos.
C) A HRR é aprovada antes da disponibilização pública de qualquer novo serviço.
D) A HRR é aprovada antes que qualquer novo serviço receba tráfego real de produção.

22/40

Uma das técnicas mais poderosas na criação da interação e da experiência do usuário (UX) é a pesquisa contextual. Qual é a melhor descrição de pesquisa contextual?

A) A equipe de produtos pede que os usuários respondam a uma demonstração de aplicativo da equipe de produtos.
B) A equipe de produtos entrevista usuários sobre o uso do aplicativo em casa.
C) A equipe de produtos observa os usuários que utilizam o aplicativo em seu ambiente natural.
D) A equipe de produtos estuda os usuários durante o teste de aceitação do usuário em uma sala especial com equipamentos de teste.

23/40

A *startup* ABC está enfrentando sérios desafios no desenvolvimento de recursos para um aplicativo de navegação móvel que atenda às expectativas do usuário. Qual é a melhor abordagem para certificar-se de que os recursos estejam diretamente alinhados com as expectativas do usuário com relação ao aplicativo de navegação móvel UX?

A) Desenvolver o aplicativo de navegação móvel UX de maneira mais completa para que os clientes tenham recursos e opções mais avançados para navegar no UX, dando aos clientes mais opções de personalização do UX.
B) Desenvolver o aplicativo de navegação móvel UX no qual os clientes sejam selecionados aleatoriamente para visualizar uma das duas versões do UX que possam escolher, quer seja um controle ou um tratamento.
C) Corrigir os recursos do UX atual para o aplicativo de navegação móvel, para que a ABC adote a funcionalidade principal do UX sem sacrificar a qualidade.
D) Lançar um recurso para o aplicativo de navegação móvel com o objetivo de obter *feedback* (retroalimentação) do cliente sobre o recurso atual durante um período de três semanas.

24/40

Qual abordagem pode ser utilizada por uma equipe de Desenvolvimento para ajudar a fornecer os resultados comerciais esperados?

A) Execução cuidadosa de numerosos experimentos.
B) Testes de regressão completa.
C) Desenvolvimento orientado a hipóteses.
D) SDLC.

25/40

A empresa ABC enfrentou desafios para entender o impacto das mudanças de códigos em seu aplicativo de folha de pagamento. Atualmente, as alterações de códigos implementadas estão mal documentadas. A última correção de código, por exemplo, foi documentada da seguinte maneira: "Corrigir problema nº 1801 no aplicativo de folha de pagamento". A empresa percebe que esta é uma requisição *pull* inadequada. Uma boa requisição *pull* inclui o seguinte:

- ✓ Por que estamos implementando a correção?
- ✓ Quem está implementando a correção?

O que mais deve ser incluído em uma requisição *pull* adequada?

A) As unidades de negócios impactadas pela correção.
B) Os potenciais riscos e contramedidas de implantação da correção.
C) O cronograma de liberações de suporte de implantação da correção.

26/40

Por favor, considere o cenário a seguir: "o desenvolvedor repassa o código enquanto um colega dá *feedback* (retroalimentação)". Qual técnica de revisão é descrita aqui?

A) Sobre o ombro.
B) Programação em par.
C) Revisão em par.
D) Revisão assistida por ferramenta.

27/40

Qual técnica de revisão resulta diretamente em uma diminuição dos erros de codificação?

A) Revisão sobre o ombro.
B) Programação em par.
C) Revisão em par.
D) Revisão assistida por ferramenta.

28/40

Um provedor de serviços na nuvem deseja aumentar a capacidade de seu serviço utilizando um Macaco do Exército Simiano. Qual macaco é necessário neste caso?

A) Macaco Doutor.
B) Macaco *Janitor*.
C) Macaco de latência.

29/40

A empresa ABC está adotando a maneira *DevOps* de trabalhar e deseja promover um ambiente de aprendizagem aberto e livre de culpa. A ABC experimentou recentemente uma grave falha de aplicativo e conseguiu restaurar o serviço do aplicativo. Qual é a primeira tarefa que deve ser realizada durante a reunião *post mortem* livre de culpa?

A) Construir um cronograma de eventos relevantes conforme tenham ocorrido durante a grave falha de aplicativo.
B) Identificar contramedidas para evitar que a grave falha de aplicativo volte a ocorrer no futuro.
C) Identificar a causa principal da grave falha de aplicativo com a finalidade de propor uma ação corretiva para impedir que a grave falha de aplicativo volte a ocorrer no futuro.
D) Publicar a *post mortem* em um local centralizado onde toda a organização possa acessá-la e aprender com a grave falha de aplicativo.

30/40

O que é necessário ao criar resiliência pela introdução de falhas de produção?

A) Definir o modo de falha.
B) Organizar reuniões *post mortem.*
C) Treinar as pessoas.
D) Utilizar um ambiente de teste.

31/40

Qual é a primeira etapa de um plano para a realização de um Dia de Jogo?

A) Definir e executar exercícios.
B) Identificar e resolver problemas, assim como testar.
C) Planejar a interrupção.
D) Preparar e eliminar pontos únicos de falha (SPOFs).

32/40

Qual é um exemplo de um requisito não funcional (NFR)?

A) Ter compatibilidade com versões anteriores e posteriores.
B) Possibilidade de relatar cronogramas atrasados.
C) Registrar transações financeiras para um sistema de reservas de hotéis.

33/40

Qual atividade deve ser realizada para a criação bem-sucedida de histórias reutilizáveis de usuários de Operações?

A) Associar histórias de usuário de Operações a aprimoramentos e defeitos de desenvolvimento relevantes.
B) Definir atividades dentro do processo sem intervenção e, então, automatizar essas atividades utilizando as ferramentas apropriadas e os fluxos de trabalho de suporte.
C) Identificar todas as atividades de trabalho operacionais necessárias e os atores necessários para realizá-las.

34/40

Por favor, considere os seguintes elementos:

1. Solicitações de alteração.
2. Ferramentas de *pipeline* de implantação.
3. Executáveis do programa compilado.
4. Tutoriais e padrões.

Quais são os dois elementos normalmente armazenados em um único repositório de códigos-fonte compartilhados?

A) 1 e 2
B) 1 e 4
C) 2 e 3
D) 2 e 4

35/40

Qual é o objetivo de transformar descobertas locais em melhorias globais?

A) Elevar o estado da prática de não apenas *Dev* e *Ops*, mas também toda a organização.
B) Facilitar para que todos os serviços novos e existentes aproveitem o conhecimento coletivo.
C) Tornar a cultura do trabalho mais colaborativa e tornar os sistemas mais seguros e mais resilientes.
D) Reforçar uma cultura na qual todos se sintam confortáveis e responsáveis.

36/40

Os desenvolvedores podem facilitar para que qualquer engenheiro crie e utilize corretamente padrões de registro e de criptografia em seus aplicativos e ambientes. Qual dos itens a seguir não é um item de repositório de código-fonte compartilhado que ofereça suporte a isso?

A) Bibliotecas de códigos e suas configurações recomendadas.
B) Pacotes de implantação.
C) Pacotes e compilações do sistema operacional (SO).
D) Ferramentas de gerenciamento secretas.

37/40

Quando os desenvolvedores estão introduzindo o código, há sempre o risco de habilitar o acesso não autorizado. Qual controle não reduz esse risco?

A) Revisões de códigos.
B) Testes de códigos.
C) Correções eficazes.
D) Testes de invasão.

38/40

Qual é um exemplo de criação da telemetria em um aplicativo?

A) Mudanças do sistema operacional (SO).
B) Revisão diária dos *logs* do sistema.
C) Mudanças do grupo de segurança.
D) Redefinições da senha do usuário.

39/40

Qual processo serve como controle primário para reduzir as Operações e os riscos de segurança bem como oferecer suporte a requisitos de conformidade?

A) Processo de gerenciamento de mudanças.
B) Processo de gerenciamento de configurações.
C) Processo de gerenciamento de liberações e de implantações.
D) Processo de gerenciamento de nível de serviço.

40/40

Qual é o inconveniente de adotar a separação do controle de tarefas?

A) A separação do controle de tarefas pode, muitas vezes, dificultar os esforços de desenvolvimento, diminuindo o ritmo e reduzindo o *feedback* (retroalimentação) que os engenheiros recebem sobre seu trabalho.

B) A separação do controle de tarefas exige que o desenvolvedor envie mudanças a um bibliotecário de códigos, que as revisaria e aprovaria antes que fossem promovidas para a produção.
C) A separação do controle de tarefas resulta em trabalho desnecessário, pois exige inspeção das verificações do código e revisões do código, fornecendo a garantia necessária sobre a qualidade de nosso trabalho.

17.2. Gabarito oficial

Número	Resposta	Número	Resposta
1	C	21	A
2	A	22	C
3	B	23	B
4	A	24	C
5	B	25	B
6	A	26	A
7	B	27	B
8	C	28	B
9	C	29	A
10	D	30	A
11	D	31	C
12	C	32	A
13	B	33	B
14	A	34	D
15	C	35	A
16	A	36	B
17	C	37	C
18	D	38	D
19	A	39	A
20	C	40	A

17.3. Explicação do simulado em vídeo

Antonio Muniz

Para assistir à explicação com as respostas do simulado com 40 questões, siga os passos a seguir:

1. Acesse o *QR Code* disponível no final do livro.
2. Selecione o curso "Jornada DevOps e Certificação oficial EXIN Professional".

3. Assista, gratuitamente, à seção "Simulado 1 – Explicação em vídeo", localizada no final das aulas demonstrativas.

Qualquer problema no acesso à videoaula, encaminhe e-mail para: <munizprofessor@gmail.com>.

17.4. Referências

EXIN. **Exin DevOps Professional – Guia de preparação.** Edição 201806. Exin, 2018. Disponível em: <https://dam.exin.com/api/&request=asset.permadownload&id=3653&type=this&token=b22af82d1b97c4d27e7457225b8da720>. Acesso em: 19 mar. 2019.

MUNIZ, Antonio; ADAPTNOW. Videoaula Jornada DevOps e Certificação oficial EXIN Professional. Udemy, 2018.

ROSENBERG, Marshall. **Comunicação Não Violenta:** técnicas para aprimorar relacionamentos. São Paulo: Ágora, 2006.

18. Dicas para melhorar sua performance na prova

Antonio Muniz

Fazer uma prova de certificação costuma envolver uma carga de adrenalina e ansiedade por conta da chegada do grande momento. Aqueles que ainda não tiveram essa experiência podem ter um frio na barriga maior. Seguem algumas dicas para aumentar sua probabilidade de alcançar sua sonhada aprovação na primeira tentativa.

18.1. Preparação prévia e na semana da prova

1. Faça uma leitura inicial de todo o livro criando conexões com suas experiências atuais.
2. Leia todo o conteúdo do livro novamente fazendo um resumo, com suas palavras, dos assuntos mais prioritários e preferencialmente de forma manuscrita. Estudos comprovam que a escrita estimula mais conexões no seu cérebro e potencializa o aprendizado de forma mais intensa. Dependendo da sua idade, talvez você lembre que no tempo da escola as pessoas escreviam a cola para a prova e não precisavam consultar. Atualmente quem segue esse caminho fazendo resumos digitados e impressos costuma não lembrar de quase nada.
3. Faça os simulados do livro e assista à videoaula com o conteúdo gratuito.
4. Releia as partes do livro para garantir que aprendeu os assuntos dos simulados e os tópicos destacadas nas seções "O pulo do gato para a prova :-)".
5. Para os assuntos que demandam decoreba, não gaste energia para memorizar muitos dias antes da prova. A dica é gastar energia com esses assuntos na semana da prova.
6. Sugiro que agende a prova na parte da manhã (domingo ou segunda) para que você tenha tempo de uma boa revisão nos dias anteriores.
7. Uma boa noite de sono é fundamental, pois é quando dormimos que o conteúdo estudado passa da memória temporária do nosso cérebro (RAM) para a memória permanente (HD).

18.2. Durante a prova

1. Confie que você fez tudo o que era necessário para uma preparação adequada e livre-se de pensamentos negativos que só atrapalham o raciocínio durante as questões.
2. Comece a prova com as questões mais simples e que você consegue responder com mais segurança. Além de ganhar confiança, você garante pontos preciosos logo de cara.
3. Pule as questões mais trabalhosas ou que você não lembra de imediato. Durante a prova é muito provável que outras questões ajudem a lembrar de conteúdos que você está em dúvida.
4. Cuidado para não perder o foco e o raciocínio nas questões grandes. Sugiro fazer uma primeira leitura e depois dar atenção maior às alternativas e consultar do enunciado somente as partes mais importantes para resolver a questão.
5. Como a prova tem 90 minutos, você terá tempo para retornar com calma às questões mais complexas.
6. Lembre-se de que a prova costuma ter questões capciosas mesmo para quem já conhece muito o assunto ou tenha feito uma preparação exemplar.
7. Fique atento às questões que pedem a melhor resposta ou a alternativa pede algo com o sentido de negação ao conceito apresentado (ex.: "exceto").
8. Não desperdice a possibilidade de excluir alternativas totalmente erradas, mesmo nas questões mais difíceis.
9. Acertar todas as questões pode ser uma meta interessante, mas não fique se cobrando na obrigação de garantir 100%, pois é comum ter questões impossíveis ou mal formuladas em qualquer tipo de prova.
10. Avance e retorne quantas vezes desejar. Quando finalizar, você verá que os segundos com a mensagem "computando seus pontos" demoram uma eternidade.

Desejo que alcance muito sucesso!

PARTE VII. CARREIRA, DIVERSIDADE E COMUNIDADE

Antonio Muniz

O objetivo desta parte final é complementar o livro com conteúdos que contribuam para uma capacitação mais ampla, considerando dicas de carreira, o papel das comunidades e a importância da diversidade.

Embora esse conteúdo não seja cobrado na prova de certificação, recomendo fortemente sua leitura, pois é uma grande oportunidade de impactar positivamente sua carreira e as pessoas que estão a sua volta.

Veja a seguir como várias pessoas incríveis aceitaram meu convite para fechar com chave de ouro a nossa Jornada *DevOps*!

Bruno Souza – Os cinco passos para colocar seu projeto (e sua carreira!) na direção certa
Conheci o Bruno um dia antes de começar o TDC em Porto Alegre 2018 quando participei do seu programa de mentoria para palestrantes e já estou aplicando muitas de suas preciosas dicas. Mesmo que você tenha muita experiência com palestras, recomendo fortemente colar com esse cara, pois garanto que você vai entregar muito mais valor para seu público, que é a função mais importante de quem se propõe a subir no palco.

O convite para participar do livro chegou através do Moutinho e foi uma surpresa muito positiva ter uma pessoa tão *top* e agregadora assim em nosso time!

Rodrigo Moutinho – Os cinco passos para colocar seu projeto (e sua carreira!) na direção certa
Sabe aquelas pessoas com cara de garoto que tem experiências e capacidades incríveis? O Moutinho é um desses e o conheci por acaso quando meu amigo Gustavo me apresentou ao desembarcarmos no retorno do TDC de Porto Alegre 2018. Logo que ele comentou sua experiência com carreiras, convidei para escrever um capítulo

no livro. Percebi na hora que a empolgação foi mútua, mas não tinha a menor noção que nascia nesse momento uma grande amizade. A alta performance no capítulo de carreira e seu interesse proativo de colaborar com outros capítulos ajudaram muito na minha decisão de convidá-lo para ser coautor do livro e foi uma das melhores escolhas que fiz para finalizar o conteúdo com tanta qualidade e parceria.

Fabiana Ravanêda – Mulheres na TI podem se destacar?
Lembro da Fabiana palestrando no *DevOps Days* do Rio de Janeiro 2018, mas não tivemos a oportunidade de conversar. Um belo dia, eu estava pensando em convidar uma mulher para escrever sua história trabalhando com TI quando deparo com uma postagem da Fabiana movimentando a comunidade para um evento fantástico e mandei logo uma mensagem no LinkedIn. Para minha surpresa positiva, o convite foi aceito de imediato e sinto que fiz uma amiga para muitas outras iniciativas. A Fabiana ainda me ajudou com a indicação da Michelle Frasson.

Lucas Tito – Deficientes visuais podem se destacar na TI?
Minha motivação para ter um capítulo com dicas para deficientes visuais começou com a palestra do Lucas no *DevOps Days* do Rio de Janeiro 2018. Além de boas risadas durante sua fala divertida e cativante, fiquei muito impactado com os exemplos de atitudes discriminatórias que praticamos sem perceber e podemos melhorar com mudanças simples. Nesse dia já comecei a pensar que seria uma ótima decisão colocar um capítulo com algumas dicas para que mais pessoas fossem impactadas. O Lucas aceitou meu convite e nos presenteou com uma história de vida muito inspiradora.

Alexandre Magoo – Deficientes visuais podem se destacar na TI?
Pedi meu amigo Moutinho para indicar uma pessoa conhecida da comunidade com deficiência visual e tive a honra de receber o contato do Alexandre, que é um dos caras mais inteligentes com quem já tive contato. Além de sua história ser muito inspiradora, ele conseguiu escrever situações práticas das quais um deficiente visual pode se beneficiar com a Jornada *DevOps*, como é o caso da infraestrutura como código. Considero que essa foi uma sacada de gênio que me surpreendeu muito positivamente.

Michelle Frasson: Deficientes visuais podem se destacar na TI?
A Michelle foi uma indicação da Fabiana para enriquecer o livro, mas se eu não fosse muito resiliente (ou insistente e nunca chato, hehehe) essa história não estaria aqui, pois ela estava muito atarefada e não estávamos conseguindo sincronizar nossas agendas após algumas trocas de mensagens. Eu estava trabalhando o sábado inteiro com os demais autores para fechar o conteúdo final e entregar para a editora quando recebi uma mensagem da Lamara elogiando a palestra da Michelle e sugerindo

convidarmos para nossos eventos. O que a Lamara ainda não sabia era que eu queria muito a história da Michelle no livro e passei uma missão para ela correr e sugerir uma entrevista improvisada, com a qual todos podem se inspirar agora. Parabéns, Lamara, missão cumprida com excelência!

Jakeliny Gracielly – O poder do autoconhecimento

Meu primeiro contato com a Jakeliny foi através do Felipe Correia para combinarmos um papo sobre *DevOps* para sua equipe e comentei sobre o *workshop* Jornada *DevOps* que estava planejando em várias cidades, incluindo para São Paulo. Um fato que me surpreendeu muito foi sua dinâmica e empoderamento para decidir de forma ágil e eficaz a realização do *workshop* na sua empresa. Por coincidência do destino, depois de algumas semanas, fizemos palestra juntos na Campus Party 2018 e aproveitamos para trocar uma ideia muito proveitosa com um amigo dela e a Lamara. Em dado momento, o papo passou para diversidade e estava aprendendo muito com todos. De repente veio um estalo na minha cabeça que a Jakeliny tinha muito o que compartilhar e poderia contribuir bastante para o livro. O resultado está concretizado agora com dicas valiosas sobre autoconhecimento.

Carol Vilas Boas – O poder de acolhimento das comunidades

A Carol representa muito bem o poder que temos para impactar e ser impactados quando decidimos fazer uma palestra. Eu estava estreando como palestrante da Campus Party 2018 e confesso que estava um pouco surpreso com o formato diferente e todo o barulho que me deixou rouco mesmo usando o microfone e isso eu nunca tinha visto. No final da palestra ela veio trocar uma ideia comigo falando como a minha fala fez ela lembrar do início da sua carreira. Ela mal sabia que sua história na TI me impactou muito mais e fiz questão de convidar para mais esse capítulo espetacular.

Luciana Gomes: Qual a ligação da transformação *Lean* com *DevOps*? (Apêndice)

Minha história com *DevOps* começou nos primeiros grupos de trabalho de melhoria na TI aplicando a filosofia *Lean* com a colaboração direta da Luciana Gomes, que é a superintendente dessa iniciativa estratégica na SulAmérica.

Como aprendi e sempre aprendo muito com a Luciana, decidi fazer o convite para que os leitores tenham a oportunidade de entender melhor como a transformação *Lean* colabora diretamente para as iniciativas *DevOps*. Como você já chegou ao final do livro, vai lembrar que o *Lean* é a base de todos os métodos ágeis. Conhecer seu *framework* de transformação ajuda a encaixar mais peças nesse quebra-cabeças.

19. Potencialize sua jornada *DevOps*

Antonio Muniz

Os analfabetos no século XXI não serão os que não sabem ler ou escrever, mas os que não sabem aprender, desaprender e reaprender.

Alvin Toffler

Como a jornada *DevOps* depende de equipes que desenvolvam competências comportamentais para aprimorar o *mindset* colaborativo, apresentarei três dicas que estão alinhadas com as práticas do *Management* 3.0, *Lean* e *Design Thinking*.

Comportamentos colaborativos têm o poder de influenciar com o nosso exemplo diário e fazem toda a diferença quando desejamos aumentar a confiança dos times.

Como diz a famosa frase de Mahatma Gandhi, "seja a mudança que você quer ver no mundo".

A boa notícia é que as competências comportamentais podem ser desenvolvidas até pelas pessoas que dizem gostar somente da parte técnica e não sabem lidar com pessoas, pois já "nasceram assim e morrerão assim". Para quem pensa dessa forma, a má notícia é que está cada vez maior a necessidade de pessoas que saibam trabalhar em time. Várias pesquisas apontam que **mais de 85% das pessoas são demitidas por problemas comportamentais.**

Por outro lado, as organizações deveriam dedicar uma atenção ainda maior à escolha e à capacitação comportamental de seus líderes, pois muitos estudos indicam que **85% das pessoas demitem seus chefes e não as empresas.**

19.1. Dica 1 – Conheça e pratique a comunicação não violenta (CNV)

A CNV foi criada pelo psicólogo americano Marshall Rosenberg na década de 60 e consiste em um processo que facilita o diálogo por meio da observação e da empatia. O objetivo é sempre entender as causas dos problemas de comunicação, visando melhorar os relacionamentos e a produtividade sem a necessidade de culpar, ofender, humilhar ou ameaçar as pessoas.

Como *DevOps* preconiza fortemente que seja evitada a cultura de culpa, recomendo que você leia o livro "Comunicação Não Violenta" (2006) e destaco os seus quatro passos a seguir:

1. **Observar sem julgamentos.** O primeiro passo é observar os fatos sem julgar ou criticar. Quando apenas relatamos o que acontece é mais provável que a outra pessoa escute o seu ponto de vista. Substitua a frase "você nunca entrega o software com a qualidade combinada" por "você entregou as últimas três *releases* sem o teste unitário".
2. **Nomear os sentimentos.** O segundo passo é identificar e expressar com honestidade o que você sente em relação ao que observa: raiva, frustração, tristeza, mágoa, insegurança, etc. Por exemplo: "quando você não faz o teste unitário que combinamos eu me sinto desrespeitado". Dessa forma, ajuda a criar empatia e facilita o entendimento do outro sobre você. É importante que você assuma a responsabilidade pelo que você está sentindo e não culpe o outro pelo sentimento gerado.
3. **Identificar e expressar necessidades.** O terceiro passo é fazer uma ligação das necessidades com os sentimentos. Por exemplo: "quando você briga na frente dos meus colegas, fico com muita raiva" e "gostaria de me sentir respeitado".
4. **Formular pedidos claros e factíveis.** O último passo é pedir, de forma clara, que determinadas ações sejam realizadas para atender às nossas necessidades. Evite exigir como a outra pessoa se comporte (ex.: "não quero que brigue comigo na frente dos meus colegas"), faça um pedido (ex.: "Gostaria que falasse comigo na boa quando algo der errado").

19.2. Dica 2 – Colabore para criar um ambiente com segurança psicológica

A segurança psicológica é uma prática comum nas empresas mais inovadoras, pois seu objetivo é gerar confiança e liberdade para expor opiniões sem a cultura da culpa e da humilhação.

Conforme apresentado na Figura 19.1, existe uma ligação direta entre a motivação e a segurança psicológica. Devemos buscar o quadrante situado na zona de aprendizado.

Figura 19.1. Relação da segurança psicológica e motivação.
Fonte: MUNIZ, videoaula *Management* 3.0, 2019, e EDMONDSON, TED apresentado em 2014.

19.3. Dica 3 – Alinhe seu propósito com sua maior habilidade

Os estudos de Howard Gardner sobre múltiplas inteligências (GARDNER, 1983) estabelecem que todos nascemos com maior predominância em determinadas habilidades, mas podemos desenvolver aquelas que ainda não foram trabalhadas.

Observe na Figura 19.2 que existem nove tipos de inteligência.

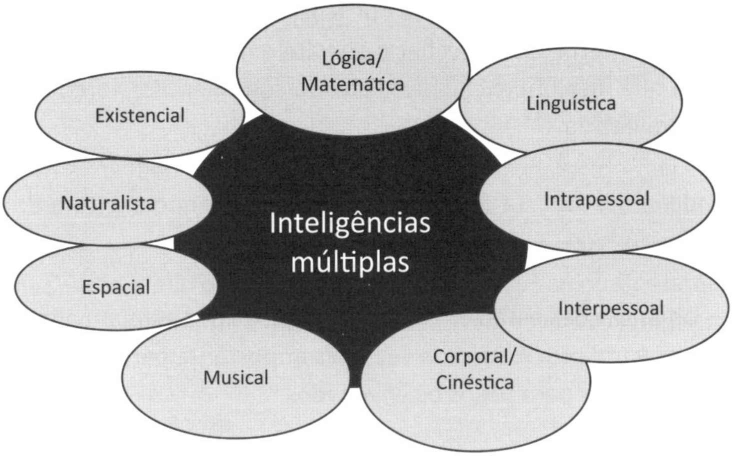

Figura 19.2. Múltiplas inteligências.
Fonte: MUNIZ, videoaula *Management* 3.0, 2019.

Pensando em um exemplo prático aplicado para uma iniciativa *DevOps*, se você reconhece que precisa desenvolver sua habilidade interpessoal para trabalhar em um time multidisciplinar, é totalmente possível avançar para esse resultado. Por outro lado, se você é muito introvertido e as atividades esperadas requerem uma grande exposição que não satisfaz suas necessidades, os estudos indicam que seu esforço será muito mais elevado para desenvolver uma habilidade que não está ligada ao seu propósito mais íntimo.

A descoberta do nosso propósito depende dos quatro fatores destacados na Figura 19.3.

Figura 19.3. O propósito depende de quatro fatores.
Fonte: MUNIZ, videoaula *Management* 3.0, 2019.

Complementando o cenário anterior, se outra pessoa da mesma equipe que tem uma grande habilidade interpessoal receber o convite para facilitar dinâmicas de grupo, é bem provável que faça um excelente trabalho com menos esforço do que aquela pessoa mais introvertida.

Para aprofundar a descoberta do seu propósito, recomendo a leitura do fantástico livro "Ikigai" (2018).

As melhores organizações estão em busca de pessoas que estejam alinhadas ao seu propósito, e este é um processo cada vez mais importante para a felicidade plena e resultados satisfatórios para todos os envolvidos.

> *Seu trabalho vai preencher boa parte da sua vida e a única maneira de ser verdadeiramente satisfeito é fazer o que acredita ser um ótimo trabalho. E a única maneira de fazer um ótimo trabalho é amar o que faz.*
>
> *Steve Jobs*

19.4. Referências

EDMONSDON, Amy. Building a psychologically safe workplace. TED, 2014. Disponível em: <https://www.youtube.com/watch?v=LhoLuui9gX8>. Acesso em: 02 abr. 2019.

GARCÍA, Héctor; MIRALLES, Francesc. **Ikigai:** os segredos dos japoneses para uma vida longa e feliz. Rio de Janeiro: Intrínseca, 2018.

GARDNER, Howard. **Estruturas da mente:** a teoria das múltiplas inteligências. Porto Alegre: Artes Médicas, 1994.

20. Os cinco passos para colocar seu projeto (e sua carreira!) na direção certa

Bruno Souza
Rodrigo Moutinho

Quando você e o seu time entregam softwares fantásticos para seus clientes, vocês ajudam pessoas, resolvem problemas, transformam vidas. *DevOps* é fazer isso consistentemente enquanto você curte o processo.

Entregar software é nosso maior resultado e nosso maior orgulho, seja para facilitar a vida das pessoas, seja para que elas se divirtam. O nosso software se torna parte importante do dia a dia de nossos clientes. É por isso que precisamos estar à altura desse nosso cliente! Qualidade. *Performance*. Funcionalidades. Tudo isso é apenas parte desse todo. Essa é a nossa responsabilidade. Isso também é *DevOps*.

É por isso que não dá para separar *DevOps* da nossa carreira. Se somos responsáveis pelo nosso software, se vamos nos elevar à altura que nossos clientes merecem, precisamos ser o melhor que merecemos ser. Sermos responsáveis pela nossa carreira. Isso também é *DevOps*.

Seja você um desenvolvedor, administrador de sistemas, especialista em segurança, ou a pessoa do marketing, *DevOps* é trabalhar em conjunto com todo o time para entregar o melhor projeto para o cliente. E isso só acontece quando você é responsável pelo seu projeto e pela sua carreira.

Ser responsável é saber pra onde ir. É tomar a frente. É decidir o que fazer, em vez de esperar que outros decidam para você. E para saber aonde você vai você precisa de um mapa. Ser responsável é, portanto, construir esse mapa.

Se você está no meio do caminho, perdido, sem rumo; se seu projeto anda bagunçado; se falta clareza nos próximos passos; este capítulo é pra você. Ou se você tem muita certeza (excesso de certeza é, em geral, falta de clareza), vamos juntos construir o seu mapa para que você consiga chegar aonde você quiser na sua carreira e no seu projeto.

20.1. Entenda onde você está

Começar ou seguir com um projeto sem entender antes onde você está é muito ruim. É como seguir um mapa sem saber onde você está.

Saber onde você está pode ser muita coisa. Saber sobre as tecnologias com que você trabalha. Isso costuma ser a primeira preocupação. Mas, para construir um mapa útil, é preciso que você saiba onde está. Saber quem é o seu cliente e a sua empresa, bem como saber quem você é, seus principais defeitos e também suas principais qualidades.

Então, vamos começar entendendo onde você está. Crie seu próprio mapa. Vamos começar com seus pontos fortes.

Observe seu projeto. Quais são os pontos positivos? Analise as tecnologias utilizadas. A arquitetura. O que funciona muito bem? Teve algum processo, ou vários, que é fundamental para o sucesso do projeto? Faça uma lista do que deu ou está dando certo. Converse com seus colegas para entender o que eles acham que funciona.

Mas não é só seu projeto. Você é muito bom no que faz. Em algumas coisas, pelo menos! Na sua carreira é importante saber os assuntos que você mais domina. O que você sabe? O que você faz bem? As pessoas o parabenizam pelo quê? Converse com seus amigos. Liste onde você é competente.

Entender onde você é competente é o ponto de partida para cada novo assunto que começar a se envolver. Por exemplo, digamos que você é competente em Java. Se é o caso, então, você entende de orientação a objetos. Se você precisar aprender outra linguagem, pode partir dessa sua competência e avançar na direção que você quer ir. Neste exemplo, você pode reutilizar todos os conceitos adquiridos ao longo da jornada com desenvolvimento de sistemas Java e aplicar na nova linguagem. Isso vale para o seu projeto também. Aplicar uma nova tecnologia será algo muito mais efetivo se você partir do que você faz bem no projeto, do que se ela for desconectada do que você já conhece.

Contrapondo o primeiro pedaço do mapa, você também precisa entender seus pontos fracos. O normal é a gente evoluir nossos projetos focando naquilo em que somos muito bons. Até por isso, algumas pessoas ficam sempre fazendo a mesma coisa. Mas o seu projeto irá fracassar justamente pelas coisas que você não domina bem, como uma corrente que se quebra sempre no elo mais fraco.

No seu projeto, perceba em quais partes o time é fraco. Em quais partes ninguém nunca se empenhou em melhorar, as partes que não têm nenhuma pessoa com conhecimento suficiente, as tecnologias e os processos que o time domina mal. Provavelmente você não vai conseguir ver os buracos, aquelas coisas que ninguém no time entende que está faltando, por total desconhecimento. Mas identificar aquilo que é claramente fraco já é uma importante ajuda.

Faça o mesmo na sua carreira. Seja honesto com você mesmo e liste no que você não é muito bom. Onde você tropeça? Quais partes ou tecnologias do seu projeto você não faz a menor ideia de como funciona? Saber disso é fundamental para você assumir a responsabilidade. Você pode decidir melhorar as coisas em que você não é muito bom, ou evitá-las e passar para outras pessoas. Busque alternativas para que você não caia nessas armadilhas.

Entender os pontos fortes e fracos vão lhe dar mais clareza para compreender a próxima etapa. O seu time, você o conhece? Você conhece quem joga a seu favor ou contra, ou até mesmo contra o seu projeto? Quem está animado, quer aprender e está focado em melhorar? Outros podem ter abordagens negativas de que o projeto não vai funcionar, falta tempo ou a nova tecnologia é horrível. Entender quem é quem, quem é bom nas tecnologias, ou até mesmo quem não é, o ajuda a trabalhar com as pessoas certas para alcançar o sucesso.

Por exemplo, se você percebe que no time existem pessoas com medo de testar novas tecnologias, você pode tomar uma atitude. Pode ajudar essas pessoas a superar o medo e assim começar uma nova etapa, aprendendo e adotando a nova tecnologia. Ou pode ajudá-las a sair dessa situação, encontrando partes do projeto em que elas não lidem com esse tipo de novidade, focando em dar manutenção para as tecnologias já implementadas.

Uma situação bem comum de desconhecimento do time que gera muitos conflitos é quando a operação quer resolver o problema de uma maneira, mas o time de desenvolvimento quer resolver de outra. O desenvolvimento precisa entender o que a operação quer e vice-versa. Alguém disposto a organizar um trabalho em conjunto para entender o cenário deixaria essa situação muito mais fácil de resolver. E olha que isso vale mesmo que a sua empresa não tenha nenhum processo de *DevOps*, ou nem mesmo esteja tentando adotar a cultura *DevOps*. Assumir essa responsabilidade é melhorar o projeto.

Por outro lado, na sua carreira, no time é só você, certo? Que nada! Entenda quem faz parte do seu time! Seus amigos? Sua família? Seu chefe? Pessoas que encontra em eventos? Todos podem fazer parte do seu time e você fazer parte do time deles. Basta você querer jogar junto e não contra. Os que possuem objetivos parecidos com o seu podem ser óbvios aliados. Os que estão fazendo coisas completamente diferentes podem complementar as suas habilidades. Você tanto pode ajudar quanto receber ajuda de todo o seu time.

Entender quem é o seu cliente monta outro pedaço importante do seu mapa. Até porque o objetivo de qualquer projeto sempre é o sucesso do seu cliente. Mas muitas pessoas não fazem ideia de quem é o cliente. Pensam fazer parte apenas da equipe técnica com a tarefa de escrever código o dia todo. A equipe de marketing que se preocupe com o tal "usuário"... escrever código tem tudo a ver com o cliente. Esse entendimento é fundamental para o sucesso do projeto.

Quando relacionado à carreira, a palavra "cliente" parece não fazer muito sentido, mas na verdade você tem muitos clientes: a empresa que está lhe pagando para solucionar algum problema; todas as pessoas que o assistem, leem e acompanham o que você apresenta, escreve ou compartilha, seja na forma de artigos, palestras ou até mesmo nas redes sociais. Entender melhor essas pessoas será fundamental para seu crescimento na carreira e na vida.

O que falta agora para completar o mapa é você! Para onde você quer ir? Onde você está neste momento? Seja honesto com você mesmo e não se coloque para baixo ou se superestime. Entender onde você está é fundamental.

Nesse momento, é muito comum as pessoas se desvalorizarem, acharem que não têm nada de bom. Algo muito comum na indústria de software é a "síndrome do impostor": a sensação de que você não sabe o que está fazendo ou não tem capacidade de fazer. Daí o medo de as pessoas descobrirem que você não sabe o que está fazendo.

Quer saber a verdade? É isso mesmo, você não sabe. Mas ninguém sabe o que está fazendo! As pessoas que estão avançando o mundo estão sempre testando e experimentando coisas novas, tentando algo diferente. A gente só sabe fazer aquilo que já fizemos muitas vezes – e, vamos ser honestos, quem quer isso? Assuma isso e foque na melhoria contínua. Descubra mais sobre você, sobre seus medos, suas motivações.

Agora que o mapa está completo com a localização de todos, e principalmente a sua, chegou a hora de traçar a rota para onde quer chegar.

Para onde você quer ir?

20.2. Defina objetivos claros

De nada adianta saber onde você está se não sabe para onde ir. Traçar objetivos é definir os pontos para onde você quer ir no seu mapa.

Em uma das mais fantásticas conversas da literatura, em "Alice no País das Maravilhas", Alice pergunta ao Gato de Cheshire: "poderia me dizer, por favor, que caminho devo tomar?". O Gato sabiamente responde: "isso depende bastante de onde você quer chegar". Alice explica: "o lugar não importa muito...". O Gato retruca com uma profunda lição: "então não importa o caminho que você vai tomar".

Essa é a realidade de nossas vidas e carreiras. E também de nossos projetos. Se não importa aonde queremos chegar, seja porque não sabemos ou porque não temos clareza, qualquer caminho parecerá adequado. E, como resultado, certamente vamos nos perder em um mar de possibilidades.

Esse é um problema muito comum de projetos e carreiras, que podem levar ambos ao fracasso. No projeto falta clareza de onde se quer chegar, os objetivos do cliente, se o mais importante é a segurança ou a alta disponibilidade. O mesmo acontece com a sua carreira, ao não saber o quão longe quer ir, impedindo-o de seguir na direção correta.

Em relação ao seu projeto, falamos anteriormente da necessidade de entender quem é o seu cliente. Mas, afinal, do que ele precisa? Quais são suas necessidades ou o que ele busca? É importante que você entenda isso com clareza. Em uma empresa grande, talvez uma conversa com a equipe de marketing seja a forma mais fácil de descobrir. Em uma *startup*, uma ligação diretamente para um cliente pode ser o suficiente. Vale lembrar que cliente é um termo muito amplo. Talvez você tenha que entender o que seu chefe, ou o presidente, ou o chefe de departamento da sua da empresa, quer. Observe ao redor. Converse com as pessoas. Pergunte o que esperam de você, ou como você pode ajudá-las. Entenda qual é o maior desafio que elas estão enfrentando nesse momento.

Conheça melhor as necessidades de seu time. Para isso, você vai precisar conversar. Conversar com as pessoas ajuda a criar a visão dos desafios que elas enfrentam, o que é mais importante nas suas vidas no momento. Uma pessoa não curte trabalhar com coisas desconhecidas. Outra preferiria estar fazendo *games*. Aquela lá quer crescer como desenvolvedora. Essa aqui tem medo de experimentar Java. Entender os desafios de quem está ao seu lado ajuda essas pessoas e o ajuda também. Converse.

No almoço ou no cafezinho. Você faz parte de um time, não é sobre você, é sobre o seu time. Sobre todos enfrentarem juntos os desafios.

Outro ponto importante é entender a necessidade da sua empresa. Fale com seu chefe. Crie o hábito de falar com ele de tempos em tempos, para entendê-lo melhor. Mas tenha também a certeza de que ele sabe onde você está agora e aonde quer chegar. Perceba que muitas vezes, ao perguntar ao seu chefe do que a empresa precisa, ele talvez não saiba. Mas o simples fato de você perguntar já o ajuda descobrir a resposta. Quanto mais entender seu cliente, empresa, equipe, mais útil você será para todos que estão a sua volta.

O ponto principal é você ter clareza do que quer. Muitas pessoas costumam criar metas baseadas no que pensam que as outras pessoas precisam delas. Criam metas baseadas no que seu chefe, seu companheiro ou até mesmo seus pais esperam. Mas esse é o momento de esquecer todos eles. Desta vez é sobre você! Assuma os seus objetivos, entenda profundamente você mesmo. Entenda o que realmente você quer para a sua carreira. Quanto mais claro isso estiver pra você, mais fácil ficará definir seus objetivos.

Uma excelente maneira de descobrir o que queremos é encontrar justamente as coisas de que não gostamos. Observe como está a sua vida agora. Qual é sua maior decepção ou arrependimento? Achar isso pode ajudá-lo a entender que o exato oposto é o que você quer. Para isso, separe um tempo e faça essa reflexão. Isso fará uma grande diferença na sua vida.

Agora que você sabe quem são, o que querem e o que você quer, é hora de transformar tudo isso em objetivos muito claros e focados. Um modelo que pode ser muito útil é o SMARTER. Seu significado é que seu objetivo tem que ser: **Específico** (*Specific*), **Mensurável** (*Measurable*), **Mobilizante** (*Actionable*), **Arriscado** (*Risky*), **Temporal** (*Time-Based*), **Energizante** (*Engaging*), **Relevante** (*Relevant*).

Use tudo que descobriu para criar objetivos SMARTER. **Específico** o suficiente para não perder o foco. **Mensurável** para entender em que ponto se encontra e o que falta alcançar. **Mobilizante** no sentido de saber as ações que devem ser colocadas em prática. **Arriscado** ao ponto que tire você da zona de conforto. **Temporal** ao ponto de ter uma data para finalizar, entregar. **Energizante** para motivá-lo e buscar sua conclusão. E o mais importante, que seja **relevante** para você, que faça sentido.

Agora, no seu mapa, você tem a posição atual e cada ponto da rota desejada. Mas como ter certeza que não vai se perder no meio do caminho?

20.3. Crie um sistema

O esforço de começar uma tarefa é grande. Por isso, é preciso sempre lembrar do contexto, do motivo, do porquê de estar fazendo aquilo. Agora, se a tarefa for isolada, sem relação nenhuma com o seu foco, esse esforço se torna muito maior, deixando o processo difícil e complexo. Toda tarefa exige que você crie o comprometimento necessário e permaneça motivado até concluí-la.

Isso é ruim porque tudo o que você vai fazer é como se fosse algo especial, único. E começar as coisas, fazer coisas únicas e especiais, exige motivação. É como se você precisasse de uma "energia de ativação" para sair do zero e começar a andar. Isso significa que é difícil dar o próximo passo, ou pior: acabar nunca dando passo algum...

Ter um sistema que define etapas a serem seguidas, ações específicas que criam hábitos diários, ajuda a reduzir essa "energia de ativação". E isso pode fazer toda a diferença no seu projeto e na sua carreira.

No seu projeto ter um sistema significa chegar ao trabalho sabendo o que vai fazer. Saber onde é importante focar. Que todos os dias você precisa entregar uma nova versão de software ou dar um passo para entregar a versão planejada da semana. Tendo um sistema, você entrega mais e gera mais resultados dentro do seu projeto. Fazer uma primeira versão disso não é complicado, uma vez que os processos já estão definidos e você faz isso hoje.

Criar um sistema é o coração do que fazemos em *DevOps*. Neste caso, o sistema é o nosso *pipeline* de entrega. Quanto melhor a gente monta isso – mais automatizado, mais parecido com a produção, mais frequente – melhor é o nosso sistema de entrega. E hoje em dia (inclusive com as dicas deste livro) você pode até codificar este *pipeline* e ir melhorando a cada dia. Com um sistema desses montado, quanto mais automatizado for, menos a sua entrega será um evento especial. Você reduz a sua "energia de ativação" para entregar software, que passa a ser um processo normal, frequente e sem estresse.

Associando esse mesmo conceito à sua carreira, saber os passos que precisa dar para evoluir de forma consistente ajuda muito nesse processo. Crie um sistema que o auxilie a todos os dias dar um pequeno passo na direção certa. Isso pode ser 15 minutos estudando uma tecnologia nova depois do almoço ou ao chegar em casa do trabalho. Ou investir 30 minutos todos os dias pela manhã para melhorar o inglês ou escrever um artigo relacionado ao seu foco. Faça um *pipeline* de entrega de resultados para sua carreira, de acordo com os prazos definidos em seus objetivos claros.

Ter um sistema o ajuda a não se perder pelo caminho. Veja que sempre são pequenos compromissos. Nada de três horas diárias resolvendo tal problema. Isso pode ser muito empolgante na primeira semana, mas se torna difícil de manter ao longo do tempo. E a magia disso tudo é a consistência. Fazer pequenas tarefas todos os dias vai ajudá-lo a criar um sistema de hábitos eficiente.

Agora que entende melhor os processos, você precisa descobrir quais são as habilidades necessárias para colocar tudo em prática. As pessoas do seu time estão preparadas? Será que elas precisam de treinamento? Ou é você quem precisa aprender algo específico? Você pode criar processos para auxiliar o seu time ou simplesmente trazer a pessoa certa para o seu lado para ajudá-lo a concluir uma etapa específica.

Isso também funciona para a sua carreira. Muitas vezes a ajuda de um amigo auxiliando em um processo complexo pode ser muito mais produtiva do que aprender tudo sozinho. Até mesmo contratar uma pessoa, um mentor, que esteja comprometido em ajudá-lo a dar esse próximo passo.

Com todas essas informações agora será possível criar um *pipeline* não só de entrega de software, mas também de evolução na carreira. Coloque em prática o mais importante, a criação de hábitos. Para escrever artigos. Para entregar software toda semana, todo dia ou a cada duas horas. Você decide! Uma vez que você cria hábitos, tudo fica mais fácil não somente para você, mas também para todo o seu time. Seres humanos são criaturas de hábitos. É mais fácil fazer coisas que você já está acostumado a fazer do que ter que começar tudo do zero todas as vezes.

20.4. Teste seu progresso

Neste ponto você sabe onde está, aonde quer ir e tem um sistema com hábitos sólidos para levá-lo aonde quer chegar. Com isso, você vai perceber que as coisas vão acontecer de maneira muito mais rápida do que o normal, pois agora você estará evoluindo todos os dias. Por conta dessa velocidade, você pode acabar saindo da trajetória inicial, desviando um pouco para um lado ou para o outro. Se isso não for corrigido, vai começar a sair muito para um lado e se perder do seu objetivo principal.

Para isso não acontecer, você precisa testar seu progresso de forma contínua, para ter certeza de que continua na direção certa. Não importa aonde você quer chegar, sua caminhada não será uma linha reta e contínua. Existião muitos erros e oportunidades para você se perder. E se você não testar se continua no caminho certo, não vai saber que precisa reajustar sua rota. Isso funciona como um GPS. Você já sabe qual é a rota que deve seguir, como chegar ao destino. Mas se no caminho você ignora e não confere o GPS, você vai seguir reto quando tinha que virar. O GPS avisou para virar à esquerda lá atrás... quanto mais tempo você demorar para testar – para olhar para o GPS –, mais perdido você vai ficar. Testar se você continua no trajeto é muito importante para ter certeza de que está na direção certa.

Para garantir a qualidade dos testes, você precisa definir métricas. Só com métricas claras você vai identificar se está saindo da rota ou não. E você precisa escolher as suas métricas... é um momento de reflexão: como saber se estou saindo da rota? Como saber se está levando mais tempo do que esperava para entregar esse software? Como saber se os clientes estão obtendo os resultados que eles esperam? Como saber se estou tendo a *performance* que esperava no meu software? Como saber se o time está entregando o suficiente e o que é o esperado? Pense sobre esse cenário. Uma única boa métrica é muito melhor do que não ter nenhuma: é a diferença de ter ou não um GPS.

Nesse ponto, existem ferramentas fantásticas no mundo *DevOps* que você nem precisa fazer nada para que elas já coletem métricas para você. Na sua vida e na sua carreira provavelmente será um pouco diferente. Você realmente vai precisar identificar o que realmente importa ser medido e acompanhado.

Feito isso, é hora de criar um plano. Com que frequência vai coletar essas métricas? Diariamente? Ou apenas baixá-las do seu controlador de tarefas ou do seu servidor do SonarQube? Tenha a certeza de que está coletando essas métricas.

Na sua carreira, tomar notas das coisas que fez ou que não fez talvez ocorra uma vez por semana. Um calendário pode ser muito útil, ou uma lista de afazeres, ou qualquer outra ferramenta que o ajude a continuar seguindo em frente.

Com o plano em mãos, prepare o ambiente adequado para testá-lo, pôr em prática. Quando se fala disso para pessoas técnicas, imediatamente pensamos no servidor de integração contínua executando os testes automáticos e testes unitários, e Selenium, e outras coisas mais... sim, tudo isso, de fato, é importante. Mas não é isso que define o ambiente adequado. Às vezes, mesmo tendo tudo isso, o ambiente não está propício para testes.

Em um ambiente não adequado, ninguém entende que, se existem testes, também existirão erros. Então toda vez que um erro acontecer as pessoas vão buscar um culpado para bode expiatório. Quando isso acontece, ninguém está aberto a cometer erros. Então todos falsificam os testes. Fingem que estão testando.

E isso é muito fácil de fazer na carreira. Ao não querer enxergar os erros, os testes são falsificados, contando apenas os sucessos. Nunca se contam os erros e às vezes a gente nem vê os erros cometidos. Com isso, saímos completamente da rota e não fazemos mais ideia do caminho que estamos – ou deveríamos estar – seguindo.

Em um ambiente adequado é quando a gente promove a experimentação. Não só nos nossos projetos, mas em especial na nossa carreira. Permita-se experimentar. Aprenda com os erros. Mas não demonize os erros nem as pessoas que erram e, em especial, não se cobre tanto quando cometer erros.

Como último ponto: chega a hora de avaliar os resultados. O ideal é fazer uma avaliação semanal. Diariamente pode ser muito puxado, e é difícil identificar problemas. É que nem ficar olhando para o GPS o tempo todo: corre-se o risco de bater por não estar olhando a rua. Agora analisar mensalmente provavelmente é pouco, a menos que o seu projeto e os seus objetivos sejam lentos e de muito longo prazo (como, por exemplo, investir na bolsa). Em projetos normais, ficar muito tempo sem acompanhá-los pode colocar você em uma situação difícil, de ter que voltar várias ruas atrás para ajustar o percurso.

Fazer uma análise semanal do seu projeto e da sua carreira, identificar o que funcionou ou não e fazer pequenos ajustes onde for necessário vai transformar sua carreira e também o seu projeto. Importante: caso a equipe não queira colocar em prática, faça você mesmo uma análise pessoal. Liderar quase sempre significa fazer sozinho o que precisa ser feito, mesmo que os outros não acreditem...

20.5. Ajuste e repita

Você agora tem tudo devidamente preparado. Onde está, aonde quer ir, um sistema que faz você avançar sempre e constantemente testado para você não se perder. Agora vem a parte mais importante: aplicar e repetir. Aplicar e repetir. Se tem algo que pode mudar a sua carreira – e o seu projeto – é essa consistência.

De nada adianta você ter um plano e não o seguir. Testar e não corrigir. É melhor ter um plano inicial ruim, que você implementa, experimenta, testa e ajusta, do que você ficar trabalhando em um plano perfeito, um caminho exato, e nunca sair do lugar. Você vai chegar mais rápido se pegar o caminho errado, começar a andar e ajustar enquanto caminha do que se você ficar para sempre procurando o caminho certo e nunca começar.

Você vai cometer erros. E tudo bem. Tudo bem também se não corrigir o erro imediatamente. O importante é identificá-lo e ajustá-lo o quanto antes. Basta seguir a mesma analogia do GPS. Ao esquecer de dobrar a esquerda, automaticamente já comece a pensar em maneiras de corrigir e voltar para o caminho inicialmente planejado. Vai demorar mais para chegar, mas tem a certeza de que será no destino certo. Entenda que quanto mais tempo continuar seguindo o caminho errado, mais distante estará dos seus objetivos.

Com a análise semanal do seu progresso, identifique quais são as melhorias que podem ser aplicadas. Faça um planejamento para já conseguir ajustar todos os pequenos detalhes o quanto antes. Alguns processos podem tomar mais tempo, porém é importante corrigi-los. Defina um prazo para não se perder e continuar com os mesmos erros. Dependendo da análise, será necessário reavaliar seus objetivos. Observe a sua volta e perceba se os seus objetivos continuam os mesmos.

Entenda que de tempos em tempos os objetivos podem mudar. Você pode passar um tempo tentando ajudar um cliente a solucionar um problema específico, até que outra pessoa da equipe chega e percebe que esse problema já não existe mais. Então é necessário reavaliar o que precisa ser feito.

Na sua carreira não é diferente. Entender o que vem fazendo é fundamental para saber se o destino final continua fazendo sentido para você. Por exemplo, você talvez tivesse como objetivo trabalhar em uma empresa muito legal, mas teve uma oportunidade de ser contratado por outra para trabalhar fora do país. Se o antigo objetivo não fizer mais sentido, não tenha medo de rever todo o processo e definir novos objetivos.

Mais importante do que corrigir é comemorar os seus sucessos!

O objetivo de tudo que estamos falando aqui não é você se cobrar, se obrigar a fazer o que não quer, ficar se criticando ou se sentindo mal em relação ao que está fazendo ou deixando de fazer. Não é uma forma de se punir se não atingir os objetivos que deseja. O objetivo principal é chegar cada vez mais próximo do seu tão sonhado objetivo e ter a certeza de continuar tentando, quando outros teriam desistido faz tempo.

Então comemore! Olhe para trás. Mesmo que tenha errado várias entradas, já está na metade do caminho! Celebre com você mesmo, com seu time. Saia e faça um brinde em um bar ou até mesmo na hora do almoço. Mais simples ainda, levante e celebre com seu time compartilhando a notícia de que todos conseguiram alcançar o objetivo planejado e depois volte a trabalhar. Celebrar seus sucessos é uma das etapas mais importantes que você pode fazer para continuar na direção certa. Fracassos vão jogá-lo para baixo, mas ao celebrar seus pequenos sucessos você será capaz de lembrar que está progredindo rumo ao objetivo final.

Porque *DevOps* não é você se cobrar e se matar para conseguir, ou apontar os culpados pelos erros; *DevOps* é você se responsabilizar pelo seu projeto, pela sua carreira, pelos seus clientes e pela sua empresa. É você curtir cada minuto desse processo e ter a certeza de que está evoluindo continuamente.

Se você começar essa jornada, lembre-se de que toda viagem fica mais bacana quando a gente viaja junto. Se você for, a gente vai com você! Mande um e-mail para <help@code4.life> com o título "Jornada DevOps", conte-nos qual é o seu maior sonho e o seu maior desafio ou frustração que nós vamos ajudá-lo a dar o próximo passo.

Bom *DevOps* para você!

21. Mulheres na TI podem se destacar?

Fabiana Ravanêda

Quando alguém fala a expressão "mulheres na TI", o que isso quer dizer para você?

Pouca gente sabe sobre a importância das mulheres para o mundo da informática. O universo que envolve conhecimento tecnológico é geralmente associado aos homens; no entanto, existiu uma época em que as mulheres eram maioria no setor.

No século passado, as máquinas eram usadas basicamente para realizar cálculos e processamento de dados, atividades então associadas à função de secretária, justificando serem utilizadas quase só por mulheres. Mas elas não se limitaram a isso, muitas tiveram papel importante no desenvolvimento dos computadores e dos programas que fazem essas máquinas terem serventia.

21.1. Um pouco da história

O primeiro algoritmo da história foi criado por uma mulher, a Condessa de Lovelace, Augusta Ada King. Antes mesmo que houvesse computadores para calcular tais dados, Lovelace foi capaz de escrever tal sequência de cálculos. Anos após seu falecimento, seu algoritmo foi verificado e comprovado. Outra mulher que marcou a história da tecnologia foi a irmã Mary Kenneth Keller, pois suas contribuições foram essenciais para a criação da linguagem de programação Basic.

Recentemente, o filme "Estrelas Além do Tempo" (título original: *Hidden Figures*) contou a história de Katherine Johnson, Dorothy Vaughan e Mary Jackson. As três funcionárias da NASA foram peça-chave no projeto de lançamento do astronauta John Glenn para o espaço, no auge da corrida espacial entre Estados Unidos e União Soviética.

De acordo com estudos (Figura 21.1), no início da década de 1970 até meados de 1980, houve um aumento de 10% para 36% da participação das mulheres e a maioria dos estudantes era do sexo feminino. Acredita-se que o interesse das mulheres pela graduação na área de TI tenha relação com o curso de Matemática, pois a primeira turma surgiu a partir da migração de alunos da licenciatura em Matemática, que sempre foi um curso predominantemente feminino; porém, após 1980 o interesse de mulheres por cursos da área da computação vem decaindo a cada ano.

As razões desse afastamento têm sido pesquisadas e discutidas ao longo dos anos e estão fortemente relacionadas com estereótipos. Segundo pesquisas, após 1984 foram lançados os primeiros computadores com materiais de divulgação voltados para o público masculino, já iniciando o desinteresse das mulheres. Outra razão seria o pouco incentivo dado a elas para a área de exatas – se pararmos para refletir, a figura do *nerd* sempre esteve associada ao menino.

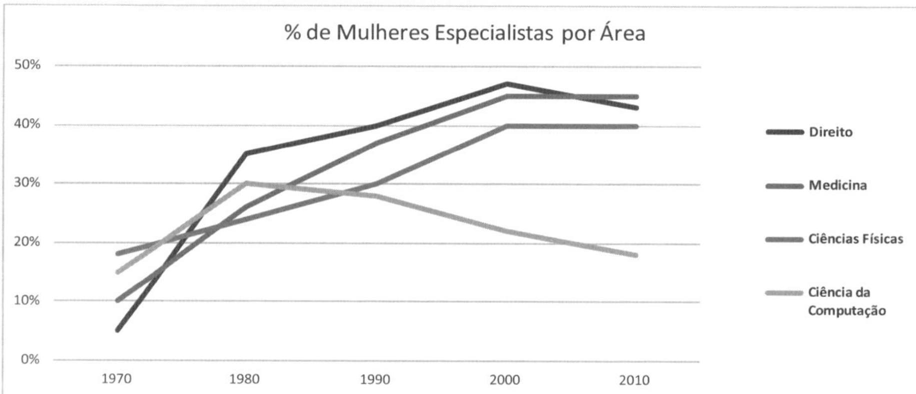

Figura 21.1. Porcentagem de mulheres especialistas por área.
Fonte: SANTOS, 2018.

21.2. Dias atuais

De acordo com dados recentes divulgados por Facebook, Google, Twitter e Apple (BRANCO, 2019), as mulheres são apenas 30% dos funcionários nessas empresas. Em cargos técnicos, diretamente ligados à tecnologia, o número diminui. No Brasil, segundo a Pesquisa Nacional por Amostra de Domicílios (Pnad), do IBGE, elas representam apenas 20% dos mais de 580 mil profissionais da área de tecnologia da informação.

Além disso, grande parte das mulheres que trabalham como desenvolvedoras de software está presa a cargos iniciantes. As informações constatam que as programadoras estão mais propensas a ocupar cargos juniores em empresas do ramo, independentemente da idade.

Mesmo com tantas mulheres incríveis na história, ainda existem pessoas que acreditam que tecnologia não é para mulheres. As mulheres na TI fazem a diferença, e este é um paradigma que precisa ser quebrado (Figura 21.2).

Pesquisas vêm destacando boas projeções para o público feminino da área, além de ampliar o horizonte no que tange à tão desejada igualdade de gênero: "mais de 60% das entrevistadas afirmam ter competências em Java e JavaScript, e mais de 40% comentaram que conhecem as linguagens de programação C++ e Python (KOHN, 2018). Todas essas habilidades são bastante procuradas por empregadores, segundo um documento do mesmo estudo. Além disso, as mulheres estão trabalhando em setores muito bem visados na indústria, com 10% delas empregadas no mercado de serviços financeiros e 3,6% ocupando cargos no setor automotivo" (PINHEIRO, 2018).

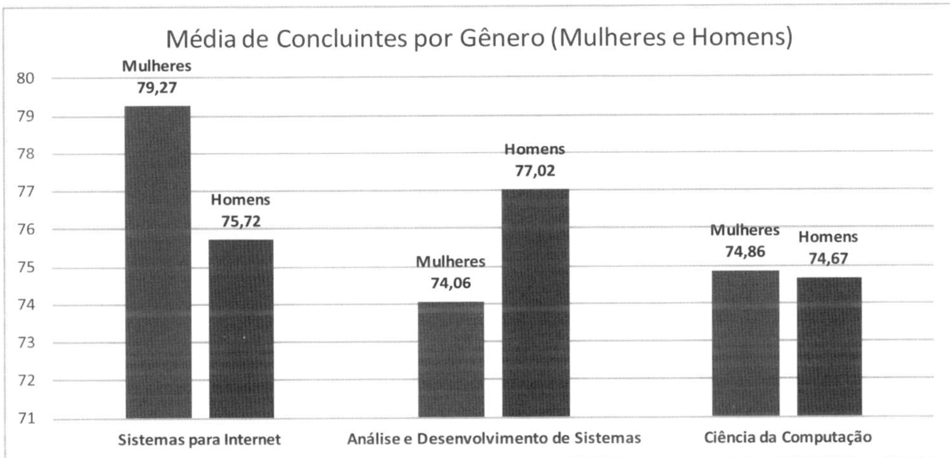

Figura 21.2. Média dos concluintes por gênero nas graduações.
Fonte: adaptado de POSSER; TEIXEIRA, 2016.

21.3. Futuro promissor

Cada vez mais as mulheres têm conquistado seu espaço dentro do universo da TI. Atualmente, as mulheres representam cerca de 26% dos profissionais que atuam nesse mercado. Algumas áreas, como *User Experience Designer* e *Web Developer*, no entanto, já registraram altas de 60% e 40%, respectivamente, de mulheres, nos últimos anos. De acordo com a presidente da IBM na América Latina, Ana Paula Assis: "ainda temos um longo caminho a percorrer nessa jornada, mas estamos avançando bem, especialmente na América Latina. Aqui, várias empresas de TI são lideradas hoje por mulheres. Há uma tendência de abertura cada vez maior deste espaço e eu vejo com otimismo o potencial de oportunidades de carreira para as mulheres em tecnologia na nossa região".

Se você é mulher e vive essa realidade, saiba que as mulheres podem – e devem – se destacar na TI. Eu, como mulher totalmente inserida nesse contexto, vejo cada vez mais esse futuro promissor, e para isso temos diversos movimentos ao redor do mundo contribuindo com muitas mulheres aprendendo sobre um determinado assunto tecnológico sob mentoria e orientação de outras mulheres. Nas comunidades, elas se sentem seguras para questionar, são estimuladas para inovar e capacitadas para entrar no mercado de trabalho.

Um exemplo do qual faço parte como uma das Coordenadoras no Rio de Janeiro é o WoMakersCode, iniciativa sem fins lucrativos que busca o protagonismo feminino na tecnologia através do desenvolvimento profissional e econômico desde 2015. Essa iniciativa tem crescido cada vez mais em todo Brasil: "acreditamos que empoderar é incentivar a participação, o aprendizado colaborativo e, acima de tudo, dar voz às mulheres" (WOMAKERSCODE, 2015).

Iniciativas como essa têm crescido no mundo todo: WoMakersCode, Rails Girls, Femme IT, Girls Who Code, MariaLab, Mulheres na Tecnologia, PHP Women, PyLadies, Meninas Digitais, Code Girl são apenas alguns exemplos de projetos com esse mesmo objetivo.

Se você não sabe por onde começar, vamos às dicas:

- ✓ Conheça melhor essas iniciativas, acompanhe em sites e redes sociais e se inscreva nos eventos que ocorrem durante todo o ano, em todo o Brasil.
- ✓ Busque capacitação não apenas com cursos técnicos, mas principalmente ampliando a perspectiva sobre as capacidades com *coaching*, mentoria, descobrindo todas as suas potencialidades.
- ✓ Candidate-se como voluntária nesses movimentos; as iniciativas possuem várias frentes das quais você pode fazer parte e colaborar. Além do *networking*, você também tem a chance de ampliar suas habilidades e conhecimentos.
- ✓ Todo e qualquer apoio é sempre muito bem-vindo, compartilhando essa corrente do bem, divulgando os eventos que têm acontecido em todo o Brasil, participando como apoiadores e patrocinadores.

Segundo a Wikipédia, hoje já são mais de 40 grupos ao redor do mundo, e vejo na prática a diferença que está fazendo nesse cenário. Com essas iniciativas muitas profissionais conseguiram migrar de profissão ou iniciar uma carreira já na área: o gênero de uma pessoa não define sua capacidade. Nesse quesito, somos todos iguais. Acredito em mulheres na TI, em TI para todos. O objetivo é apenas um: empoderar mulheres.

> *O empoderamento pode ser definido como estratégia ou dispositivo por meio do qual os vários sujeitos e atores sociais, individuais e coletivos tomam consciência de que possuem habilidade e competência para produzir, criar, gerir e transformar suas próprias vidas, seus entornos, tornando-se protagonistas de suas histórias. (COSTA, 2004).*

Seja protagonista da sua vida. Vamos juntas!

A seguir, elenco algumas iniciativas, comunidades e programas para mulheres em tecnologia:

WoMakersCode – <http://womakerscode.org/>
Rails Girls – <http://www.railsgirls.com/>
Femme IT – <https://femmeit.com.br/>
Girls who code – <https://girlswhocode.com/>
Maria Lab – <https://marialab.org/>
Mulheres na Tecnologia – <https://mulheresnatecnologia.org/>
PHP Women – <http://phpwomen.org.br/>
PyLadies – <http://brasil.pyladies.com/>
Meninas Digitais – <http://meninas.sbc.org.br/>
Code Girl – <http://www.codegirl.com.br/>
Ada vc – <https://ada.vc/>
ngGirls – <http://ng-girls.org/rio/>
Codando Juntas – <http://codandojuntas.com.br/>
Reprograma – <https://reprograma.com.br>
Borboletas Digitais – <http://borboletasdigitais.com.br>
Codamos – <https://www.codamos.club>
Programaria – <https://www.programaria.org>
R Ladies – <https://rladies.org>

21.4. Referências

ASSIS, Ana Paula. Mulheres em tecnologia: uma carreira em ascensão. **Estadão,** 20 mar. 2018. Disponível em: <https://economia.estadao.com.br/blogs/radar-do-emprego/mulheres-em-tecnologia-uma-carreira-em-ascensao/>. Acesso em: 16 abr. 2019.

BRANCO, Leo. Uma nova geração está mostrando que tecnologia é coisa de mulher. **O Globo**, 17 fev. 2019. Disponível em: <https://oglobo.globo.com/economia/tecnologia/uma-nova-geracao-esta-mostrando-que-tecnologia-coisa-de-mulher-23458870>. Acesso em: 16 abr. 2019.

COSTA, Ana Alice. **Gênero, poder e empoderamento das mulheres.** 2004. Disponível em: <http://www.reprolatina.institucional.ws/site/respositorio/materiais_apoio/textos_de_apoio/Genero_poder_e_empoderamento_das_mulheres.pdf>. Acesso em: 16 abr. 2019.

KOHN, Stephanie. Empoderamento feminino: conheça grupos que ajudam mulheres a programar. **Terra**, 07 mar. 2018. Disponível em: <https://www.terra.com.br/noticias/tecnologia/canaltech/empoderamento-feminino-conheca-grupos-que-ajudam-mulheres-a-programar,f8748722e9761c66ca7b2aa7dcf845f1nfj0prp7.html>. Acesso em: 16 abr. 2019

PINHEIRO, Jessica. Mulheres programadoras tendem a assumir apenas cargos juniores, aponta estudo. **Canaltech**, 05 mar. 2018. Disponível em: <https://canaltech.com.br/carreira/mulheres-programadoras-tendem-a-assumir-apenas-cargos-junior--aponta-estudo-109286/>. Acesso em: 16 abr. 2019.

POSSER, Camila Vieira; TEIXEIRA, Adriano Canabarro. Mulheres que aprendem informática: um estudo de gênero na área de TI. **V Congresso Brasileiro de Informática na Educação, Anais do XXII Workshop de Informática na Escola**, 2016. Disponível em: <http://www.br-ie.org/pub/index.php/wie/article/viewFile/6878/4756>. Acesso em: 25 mar. 2019.

SANTOS, Carolina Marins. Por que as mulheres "desapareceram" dos cursos de computação? **Jornal da USP**, 07 mar. 2018. Disponível em: <https://jornal.usp.br/universidade/por-que-as-mulheres-desapareceram-dos-cursos-de-computacao/>. Acesso em: 25 mar. 2019.

WOMAKERS CODE. Site. Disponível em: <http://womakerscode.org/>. Acesso em: 16 abr. 2018.

22. Deficientes visuais podem se destacar na TI?

22.1. Depoimento de Alexandre Santos Costa

Olá, caro leitor. Muito obrigado por dedicar um tempo para ler este capítulo. Farei o possível para que estas páginas não só tragam muito conteúdo, mas também lhe sirvam de inspiração.

Meu nome é Alexandre, mas sou mais conhecido nas comunidades técnicas como *Magoo*, um apelido desde o tempo do ensino fundamental, mas que ficará para um outro momento. Por enquanto basta saber que tanto ele quanto eu somos pessoas com deficiência visual.

Aliás, já vamos começar por aí. Este é o termo homologado pela ONU (Organização das Nações Unidas) desde 2008 para se referir a pessoas com deficiência física, sensorial (visual, auditiva) ou intelectual.

E se pensarmos bem, faz todo o sentido, já que minha deficiência é apenas uma característica e não me define como pessoa.

Mas enfim, este é um livro de tecnologia e não de etimologia ou filosofia e agradeço o convite para compartilhar com você um pouco do meu conhecimento e experiência.

Vou utilizar a frase de um grande amigo: "estamos vivendo em uma grande época para as pessoas com deficiência que querem iniciar ou evoluir em sua carreira na área da tecnologia." Eu concordo plenamente com essa indagação.

A diversidade não está apenas na vontade das empresas de evoluir culturalmente, elas impactam diretamente nos resultados.

Antes de começar a falar sobre as práticas de desenvolvimento, gestão de projetos e de infraestrutura que tornaram o ambiente de trabalho ainda mais inclusivo, preciso dizer que tais não são tão recentes quanto parecem.

Mas só podemos ter uma real noção de como evoluímos se olharmos para o passado e entendermos como chegamos até aqui.

Em uma palestra no ENTIDV (Encontro Nacional de Profissionais de TI com Deficiência Visual), que realizei em São Paulo em setembro de 2015, José Vilmar, desenvolvedor com deficiência visual desde a década de 1970, nos relatou como era trabalhar com programação sendo cego.

Naquela época os programas eram escritos em cartões perfurados e a depuração em formulários contínuos onde era impresso o código gerado a partir desses cartões.

Os poucos cegos que se arriscaram nesta área datilografavam os programas e os levavam para área de perfuração. Imagine só você ter de escrever os programas sem ter nenhum *feedback* sobre erros de digitação. Em suma, isso era literalmente programar às escuras.

Após a perfuração, para conferência os cartões eram colocados, sequencialmente, em uma máquina que os lia e imprimia o seu respectivo código. Essa listagem era utilizada para a validação antes que fossem colocados para execução.

Logicamente, os cegos da época, para reduzir a dependência de outras pessoas na execução de suas tarefas, conseguiram fazer um "hack" nessa máquina para que ela imprimisse cada linha mais de uma vez, de modo que as letras ganhassem relevo, podendo ser lidas com os dedos.

Mas a tecnologia evolui, e nem sempre da melhor forma. Os cartões perfurados foram substituídos pelos primeiros terminais onde o código poderia ser digitado diretamente; e a tecnologia assistiva, que possibilitaria aos cegos saber o que era exibido na tela, ainda não estava disponível.

Foi no início da década de 1980 que surgiram os primeiros sintetizadores de voz, equipamentos que eram acoplados ao terminal e transformavam o que era apresentado na tela em uma voz sintetizada. Foi uma verdadeira revolução e permitiu que muitos outros profissionais entrassem na área, principalmente no setor bancário.

Mas a tecnologia continuou a progredir com o surgimento dos primeiros PCs; e só na década de 1990 é que foram surgir os primeiros sintetizadores de voz para DOS, inclusive o nosso querido DOSVOX, criado no Brasil por um aluno da UFRJ e também meu amigo, Marcelo Pimentel.

E a cada novo passo da pessoa com deficiência rumo a sua independência do ponto de vista tecnológico, as evoluções vinham nos trazendo novos desafios. No entanto, sempre tivemos verdadeiros heróis que se dedicaram a criar algo que nos trouxesse novamente ao jogo.

Se você não entendeu ainda a importância dessas tecnologias em nossas vidas, imagine que sou cego e estou neste exato momento utilizando um computador para digitar este capítulo.

Cada tecla que digito é repetida em som pelo computador. As palavras, as linhas, os parágrafos, a etiqueta de um botão, menu, o conteúdo de um campo de texto, a mensagem de notificação. Tudo aquilo que é apresentado de forma textual pelo sistema operacional é convertido em voz para que eu possa saber o que está acontecendo.

Como sou usuário do sistema operacional Windows, utilizo o NVDA (*Non Visual Desktop Access*), um projeto *open source*, escrito em Python, criado e mantido por outros deficientes visuais. Para Windows também temos o Narrator, integrado ao sistema operacional, o Jaws, um dos mais conhecidos leitores de tela comerciais, e alguns outros concorrentes, que por sua vez não são muito conhecidos e utilizados no Brasil.

Em outras plataformas, como Mac OS X, temos o VoiceOver e no Linux o Orca. Para as plataformas móveis temos o VoiceOver para iOS, Talkback e VoiceAssistant no Android.

São esses acessos, além de outros desenvolvidos para pessoas com baixa visão e demais deficiências que nos possibilitam estudar, trabalhar, interagir e fazer tudo o que qualquer outra pessoa faz no computador, muitas vezes até com melhor desempenho.

Com toda essa contextualização, vamos voltar aos motivos do porquê esta é a melhor época para se estar na área de tecnologia sendo uma pessoa com deficiência.

As metodologias ágeis, sem sombra de dúvidas o modelo de trabalho mais adotado pelas empresas que perceberam que as pessoas que desenvolvem tecnologia são mais importantes que a tecnologia em si, removeram diversas barreiras sensoriais inerentes aos processos tradicionais.

Quando colocamos as documentações e principalmente diagramas de lado e valorizamos a comunicação entre os membros do time, isso torna claro o fato de que uma imagem não vale mais do que mil palavras. Sempre acreditei no código-fonte como a melhor documentação e a bateria de testes automatizados como a melhor forma para introduzir os requisitos para quem inicia um projeto.

Técnicas da XP (*Extreme Programing*) também vieram para melhorar a integração entre os desenvolvedores. A técnica de *pair programing* (programação em par) permite que membros de níveis diferentes aprendam uns com os outros. E o *test first* permite com que o entendimento dos requisitos e principalmente o bom design do código seja compartilhado entre todos.

Já as cerimônias como a *Daily Meeting*, a *Planning Meeting* e a *Retro* possibilitam que todos no time conversem, discutam de forma aberta sobre desafios e procurem juntos soluções. A participação ativa de cada membro do time ajuda muito nisso.

Já do ponto de vista da gestão, ter ciclos menores, *sprints* de duas a quatro semanas, permite que não tenhamos de lidar com longos cronogramas e dependamos de gráficos para entender a real situação de um projeto. Apesar de termos gráficos de controle de *burndown*, é muito fácil em qualquer ferramenta de gestão ágil a criação de *queries* que nos viabilizem ter ao alcance de um clique a situação do projeto no momento atual.

Quando falamos sobre operações, saímos do mundo de grandes *data centers* empresariais e seus emaranhados de fios, *hacks* e servidores gigantescos para a virtualização, a nuvem e mais recentemente *containers*.

Posso me recordar com clareza os episódios em que eu precisava solicitar auxílio quando minha máquina apitava, mesmo sabendo que era um pente de memória solto, ou mesmo a placa de vídeo, inútil para um cego, que havia pifado e meu *desktop* se recusava a ligar.

Apesar de saber configurar um servidor como ninguém, sabia que seria difícil gerenciar toda a infraestrutura de rede de uma empresa. E mesmo com a evolução dos painéis de controle, os servidores remotos com acesso limitado por interface gráfica dificilmente ofereciam transmissão do áudio, regras rígidas de segurança e desempenho do servidor; isso tornava inviável a instalação de qualquer ferramenta nessas máquinas, incluindo até mesmo o próprio leitor de telas.

Quando executei minha primeira *virtual machine* para experimentar um sistema Linux e da minha máquina Windows a acessei por SSH, vi ali o nascer de um novo mundo cheio de oportunidades para meus amigos que gostariam de trabalhar na área, mas que não eram tão adeptos da programação.

Mal sabiam eles que em poucos anos, em vez de construirmos essas máquinas uma a uma, instalando e configurando o sistema, passaríamos a executar *scripts* automatizados que não só reduziriam as falhas humanas, mas tornariam o processo ainda mais profissional. Sim, estou falando da infraestrutura como código.

As interfaces de administração das *clouds* públicas não são um primor de acessibilidade – e, como costuma dizer um amigo, "isso não é diferente nem mesmo para quem enxerga". Mas tenho a teoria de que isso é proporcional, afinal se na nuvem você está fazendo as coisas manualmente, você está um passo atrás.

E, mais uma vez, alguém veio tornar, indiretamente, as coisas mais fáceis para nós.

Vivendo na era dos *containers*, onde o uso de receitas é obrigatório, compartilhando arquivos pequenos de texto altamente legíveis, nunca foi tão fácil e divertido construir arquiteturas robustas de infraestrutura.

Percebo cada vez mais que o fato de possuir uma deficiência tem tido cada vez menos importância nos dias atuais. Com o maior acesso a trabalho remoto, cada vez mais teremos de lidar com automação e arquivos em formato texto; em suma, uma gestão de projetos mais focada no time, em conjunto com uma gestão de produtos, que, por sua vez, agora entende que a diversidade não é apenas um ingrediente, mas também a parte fundamental para se manter relevante no mercado.

Por último, gostaria de deixar aqui algumas dicas técnicas e não técnicas sobre a inclusão de pessoas com deficiência, principalmente visual, em seu time.

Gosto sempre de lembrar que todo este capítulo é baseado em minha experiência, porém a melhor forma de saber como lidar com qualquer pessoa é perguntando diretamente a ela. Tenha certeza: perguntar não ofende e você tornará a vida dessa pessoa bem melhor se souber como ela se sente mais confortável em ser tratada.

Bem, vamos às dicas:

1. Não se baseie apenas em suas opiniões e de outros para se relacionar com os membros de seu time. Pergunte, incite discussões e faça com que os membros saibam que eles têm abertura para questionar como as coisas são feitas e propor o que tornaria o trabalho deles mais fácil.

2. Não crie exceções. Avalie todos da mesma forma e faça concessões apenas se a deficiência da pessoa em questão a impede de realizar determinados tipos de atividade. Exemplo: sou totalmente capaz de construir uma interface gráfica nas tecnologias que domino, mas precisarei de ajuda para validar posicionamento de elementos e nem sempre terei acesso ao guia de identidade visual. Mas em um *code review* quero ser avaliado tão rigorosamente quanto qualquer outro profissional. Na verdade, todo *feedback* é muito importante e somente sabendo se estou realmente fazendo um bom trabalho ou onde tenho que melhorar é que posso evoluir como profissional; nesse momento a transparência é muito importante.
3. Seja o mais verbal possível. Todas as pessoas têm formas e tempos diferentes de entendimento. Use linguagem neutra e não se preocupe em usar verbos como ver, assistir, ouvir, entre outros. A troca de expressões torna a comunicação artificial.
4. Em relação ao código-fonte, evite o uso de linhas em branco e, caso não seja uma prática da empresa, comente apenas o código que for realmente difícil de entender. Quanto mais linhas tivermos de ler com o leitor de telas, mais cansativa se torna essa tarefa e temos de lembrar que passamos mais tempo lendo código que escrevendo.
5. Padrões de formatação. Caso possível, e as ferramentas disponibilizem, utilize formatadores automatizados e coloque os padrões em um arquivo *.editorconfig*. Isso permite que não passemos por longos *reviews* apenas porque o nosso editor trocou sem nos avisar a indentação de um código ou as quebras de linha.

22.2. Depoimento de Lucas Tito

Bom, meu nome é Lucas Tito. Nasci em 22 de maio de 1994, faça as contas, mas no presente momento em que escrevo esse trecho para o livro tenho 24 anos.

Sou branco, cabelos longos até o ombro, lisos e castanhos, meço 1,72 m e peso algo perto de 79 quilos.

Sempre vivi com minha mãe, uma mulher muito guerreira, e meu irmão, uma criatura iluminada e absolutamente empática desde criança.

Pai? Não mesmo. Padrasto? Só por um tempo.

Estudei a vida toda em colégio particular e regular, não excepcional, mas ainda assim particular.

Nunca fui rico nem classe média alta. Meu primeiro contato com computador foi no colégio, aquele que o gabinete era deitado e o Windows era 95, fiz até alguns trabalhos em disquetes. Fui ter meu primeiro computador com 12 anos; na época era Windows Vista, tinha até tela de LED!

Sabe, eu não fui cego minha vida toda. Eu nasci cego, com duas semanas de vida operei e voltei a enxergar, com dois anos de idade perdi a visão do lado direito e com 14 perdi a do lado esquerdo, tudo bem lentamente.

No geral, nunca tive amigos até a universidade. Quem iria ser amigo do garoto com óculos de fundo de garrafa (enquanto eu ainda enxergava, claro)? Aquele desajustado, diferente... ficava no intervalo das aulas, vulgo recreio, sozinho, lendo ou jogando *yu-gi-oh* comigo mesmo.

Isso importava? Claro que sim! Só que, bem, a gente se acostuma.

Um belo dia de verão eu não via mais nada.

Fiquei mal? Por dois dias e meio, sim, mas eu tinha certeza de que não tinha tempo para me lamentar (se bem que seria mais fácil).

Particularmente, nunca fui de trilhar os caminhos fáceis.

Fui no Google, com a ajuda de uma prima, caçar locais de reabilitação e como poderia andar na rua sozinho. Achei, liguei para lá, marquei avaliação e três semanas depois estava começando uma vida nova. Ensino médio de manhã e orientação e mobilidade de tarde (curso de reabilitação, andar com bengala, tarefas domésticas etc.).

Sempre tive boas notas, na maior parte do tempo meus professores da escola eram excepcionais e adaptávamos várias coisas para que eu aprendesse tudo e os metralhasse com perguntas e dúvidas, às vezes até além do conteúdo da ementa. Leia adaptação como: melhores descrições, usar a imaginação (facilitada pelo fato de eu já ter enxergado) e nunca livros adaptados para computador ou braile.

Até que fui chamado para ser monitor de matemática – sim, a linda matemática. Como alguém que não vê mais poderia ser tão bom em geometria analítica? Nem eu sabia, mas foi lá que descobri o prazer em ajudar as pessoas e a beleza das ciências exatas.

E por que escolhi computação? Porque eu já estava aprendendo sobre o DOSVOX e me aprofundando bem mais no NVDA (leitores de tela). A tecnologia se mostrou uma ferramenta de mudança, ferramenta para gerar oportunidade e para ajudar as pessoas, unida ao fato de ser uma ciência exata!

Não tive dúvidas: saí do ensino médio sem precisar fazer pré-vestibular. Passei em todas as universidades que tentei vestibular próprio e no ENEM tive nota de corte suficiente para entrar em qualquer uma das possibilidades que queria. Acabei escolhendo computação na UFF.

Não usei cotas e, veja bem, o motivo é simples... me sentia privilegiado. Não são todas as pessoas com deficiência que têm os privilégios que eu tive, não achei justo usar as cotas. Eu só pedi leitor e transcritor.

Ele lia para mim, eu respondia e ele marcava no cartão resposta.

A descrição da minha vida não foi à toa, quero realmente que você, leitor, entenda que devemos reconhecer nossos privilégios e nem toda pessoa com deficiência tem uma vida fácil, porém também não significa que não somos, de certa forma, privilegiados. Essa conclusão é individual, logo não pode ser generalizada.

Se você me perguntar se foi tudo bem com os leitores e leitoras, preciso responder que não! Alguns liam mal ou simplesmente não sabiam explicar uma questão com imagens. Aliás, diga-se de passagem, a descrição fornecida pelo MEC não era suficiente.

Enfim, passei e um novo mundo era apresentado a mim, a universidade! Fiz meus melhores amigos lá, logo, entenda que foi o melhor momento da minha vida. Saí, bebi, dancei, namorei, foi como realmente me sentir vivo.

Ah, claro, eu estudei também.

Note que a universidade não tinha *slides* acessíveis, livros acessíveis, materiais funcionando e à mão para serem usados, a infraestrutura dos prédios e dos *campi* não era acessível. Se não fossem meus amigos, hoje não estaria formado.

Não pense: "ah, tadinho, ainda bem que ele tinha os amigos". Se você, leitor, tem uma graduação, sabe bastante bem que é assim com todo mundo, tenha ou não uma deficiência.

Na hora de ficar nervoso para as provas, fazer uma revisão marota, entrega de trabalho, falar mal dos professores, beber para esquecer as mágoas não tem raça, cor, sexo, normatividade ou não que impeça a união dos desesperados.

Fui monitor de Engenharia de Software, fiz iniciação científica, ajudei meu diretório acadêmico em várias frentes, mas, logicamente, a vida não é um Toddynho gelado. Muitos professores não se preocupavam em passar material, *slides* não rolava, cálculo, então, esquece! Minhas opções eram: aprenda em sala, memorize e talvez estude com amigos se eles puderem. De todo o corpo docente, acho que somente duas professoras realmente se preocuparam em me passar material útil.

No entanto, me formei nos quatro anos previstos, onde a média era de cinco anos e meio. Meu coeficiente de rendimento (CR) foi de 7.9, onde a média era 5.6 na época; nunca reprovei uma matéria. Por isso recebi prêmio por ser um dos dois melhores alunos do semestre, dentre mais de 70. O que isso importa? Nada. Não é um papel que consegue resumir os sufocos que passei para estudar ou as lembranças que eu tenho.

O tema da minha monografia foi técnicas de negociação de requisitos, uma revisão sistemática. Li mais de mil artigos para encontrar somente 33 artigos úteis e somente 11 técnicas que no final das contas quase empresa alguma usa.

Você pode pensar que é um tema superlegal e que foi divertido. Sinto informar que não foi. Artigos com uma formatação ruim, inacessíveis, cheios de imagens sem legenda, em duas ou três colunas que zoava com a leitura do leitor de telas (NVDA). Não foi fácil, mas tive um grande amigo de monografia e a gente conseguiu entregar um bom trabalho que foi publicado em uma conferência bem bacana – valeu, Jake!

Logo depois da graduação engatei um mestrado que estou finalizando na área de *data science* para a saúde. Mais especificamente, tento estudar padrões nos dados fornecidos por umas vinte bases de dados diferentes, cada uma com muitos *giga* sobre exames laboratoriais de zika e de febre amarela. O objetivo é ajudar o governo a economizar grana e fazer exames mais efetivos e direcionados, aumentando a otimização dos processos laboratoriais.

Conclusão da minha vida acadêmica: os materiais não são acessíveis, poucos professores vão se importar com você, só os amigos podem te salvar e fazer tudo valer a pena. Quando a gente tem quem nos ajudar e a gente pode retribuir de outras formas, cada um usando suas *skills*, você pode até se dar mal, mas vai se dar mal junto e feliz ;)

Chegou a hora de falar sobre a parte profissional. Eu estagiei desde o meu segundo período na faculdade, passei por duas empresas e na última fui efetivado. Passei pelas áreas de desenvolvimento *backend,* banco de dados e fui parar na área de requisitos.

Hoje em dia meu foco é nas metodologias ágeis. Atualmente sou *Scrum Master*. Tirar os impedimentos do time é algo que acho lindo! As dificuldades? Elas sempre existem, caro leitor. Alguns exemplos:

- ✓ Gestores/gerentes que acham o PCD alguém bom só quando entregam tarefas, mas que quando não conseguem (todos e todas têm o direito de não conseguir e ter dificuldade) acham o PCD um inútil e se tivesse entregado a tarefa para alguém não PCD, certamente ele daria conta.
- ✓ Ferramentas inacessíveis.
- ✓ Desvalorização e inexistência de plano de carreira para o deficiente.

Alguns lugares pensam: "carreira para portador de necessidades especiais? Puffff, claro que não, ele é especial, que desenvolvimento pode ter?..."

Ai, ai. São inúmeras dificuldades. Acho que só elas dariam um livro que provavelmente ninguém compraria ;)

Encare como: é um leão por dia. Isso dá um ar de bravura e fantasia, não acha? Mas note que não somos super-heróis vencendo nossos inimigos e os incansáveis pela justiça. Somos seres humanos buscando um lugar ao sol, só isso, nada demais.

Saindo um pouco da área profissional, preciso contar para você que no ano passado (2018) fui para o Canadá. Primeira viagem internacional sozinho. Até agora estou vibrando com as experiências que tive!

Eu fui para aprender inglês, ou melhorar o esboço de inglês que eu tinha. Já falei que fui sozinho? Hahahahaha, essa parte é boa! Muitas histórias que eu só conto se me chamarem para umas cervejas.

E, Tito, caramba! Você não sabia muito bem inglês? Quase todo mundo da área de TI sabe, isso é caso de vida ou morte! É, é, eu sei, mas eu não era bom. Ao contrário de quem enxerga, eu (em particular; não significa que todos os cegos são assim) tive muita dificuldade para aprender. Renomadas escolas de idiomas não deixavam eu me matricular ou simplesmente deixavam e depois me ignoravam. Nunca me deram livro ou exercícios acessíveis; eu treinaria como? Cálculo ok, eu aguento, mas o inglês? WTF! Fiquei assim por uns seis anos, trocando de curso, professores particulares e o avanço era mais lento que uma lesma.

O que eu fiz? Chutei o balde e falei: vou para o Canadá. Em um dia raspei minha conta bancária e paguei toda a viagem. Claro que depois, quando parei para pensar, eu quase chorei de medo (só quase)...

Fui – e posso te falar? Foi a melhor coisa que eu fiz. Falei coisa errada com certeza, mas eu comi, bebi, saí, fiz amigos, tirei fotos ótimas para o Instagram, joguei Pokémon Go e consegui o raro de lá (tauros).

Obviamente, tive dificuldades, mas entre ter dificuldade viajando ou no meu bairro, *quiridxs*, eu prefiro viajar. Ninguém me segura, vou conquistar mais países (não pelo War)... só depende do dinheiro mesmo (não sou rico, você deve lembrar).

Retomando o papo da discriminação, um fato importante: a maioria de nós, PCDs, concorda que o mais irritante é ser chamado de especial, ou de portador...

O verbo portar é transitivo direto e sua semântica é de carregar, estar com algo e sempre poder deixar de lado. Adivinhe: não posso deixar a cegueira na minha mesa antes de sair de casa!

E, por fim, por que eu seria especial? Talvez sua mãe seja especial para você, leitor, ou algum amigo ou amiga, mas eu? Um desconhecido? Não faz sentido. Minha necessidade é ser respeitado, é ter um bom ambiente familiar, corporativo, acadêmico, estrutural e organizacional público (ruas, prédios...), minha necessidade é igual à da maioria das pessoas e, inclusive, pasme ou não, está nos direitos humanos. Pense comigo. Se uma empresa tem seu elevador "falante", será que somente cegos se beneficiam dele? Não! Idosos e pessoas distraídas também podem se beneficiar. As calçadas sendo planas e sem buracos, sem lixo, sem carros estacionados de forma errada e bem iluminadas são coisas que qualquer cidadão deseja, tendo deficiência ou não. Então por que eu seria especial em relação às minhas necessidades? Não faz sentido.

Concluindo a respeito das dificuldades, a maior delas é ser visto como pessoa. Nesse ponto parece que a característica que me define é ser alguém com deficiência. Não importa meu mestrado, não importa quantos artigos tenho, se sou empático, comunicativo, se sou um bom líder e se minha equipe me ama, se sou bonito e com um belo sorriso (piscadinha), nada importa. O que importa é a deficiência e isso faz com que as ações das pessoas para comigo mudem.

Na rua, as pessoas ficam com medo de perguntar se preciso de ajuda, e quando o fazem nem dão bom dia! Acho isso muito constrangedor, para ser sincero.

Mesmo na área da tecnologia, onde os profissionais podem mudar o mundo, é difícil propor que eles se mudem para serem mais inclusivos. A gente segue tentando, afinal todo dia é dia e toda hora é hora para dar nosso melhor. Quem sabe no futuro nós possamos levantar a bandeira de "somos iguais" não como desejo e grito de guerra, mas como proclamando uma realidade que todos aceitam e praticam.

Se eu puder dar uma dica, não sinta vergonha de falar com uma pessoa com deficiência. Trate-a como uma pessoa e sua deficiência como um mero detalhe que importa menos que a cor da camisa dela.

O normal hoje em dia é querer deixar de ser normal, é entender a diversidade e respeitá-la. Aristóteles já dizia: devemos tratar os desiguais na medida de suas desigualdades. Isso não significa que cada um tem necessidades especiais; significa que somos diferentes em tudo e que devemos aceitar essas diferenças e não ter medo ou vergonha delas.

Quem conseguiu me aturar até aqui, muito obrigado! A gente se esbarra =)

22.3. Depoimento de Michelle Frasson

Entrevista da Lamara Ferreira com Michelle Frasson, 25 anos, natural de Florianópolis, Consultora de Acessibilidade e Desenvolvedora *Front-end* na iFood em Campinas.

Michelle é deficiente visual e apresentou uma palestra brilhante em um grande evento de mulheres de TI em São Paulo, no dia 09 de março de 2019.

Durante o evento, fiquei encantada com a motivação da Michelle e a bela palestra apresentada. Por considerá-la uma excelente palestrante, na mesma hora contatei via WhatsApp o Antonio Muniz (autor deste livro), descrevendo o seguinte: "Muniz, estou em um evento de mulheres de TI aqui em São Paulo e tem uma pessoa que precisamos convidar para palestrar nos próximos eventos". Em seguida, enviei um *printscreen* do perfil do LinkedIn da Michelle. Imediatamente, o Antonio me respondeu dizendo que já conhecia a Michelle e gostaria muito que ela fizesse parte do livro, pois haveria um capítulo no livro falando justamente sobre a acessibilidade para profissionais de TI e a história dela seria a "cereja do bolo". Movidos por esta empolgação e admiração, somados à correria para entregar o livro naquele mesmo dia, convidamos a Michelle para uma entrevista e ela prontamente aceitou. Assim nasceu este tópico, inspirado por uma história de superação, motivação e a energia de uma mulher muito determinada como a Michelle, que não ficou se lamentando por suas dificuldades e compartilhou um pouco aqui das suas experiências e lições de um jeito muito bem humorado.

Fizemos as seguintes perguntas a Michelle:

— Michelle, como você iniciou na área de TI?
R: Na verdade, iniciei em uma área completamente diferente: com 17 anos comecei Fisioterapia e quase me formei. Graças a um amigo meu que me disse que eu era muito curiosa e poderia gostar da área de tecnologia... realmente eu sou curiosa, fui atrás e gostei. Fiz Sistemas da Informação na Estácio de Sá de Florianópolis e iniciei na área como analista de testes em uma grande empresa de sistemas para a área jurídica em Florianópolis. Depois disso, migrei para a área de banco de dados e, posteriormente, realizei uma grande vontade minha que era me tornar desenvolvedora.

— Existe algum motivo especial pelo o qual você escolheu esta área? Por que Tecnologia da Informação?
R: Curiosidade! Sou curiosa mesmo! Fui atrás e foi algo que naturalmente aprendi a gostar.

— Qual foi seu maior desafio?
R: Sem dúvida, entrar nas empresas para trabalhar, "dar a cara para bater". Pois, de fato, as empresas não estão preparadas para a acessibilidade e as pessoas não fazem isso por mal, é porque não ensinaram a elas, portanto, elas ficam sem saber como lidar. Certo dia, fui fazer uma entrevista e me entregaram um *printscreen* na prova técnica. Sei que não fizeram de propósito, mas isso mostra o despreparo para lidar com esta situação.

Para complementar esse ponto, Michelle mencionou uma frase que tocou a entrevistadora: "a acessibilidade somos nós que fazemos". E ressalta que não vamos encontrar nos lugares e nas empresas as coisas prontas e preparadas para isso, mas podemos ser os protagonistas e construí-las, adaptá-las. Exemplificando esse ponto, ela conta duas histórias muito interessantes: a primeira, sobre quando foi começar em um trabalho e lhe deram um computador normal sem leitor de tela (recurso muito utilizado por deficientes visuais, pois podem escutar tudo que está escrito em uma determinada página). Naquele momento ela não reclamou ou se sentiu triste, apenas tirou seu *pen drive* da bolsa e instalou o programa de leitor de tela, pois ela já estava adaptada a essa situação e assim resolveu rapidamente e proativamente o problema.

A segunda história é sobre os videogames adaptados para deficientes visuais. Em vez de desenvolverem jogos para atender a todos os públicos, as empresas criam jogos separados. A pergunta é: por que não desenvolver jogos em que todos possam jogar juntos?

Atenção, desenvolvedores de jogos, a Michelle realmente gosta muito de jogar e o sonho dela é poder jogar um dia GTA. Como falamos atualmente: "*hashtag* FICA A DICA". Imagina que felicidade poder realizar esse sonho dela?

— Michele, quais são as suas dicas para quem está começando na carreira de TI? Ou para quem já está na área, mas está desmotivado(a)?
R: Não existe uma receita ou uma dica de ouro que sirva para todos, cada um possui sua história e suas particularidades muito individuais, por isso, considero que o mais importante é você saber o que você quer, o que você precisa e assim buscar seus caminhos pelo autoconhecimento. Talvez você não encontre todas as respostas que procura, ou na velocidade que estava imaginando, mas alguém pode te ajudar nesta jornada. Pergunte a outras pessoas, busque conexões e o mais importante: corra atrás!

— Michelle, para finalizar nossa entrevista, qual é seu grande sonho e seus próximos passos?
R: Não tenho grandes sonhos, coisas gigantes muito fora da minha realidade, prefiro viver um dia de cada vez e apreciar cada momento presente. Meu grande sonho atualmente é poder continuar trabalhando em uma empresa que me faça bem, seguir uma carreira e ter muitas realizações. Acredito que cada um de nós vem com uma missão e com o passar do tempo vamos nos descobrindo mais e ela pode sim ir mudando... eu mesma nunca me imaginei estar aqui em São Paulo e na iFood. Por isso, considero muito importante viver bem o presente, um dia de cada vez. E só relembrando um dos grandes sonhos: quero um dia poder jogar GTA.

Em clima de descontração, finalizamos nossa entrevista com a Michele, sentindo uma enorme alegria e realização. Que obra do destino, ela cruzar o nosso caminho e fazer parte deste livro somando com a sua brilhante trajetória de vida.

23. O poder do autoconhecimento

Jakeliny Gracielly

Imagine o seguinte cenário: você consegue um "freela" para desenvolver um site em dois meses, você olha os requisitos e parece fácil, exceto por um ou dois itens que terá que pesquisar como fazer; você precisa trabalhar apenas aos finais de semana para realizar a entrega.

No primeiro final de semana seus familiares visitaram sua casa e você passou todo o tempo com eles – acontece, você promete que no próximo irá recuperar o tempo perdido.

Com duas semanas para a entrega do site, percebe que todos os finais de semana que passaram houve coisas que o impediram de trabalhar no site, como um jogo de futebol imperdível, aquele filme incrível que estreou no cinema, saiu para um passeio com aquela pessoa que você ama ou apenas estava cansado demais e resolveu assistir aquela série que você adora para dar uma animada.

Nesse momento você começa a se preocupar e decide trabalhar um pouco todos os dias para conseguir entregar. Quando chega em casa passa a noite toda no celular, você diz que precisava daquilo para conseguir focar nos próximos dias, mas no dia seguinte repete a mesma coisa e no dia seguinte também e nos próximos também.

Com quatro dias para a entrega percebe que trabalhou menos de seis horas no projeto, se desespera e começa a trabalhar; no dia da entrega do projeto ele está concluído, porém há muitos *bugs* e correções a serem feitas. Você fica com um sentimento de que podia ter feito melhor e agora vai correr contra o tempo para corrigir aqueles problemas para colocar o site no ar em menos de uma semana.

Esse cenário é muito comum e, apesar de parecer lógica a solução "focar e trabalhar", nem sempre é fácil para quem o vive.

Hábitos são costumes que nos dão mais segurança e conforto, nosso cérebro sempre está em busca do que é mais confortável – em outras palavras, do que nos dá prazer instantâneo. Em nosso exemplo, é muito mais agradável assistir uma série do que trabalhar no site, criando uma sensação de bem-estar naquele momento. O problema que devemos observar é que as pessoas são felizes por realizações e não por prazeres momentâneos, ou seja, você ficaria muito mais feliz se conseguisse realizar a entrega com êxito, o sentimento de prazer seria muito maior e mais duradouro.

Então fica a pergunta: por que as pessoas se autossabotam dessa forma?

Podemos definir autossabotagem como um hábito destrutivo, ações que tomamos consciente ou inconscientemente a fim de criar obstáculos e empecilhos para não atingir uma meta ou realizar uma pequena tarefa – em outras palavras, não é algo intencional, são atitudes automáticas.

Podemos observar que isso se aplica a qualquer aspecto da vida, seja relacionamentos, trabalho, estudos, entre outros. Você pode ter este hábito por diversos fatores, desde situações vividas na sua infância até a vida adulta.

Um dos fatores mais comuns é a visão de impostor que você tem de você mesmo, se sentindo uma fraude, julgando seus êxitos e conquistas resultados de sorte e que a qualquer momento alguém pode apontar o dedo e o desmascarar. Essa também é a descrição da "síndrome do impostor", outra forma de autossabotagem.

A chave para sair desse ciclo vicioso é o **autoconhecimento.**

Conhece-te a ti mesmo e conhecerás o universo e os deuses.

Sócrates

O autoconhecimento é compreender e ter uma visão mais clara sobre a forma como você se comporta e responde a situações externas; em outras palavras, olhar para o seu verdadeiro eu nu e sem julgamentos.

O primeiro passo é sempre o mais difícil e o mais importante: podemos começar pelo reconhecimento de cada sentimento que você virá a ter, sem julgamentos e sem manipulação. Seja verdadeiro consigo mesmo e tente identificar: o que você sente quando acorda? Ao se levantar e se preparar para ir ao trabalho? Enquanto almoça? Para o caminho da faculdade?

Tente identificar o que o fez ter cada sentimento, seja ele bom e ruim, pegue papel e caneta e anote os sentimentos bons e ruins e o motivo pelo qual você os teve. Reflita sobre todos esses momentos. Em quais você se autossabotou?

Alguns exemplos de autossabotagem são furar a dieta, namorar aquele mesmo tipo de pessoa que você sabe não dar certo, ficar no celular e não estudar para uma prova, chegar atrasado em seus compromissos, não se preparar para aquela reunião importante, ir dormir mesmo sabendo que não terminou seu trabalho importante para o dia seguinte. Existe algum pensamento negativo que leva a esses atos? O que repete de negativo para si mesmo?

Depois de toda a negatividade, tente identificar o que sente quando realiza as tarefas. Por exemplo: quando cumpre sua dieta, quando entrega seu trabalho, quando chega na hora. Esse sentimento bom, o que pensa ou repete para si mesmo?

Agora que você já sabe o que passa na sua cabeça o próximo passo é combatê-los.

> *Se você conhece o inimigo e conhece a si mesmo, não precisa temer o resultado de cem batalhas. Se você se conhece mas não conhece o inimigo, para cada vitória ganha sofrerá também uma derrota. Se você não conhece nem o inimigo nem a si mesmo, perderá todas as batalhas.*
>
> *Sun Tzu*

Sun Tzu foi um estrategista de guerra e filósofo chinês. Essa frase retirada de seu livro "A arte da guerra" é muito importante: você sempre terá vitória se conhecer bem o seu inimigo e a si mesmo; os pensamentos e sentimentos negativos são seus inimigos e os pensamentos e sentimentos positivos são a sua força na batalha.

O segredo daqui para frente é disciplina e perseverança. Lembre-se de que a autossabotagem é um hábito que lhe deu ações automáticas, vamos sair do piloto automático e mudar essas ações substituindo os pensamentos negativos por pensamentos positivos.

Force-se a realizar as pequenas tarefas um dia de cada vez – por exemplo, não se sinta mal se hoje você furou a dieta ou não estudou quando chegou em casa, amanhã tente de novo e se obrigue a começar. Se não concluir, não tem problema, tente no dia seguinte e no seguinte e no seguinte até se tornar hábito realizar essas tarefas. O mais importante é aprender com erros e dificuldades.

23.1. Inteligência emocional

Inteligência emocional é a capacidade de reconhecer e avaliar os seus próprios sentimentos e os dos outros, assim como a capacidade de lidar com eles. Em outras palavras, você é responsável por tudo que sente.

Você já se perguntou por que sofremos?

Imagine o seguinte cenário: seu namorado(a) termina com você e confessa que a(o) trai com alguém que você conhece. Você, devastada(o) há semanas, não consegue mais fazer o seu trabalho corretamente nem estudar para as provas da faculdade, está quase perdendo o semestre e seu chefe está pensando em o despedir.

Nesse cenário, é bem claro o sofrimento pelo término. Esse sofrimento se dá pelo fato de não aceitar o ocorrido e negar para si mesmo(a) que essa situação tenha acontecido com você.

Quando uma situação triste ou irritante acontece em nossas vidas, podemos analisar dois fatores: se podemos fazer algo para mudá-la ou se não temos controle sobre isso. Quando é a segunda opção, tendemos a não aceitar o fato e então sofremos.

Não estou dizendo em momento algum que não devemos ficar tristes com as situações que acontecem. Devemos ficar tristes sim, viver esse sentimento faz parte da vida, mas um passo fundamental é aceitar o que aconteceu e não negar para si mesmo ou rejeitar o sentimento.

Quando não temos controle sobre algo o sentimento é frustrante, mas seja econômico: se você não tem controle sobre uma situação, ela vai acontecer independentemente do que você deseja. Por mais que seja triste, não lute contra isso e foque no que você pode controlar. Viva o luto, mas não sofra.

Outras situações nesse cenário é o semestre quase perdido na faculdade e o trabalho por um fio. Sobre isso você tem total controle. Então não fique triste e nem desista, lute para corrigir ou mudar, há todas as possibilidades do mundo e a decisão de qual atitude tomar está em suas mãos.

Perceba que inteligência emocional é aceitar o que está sentindo independentemente do que seja e controlar como você irá reagir. Sem a inteligência emocional são os sentimentos que controlam as suas ações.

Há diversos momentos em que a inteligência emocional pode ser aplicada para ter uma vida mais tranquila. Vamos supor que todos os dias você enfrenta 1 hora e 20 minutos de trânsito, fica irritado com carros que o fecham, com as buzinas das motos, você reage a esse cenário ficando furioso e dirigindo de forma mais agressiva ou xingando outros motoristas.

Se você se irritar e dirigir ferozmente, não vai mudar o horário que vai chegar ao seu destino, então por que luta contra isso? A pergunta aqui é: você pode mudar o trânsito? Então não sofra por isso, foque naquilo em que você exerce controle e pode mudar, como, por exemplo, sair mais cedo ou mais tarde para não pegar tanto trânsito, dirigir calmamente e aproveitar esse tempo para aprender algo novo com *audiobook*, rir com áudios de *standups* ou fazer ligações (isso não quer dizer falar ao celular enquanto dirige).

Tente fazer o exercício de olhar para tudo no seu dia de um ângulo diferente. Se tem controle faça algo; se não tem, sinta o que tiver que sentir, mas não deixe isso controlar suas ações.

23.2. Tenha uma carreira de sucesso

Boa sorte é o que acontece quando a oportunidade encontra o planejamento.
Thomas Edison

O segredo de qualquer carreira de sucesso é o planejamento e, claro, sua execução. Para ter êxito, o autoconhecimento e a inteligência emocional é fundamental, então entramos na terceira e última *soft skill*.

Na obra "Alice no País das Maravilhas", de Lewis Carroll, há uma passagem em que Alice está andando em estrada e encontra uma bifurcação. Ela pode pegar o caminho da esquerda ou da direita. Em dúvida, ela pergunta a um gato em cima de uma árvore qual caminho deveria seguir. O gato, com toda tranquilidade, responde "depende de para onde você quer ir". Alice responde: "isso realmente não importa". Então o gato finaliza: "então não importa qual caminho pegar".

Esse trecho do livro é muito importante para entendermos o sentido do planejamento. Primeiro devemos entender aonde queremos chegar, qual o nosso objetivo. Para isso, podemos começar respondendo três perguntas:

- ✓ **"O que eu quero para mim?"**
- ✓ **"Como eu quero me sentir no futuro?"**
- ✓ **"Quais são os meus objetivos?"**

Com essas respostas em mãos vamos fazer o caminho reverso: o que é necessário fazer, criar ou ter para chegar ao objetivo – por exemplo, para ser um médico é necessário cursar uma faculdade de medicina.

Agora que você sabe o que tem que fazer, criar ou ter para alcançar seu objetivo é o momento de traçar metas estratégicas. Pense sobre os obstáculos que podem aparecer ao longo do caminho, coloque-os no papel e meça o esforço e as atividades que terá que realizar para alcançar cada meta e superar cada obstáculo. Por exemplo, para cursar medicina tenho que passar em um vestibular para faculdade pública ou pagar as mensalidades da faculdade particular; para ambas as escolhas serão necessários mais passos e estratégias.

Leve bem a sério cada decisão que tomar, tudo que você vive é fruto de decisões que você tomou em sua trajetória. Mantenha o foco no seu planejamento e pense bem em cada oportunidade que se apresentar. Por mais que uma oportunidade pareça incrível, ela pode atrasá-lo ou deixá-lo longe do seu objetivo, que é o que realmente importa.

> *Algumas pessoas acham que foco significa dizer sim para a coisa em que você irá se focar. Mas não é nada disso. Significa dizer não às centenas de outras boas ideias que existem. Você precisa selecionar cuidadosamente.*
>
> *Steve Jobs*

Certamente você já ouviu falar de Steve Jobs, ex-CEO e um dos fundadores da companhia Apple. Algumas lições de sua biografia é que o medo e a insegurança são venenos que diariamente as pessoas bebem, devemos nos desintoxicar e não deixar isso nos paralisar.

Outra lição que podemos aprender é que o fracasso não é o fim, e sim uma oportunidade. A cada fracasso vivido, muitas lições podem ser aprendidas. Dar um passo para trás e ter a oportunidade de enxergar o todo, replanejar e voltar ao jogo muito mais sábio, confiante e assim jamais iremos fracassar na mesma coisa.

> *O sucesso é construído de 99 por cento de fracasso.*
>
> *Soichiro Honda*

24. O poder de acolhimento das comunidades

Carol Vilas Boas

Antes de falar das comunidades e como me achei por lá, preciso contar um pouco da minha história.

Tudo se passa muito, muito, muito tempo atrás, onde uma menina sonhadora entra na faculdade de Ciência da Computação, mas... por que Ciência da Computação? Ah, porque era o mais fácil, afinal, mesmo querendo ser médica, programar sempre foi um *hobby*. Eu falei que era o mais fácil? Doce ilusão.

No primeiro dia de aula veio um susto: só haviam duas meninas na sala. Logo de cara isso não foi um problema, afinal, "sempre andei com meninos". E mesmo sem perceber, na época e no meu dia a dia, algumas brincadeiras me colocavam para baixo. Mas o mundo dá voltas e um tapa na cara da sociedade! Depois de ter feito uma entrevista para trabalhar na área de alta plataforma de um banco estadual, recebi um "você é boa demais para essa vaga, posso te indicar para uma vaga de estágio". Saí arrasada. Sim, era verdade, recebi mesmo a tal proposta para o estágio e mais uma vez não percebi o espanto de todos os meus amigos por eu ser uma das primeiras da turma a achar um trabalho na área. Lá estava eu, em um mundo louco, nessa tal área de Qualidade de Software: "é de comer??", pensei. Pelo menos o cenário era mais "justo": em um time de sete pessoas, tínhamos duas mulheres.

Aquela menina, que entrou de saia *hippie* longa, cabelo com trancinha e 65kg, sairia três anos depois de salto alto, terninho, 112kg e total falta de identidade. Aqueles três anos foram maravilhosos, aprendi muito sobre qualidade de software, gestão e programação. Porém, comecei meu caminho sobre a falta de identidade, afinal estava em um banco público, altamente arcaico e cheio de homens machistas. Em 2006, mulheres e TI eram como água e óleo.

Fui ficando dura, afinal eu queria ser respeitada e crescer, com isso aprendi a conviver cada vez mais com os meninos. Para ter assunto sabia falar do peito que era mais atraente, da bunda mais empinada e me achava superior. Quantas vezes não usei expressão "sou um homenzinho" e não percebia, afinal aqueles conceitos estavam tão enraizados em quem eu era que até hoje me pergunto se eu era mesmo discriminada, se todas as vezes e momentos que me inferiorizei ou fui inferiorizada era mesmo uma discriminação ou era só eu sendo dramática.

Lá no fundo, sei que não teve drama algum, fui vivendo e sobrevivendo, "na TI não tinha mulher bonita" (as que se maquiavam e se arrumavam eram tidas como apenas um rostinho bonito e sem conteúdo), por isso que em 2012, quando eu já não estava mais no banco, já havia passado por mais duas empresas onde essa realidade também era presente, cada vez mais eu me masculinizava, anulava a feminilidade que existia em mim.

Após perder meu pai no início de 2012, eu, muito acima do peso (com 112 kg), fui fazer um *check-up* e nele fui informada que se não parasse para me cuidar a próxima seria eu. Então no período de janeiro a março já havia feito todos os exames e me submetido a uma cirurgia bariátrica (não por estética, pois eu era uma gordinha feliz; até hoje acho que era mais bonita gordinha).

Então começou a segunda fase de falta de identidade. Nesse período eu já era Coordenadora de Qualidade, tratava direto com gerentes e diretores de TI para explicar a importância da Qualidade de Software (área que vinha crescendo e se consolidando), tive que ouvir que menininha, bonitinha, loirinha e princesinha tinha que se comportar diferente de como eu sempre me comportei antes: nada de palavrões, nada de falar alto, afinal "nossos clientes e contratos querem ver essa mulher bonita que você é".

Mais uma vez fiz o que era esperado que eu fizesse, fui essa mulher bonita e fofa. Sempre que pleiteava um cargo de gerência nunca era a hora, sempre faltava algo, até chegar ao ponto de um homem com menos formação, idade e experiência que eu assumir como meu gerente.

Como ninguém aguenta ser esse fantoche sempre para ser aceita nesse mundo louco que é a TI, eu pirei, larguei tudo e resolvi voltar a ser analista, pois acreditava que assim eu estaria fazendo uma afronta a todos que me subjugaram.

Mas quem disse que dá pra segurar um furacão?! Uma recrutadora maravilhosa que conheci me falou: "desculpa, mas não posso te contratar como analista, mas temos outras vagas. Vou avaliar e entro em contato". Quatro horas depois da entrevista recebo uma ligação (eu estava literalmente enrolada nas cobertas me sentindo um lixo). Nesse segundo momento a recrutadora me disse: "você tem um perfil de líder nata, se eu colocar você como analista, em três meses você estará procurando um desafio novo. Topa ser a Coordenadora da nossa área de QA?". Eu queria sair de onde estava, queria provar que eu podia. Disse para a recrutadora que eu falava palavrão, era técnica, sabia discutir de igual para igual com qualquer um independentemente do sexo. Ela adorou e me apoiou muito.

Nessa empresa eu cresci como nunca, respondia direto para os donos e fui apoiada nas minhas maiores loucuras (dei aula para o meu time, comecei o meu caminho de ajudar quem eu acreditava que precisava). Comecei a ser eu mesma, fui incentivada a palestrar, estava ganhando força e conhecendo mulheres fortes e maravilhosas nessa área que, até então, era algo raro. Eu me sentia empoderada por ser eu mesma.

Nesse momento já estávamos em 2014, com muitas comunidades surgindo "nichadas" por sexo, orientação sexual, etnia, área de atuação e até por região. Comecei a palestrar e a me sentir acolhida, mas só em 2018 me senti 100% plena e protegida.

Em maio de 2018 fui convidada a ser uma das organizadoras do QaLadies, uma comunidade voltada a protagonizar público feminino, em que o lema é "onde elas palestram, mas todos ouvem". Hoje, na organização, somos em 3 Ladies, Natali Cabral, Mari Elisa e eu. No evento em 2018 contamos com 18 palestrantes e um público de 250 pessoas. Nesse evento ouvi das minhas companheiras que eu era o "anjo na vida delas e do QaLadies" – o que elas não sabem é que (e essa é a primeira vez que divido isso) anjos foram elas, que me deram a oportunidade de auxiliar pessoas, dividir conhecimento e poder mudar o mundo de algumas meninas que hoje ainda sofrem com essa discriminação que eu um dia já sofri e nem percebi. Achei que era só drama de uma menininha.

Com essa nada breve introdução, queria começar a falar um pouco das comunidades que temos hoje e o bem que elas causam para a TI. Segundo o Google, "comunidade é um conjunto de indivíduos organizados de forma coletiva, unidos por interesses em comum". Não importa sobre qual comunidade estejamos falando, todas elas têm o grande objetivo de dividir conhecimento. Mas isso não é uma atividade fácil, pois as comunidades cada vez mais têm saído do virtual e entrado no real; para isso temos contado com a colaboração e dedicação de líderes de comunidade e de empresas.

Já que vamos entrar nesse tema, quero falar um pouco da responsabilidade de ser um *Community Manager*. Muitas pessoas pensam em criar comunidade para ficar conhecido, ter destaque no mercado de trabalho... ledo engano. Ser *Community Manager* é não ter ego, se preocupar com os membros em primeiro lugar. Uma das primeiras preocupações que temos é com o conteúdo que vamos divulgar. Dentro do QaLadies e várias outras comunidades, até o palestrante se sentir confortável, auxiliamos na montagem das palestras/*workshops* e mesmo em conteúdo para artigos em grupos de discussões. Isso requer muita dedicação e muitas vezes tanto o palestrante como o organizador se privam de momentos da vida particular para se dedicar à comunidade. Quem quer fazer algo pelo outro deve ter em mente o conceito de *Give First*, ou seja, dar sem esperar retorno. O maior pagamento sempre será uma vida que você mudou com aquele conteúdo que você dividiu. Vou ilustrar esse conceito com uma das minhas muitas histórias.

Tem um rapaz muito ativo na comunidade, ele posta muito conteúdo sobre automação de testes, em todos os grupos ele está disponível e passando conhecimento, às vezes às 3h da manhã ele ainda está tirando dúvidas. Quando ele saiu de férias com a família, avisou em todos os meios que ele estaria aquele tempo curtindo a família e não poderia dar tanta atenção como ele costumava fazer. Dito e feito, as maiores dúvidas ocorreram quando ele estava fora de circulação e, com a maior boa vontade do mundo, deu um auxílio nos "intervalos das férias" e quando voltou às atividades normais, pegou dúvida a dúvida e foi respondendo.

Isso é ser um influenciador! Você é movido por ajudar o próximo sempre.

Quando falamos de organizar um evento é pior ainda, ou melhor, juro que não sei, só sei que amo! Como disse anteriormente, realizamos um evento para 250 pessoas pelo menos uma vez ao ano, fora os *meetups* e *workshops*. Temos um trabalho muito especial ao analisar cada tema, em verificar o que está mais aquecido em determinado momento na área. "Mas é só isso?". Não! Longe disso! Pensamos em como agradecer cada um dos palestrantes, como podemos retribuir e mostrar para eles como são especiais e como nós os reconhecemos; então, para isso, pedimos o apoio de empresas (darei um destaque para essa parte mais à frente) e com esse apoio conseguimos gerar alguns presentes para os palestrantes, uma vez que é muito raro que os eventos paguem para o palestrante falar. Pense que em um evento em São Paulo, além do palestrante submeter palestra, contar os momentos e comemorar quando ela é aceita, a estadia, a locomoção e todas as necessidades para a palestra são custo do palestrante. O que um bom organizador pode fazer? Minimamente, mostrar o quanto agradecemos e nos sentimos honrados pela presença desses palestrantes.

Agora falando de todo apoio e ajuda que precisamos para esse reconhecimento, as empresas, cada vez mais, querem ser *feeders* de eventos, algumas até de uma comunidade. Mas o que as empresas analisam para encorajar e apoiar uma comunidade? O seu objetivo e o nicho daquela comunidade. Para empresas que trabalham com qualidade de software é muito mais interessante e fácil apoiar eventos do QaLadies. Empresas com times que atuam com desenvolvimento .Net ou Java vão querer dar sempre espaço para eventos que falem sobre a tecnologia usada. Muitas vezes, até fomentam e divulgam técnicas utilizadas em seu dia a dia simplesmente para melhorar o nível de conhecimento do mercado de TI, pois, no final, esse conhecimento e técnicas internas sempre voltam melhorados.

Costumamos dizer que as comunidades são inclusivas e apoiadoras da diversidade, considerando o momento em que a sociedade vem vivendo, quando damos voz e incluímos todos, independentemente de raça, orientação sexual, sexo, regionalidade e muitos outros.

Pode parecer irrelevante, porém um dos grandes momentos em que vi o poder do acolhimento das comunidades e da diversidade foi quando conheci uma menina de Garça, interior de São Paulo, que, levada por esse mundo, começou a palestrar, adquirir cada vez mais conhecimento técnico, se sentir acolhida e se achar enquanto pessoa. Um ano após sua grande aparição em muitos eventos, sua vida mudou. Não só profissionalmente, pois ela em sua primeira grande jornada largou tudo e veio morar na capital. Ela, uma mulher que nunca havia morado longe da mãe, largou a cidade e tudo que ela tinha como porto seguro e veio desbravar o mundo. Nessa jornada, ela, através dos muitos *meetups*, conheceu pessoas, se sentiu acolhida e começou a se entender cada vez mais. Tanto que um ano depois não foi só seu conhecimento técnico que aumentou, mas sua força. Hoje ela está passando por todo o processo de transição de sexo. Hoje eu, como amiga, posso falar que conheci uma menina ingênua e hoje, após um curto período, vejo um homem forte, respeitador e que luta pela igualdade de todos.

Particularmente, eu acredito que isso só ocorreu porque temos esse acolhimento e respeito. Com o crescimento das comunidades, não permitimos mais a discriminação ou o preconceito. Ponto esse que me deixa muito feliz, pois, vendo tudo o que eu e muitas pessoas vivemos, me sinto protegida.

Quero trazer para você algumas opiniões pessoais sobre comunidades: nós líderes e influenciadores devemos entender que a comunidade não é nossa, se nós não estivéssemos à frente delas existiriam pessoas tão dedicadas quanto nós para fazer isso, então temos que ter em mente que somos meros coadjuvantes e os membros e os palestrantes são os grandes protagonistas. Sendo assim, temos que entender e treinar pessoas para encarar essas atividades ao nosso lado e, quando necessário, nos substituir, pois para mudarmos o mundo transmitindo conhecimento e auxiliando quem precisa ou se sente oprimido, temos que ter ao nosso lado cada vez mais pessoas de bem fazendo a diferença.

Esse é o real valor das comunidades: o poder de fazer a diferença na vida das pessoas, de proteger, influenciar e ensinar.

Apêndice. Qual a ligação da transformação *Lean* com *DevOps*?

Luciana Gomes

O *Lean* é uma filosofia de gestão inspirada pelas práticas e resultados do Sistema Toyota de Produção. Esse sistema foi amplamente divulgado a partir do livro "A Máquina que Mudou o Mundo", de James Womack, Daniel Jones e Daniel Roos, publicado em 1990, com base em pesquisa sobre a indústria automobilística realizada pelo *Massachusetts Institute of Technology* (MIT), que comprovou a superioridade da Toyota em relação aos seus concorrentes (produzindo alta variedade e baixos volumes com custos menores, investimentos reduzidos, tempos reduzidos e elevados padrões de qualidade).

O *Lean* tem como essência a contínua eliminação de desperdícios (atividades que consomem recursos, mas não agregam valor ao cliente) por meio da sistemática solução de problemas. Quando falamos sobre solução sistemática de problemas, queremos dizer que é a solução de problemas com base em um método: o método científico, baseado no ciclo PDCA (*Plan, Do, Check, Act*) de Shewhart.

Os cinco princípios da Gestão *Lean*, aprofundados no livro subsequente, "Lean Thinking", traduzido para o português como "A Mentalidade Enxuta nas Empresas", dos mesmos autores, são:

1. **Valor:** definir o que é valor sob a perspectiva do cliente.
2. **Fluxo de valor:** identificar as etapas que agregam valor ao produto/serviço e redefinir os processos, eliminando as etapas que não agregam valor (desperdício).
3. **Fluxo contínuo:** depois de identificar as etapas que criam valor, é necessário alinhá-las em um fluxo contínuo (sem interrupções). A ideia é fazer fluir, ou seja, atender às necessidades do cliente de forma rápida, reduzindo etapas, esforços, tempo e eliminando custos desnecessários.
4. **Produção puxada:** fazer apenas aquilo que o cliente solicitar, quando o cliente solicitar.
5. **Perfeição:** buscar a melhoria contínua de todos os processos, pessoas e produtos/serviços para fornecer puro valor, idealmente sem nenhum desperdício.

Desde a sua divulgação, o *Lean* vem sendo adotado por uma série de empresas, em todos os tipos de mercado (indústria, serviços, saúde, administração pública), para todos os tipos de processos (produção, logística, processos administrativos, desenvolvimento de produtos, TI), para alavancar sua *performance* ao longo do tempo, trazendo, de forma recorrente, melhores resultados para o cliente, a empresa e a sociedade.

Ora, mas como a filosofia *Lean* se relaciona com o *DevOps*, assunto deste livro?

Os conceitos relacionam-se de inúmeras formas:

- ✓ O *Lean*, assim como o *DevOps*, busca eliminar os silos através da colaboração, acabando com as fronteiras ao longo do fluxo de valor, visando eliminar desperdícios e gerar mais valor para o cliente.
- ✓ O *Lean*, assim como o *DevOps*, visa a melhoria contínua, o fluxo contínuo, a qualidade com velocidade/agilidade.
- ✓ O *Lean*, dentro da disciplina de Desenvolvimento de Produtos e Processos (LPPD – *Lean Product and Process Development*), criou conceitos como o do *Chief Engineer*, que inspirou o conceito de *Product Owner* (PO), no *Scrum*, método que ajuda na implementação dos princípios do Manifesto Ágil.
- ✓ O *Lean*, assim como o *DevOps*, enfatiza a necessidade do método científico, da ida ao *gemba* (local onde as coisas acontecem), da construção de hipóteses e da busca de evidências (fatos e dados) para confirmá-las ou refutá-las.
- ✓ A filosofia de gestão *Lean* e o LPPD serviram de base para o *Lean Startup*, amplamente divulgado na atualidade e utilizado pelas *startups* e organizações exponenciais.

Enfim, as interseções e correlações são inúmeras, mas, para encurtar uma longa história, o que mais o *Lean* poderia trazer de contribuições para a evolução da cultura *DevOps*?

Na minha visão, talvez uma contribuição interessante seja o *Lean Transformation Framework* (modelo de transformação *Lean*). Esse modelo, desenvolvido por John Shook, em 2014, visa entender e explicar o que caracteriza uma transformação *Lean* de sucesso e diferenciar as transformações de sucesso das que fracassaram. Isso porque, na visão de Shook e Womack, embora o *Lean* seja um modelo comprovadamente melhor do que o modelo de gestão tradicional, ele ainda não é amplamente adotado e os casos de fracasso, mais de 25 anos após a divulgação original, são até mais numerosos do que os casos de sucesso.

O Modelo de Transformação *Lean* foi sintetizado por Shook no formato de uma casa (Figura 25.1):

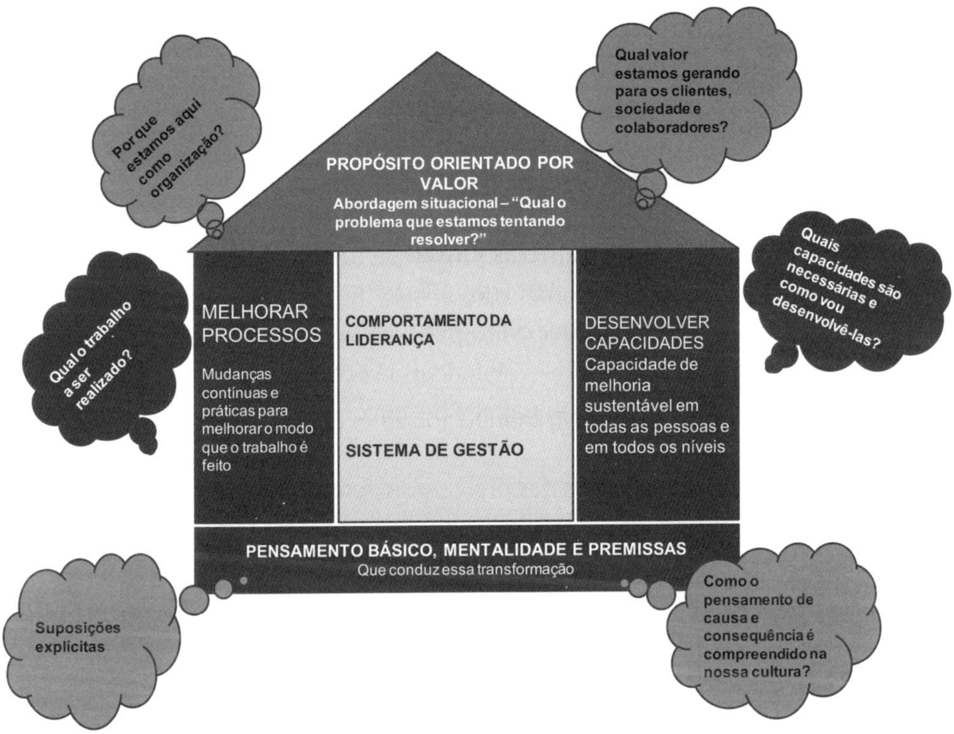

Adaptado de LEAN ENTERPRISE INSTITUTE, 2015.

A ideia da casa, uma espécie de engenharia reversa da casa da Toyota, é mostrar que, para que uma transformação *Lean* tenha sucesso, ela não pode focar em uma única dimensão. Em verdade, ela precisa olhar para cinco dimensões principais:

1. **Propósito:** o propósito tem a ver com o problema que a empresa se propõe a resolver, através do seu produto/serviço ou através da mudança que deseja fazer neles. Se o propósito não está claro e/ou não tem a ver com geração de mais valor para o cliente, a transformação está fadada ao fracasso.
2. **Processo:** para o *Lean*, processo diz respeito à maneira como o trabalho é realizado. A partir da definição do propósito, o processo pode e deve ser redesenhado constantemente, para melhor atendê-lo/entregá-lo. Essa segunda dimensão é, possivelmente, a mais conhecida, quando se fala de ferramentas *Lean* (por exemplo: mapeamento de fluxo de valor).
3. **Pessoas:** a capacitação das pessoas deve ser uma preocupação constante nas transformações *Lean* de sucesso. A partir da evolução dos processos, as pes-

soas precisam ser treinadas para realizá-los da melhor forma definida até o momento (conforme a ferramenta de trabalho padronizado). Mas, antes disso, no *Lean* acreditamos que as pessoas que evoluem os processos são aquelas que executam o trabalho. Por conta disso, as pessoas também precisam ser treinadas em ferramentas que permitam a evolução dos processos, como o A3 (formato físico, em uma única página, para comunicar as etapas do método científico de solução de problemas e para chegar a soluções/contramedidas/ estado futuro propostos).

4. **Comportamento de liderança e sistema de gestão:** para uma transformação *Lean* de sucesso, o líder precisa ser o exemplo dos comportamentos desejados. Ele precisa conhecer o trabalho, ir ao *gemba*, buscar fatos e dados, usar o método científico, traduzir o propósito para sua equipe e apoiá-la na solução de problemas, simultaneamente evoluindo os processos e capacitando as pessoas (o líder *Lean* entende que seu papel é desenvolver pessoas e processos).

O quadro a seguir aponta algumas das principais diferenças entre a Gestão Moderna e a Gestão *Lean*:

Gestão Moderna	*vs.*	Gestão *Lean*
Autoridade	*vs.*	Responsabilidade
Resultados	*vs.*	Processo
Dar respostas	*vs.*	Fazer perguntas
Planos	*vs.*	Experimentos
Educação formal	*vs.*	Aprendizado no *gemba*
Processo de melhoria por meio de assessores	*vs.*	Processos de melhoria pelos gerentes e equipes de linha
Tomadas de decisões remotamente com dados	*vs.*	Tomadas de decisões no *gemba* com fatos
Padronização pelos assessores	*vs.*	Padronização pelas equipes e gerentes de linha
Vá rápido para ir	*vs.*	Vá devagar para ir rápido devagar
Foco vertical	*vs.*	Foco horizontal

Além do comportamento de liderança, o sistema de gestão também é essencial. O sistema de gestão é constituído por rotinas, mecanismos e processos da liderança, como, por exemplo, o gerenciamento diário, *Andon* e cadeia de ajuda. Esse sistema torna a gestão impessoal, permitindo que ela permaneça estável, independentemente da pessoa que está sentada, momentaneamente, na cadeira do líder. É um elemento muito raro dentro das nossas instituições.

5. **Pensamento básico:** a última dimensão do modelo de transformação *Lean* relaciona-se com a cultura da empresa, as crenças, regras e normas que prevalecem de forma tácita dentro de cada organização. Em empresas que não gostam de discutir problemas, que acham que é melhor reduzir custos do que eliminar desperdícios, que focam no curto prazo, em detrimento do longo prazo, o *Lean* está fadado ao fracasso.

Enfim, após toda essas explicações, o que o modelo de transformação *Lean* tem a ver com o *DevOps*?

Na minha visão, o *DevOps*, assim como o *Lean*, é uma filosofia que envolve propósito, processos, pessoas, liderança e cultura. Lida com um arcabouço de ferramentas sociotécnicas, ou seja, ferramentas que, para serem bem utilizadas, dependem de uma compreensão profunda da dimensão social, além da dimensão técnica. Normalmente, no *DevOps*, assim como no *Lean*, o conhecimento técnico das ferramentas é a parte mais fácil. No entanto, esse conhecimento, sem a abordagem situacional, sem o entendimento das pessoas e da cultura da organização, não levará a uma transformação profunda e duradoura como a que desejamos para todos vocês!

Referências

LEAN ENTERPRISE INSTITUTE. **The Lean Transformation Framework**. Mar. 23, 2015. Disponível em: <https://www.lean.org/common/display/?o=4810>. Acesso em: 26 mar. 2019.

LEAN INSTITUTE BRASIL. **Criando Fluxo na Produção.** Disponível em: <https://www.lean.org.br/workshop/74/criando-fluxo-na-producao.aspx>. Acesso em: 26 mar. 2019.

WOMACK, James P.; JONES, Daniel T. **A mentalidade enxuta nas empresas:** lean thinking. Rio de Janeiro: Elsevier, 2004.

WOMACK, James P.; JONES, Daniel T.; ROOS, Daniel. **A máquina que mudou o mundo.** Rio de Janeiro: Elsevier, 1990.

Material Complementar

Este é *QR Code* com o *link* para o material complementar do livro, como artigos, videoaulas, exemplo de código no *github*, eventos da comunidade, *workshops*, etc.).

EXIN
DevOps
PROFESSIONAL
Certified by
EXIN

Parabéns!

VOUCHER DESCONTO PARA EXAMES ATRAVÉS DO EXIN ANYWHERE. BOA SORTE!

CÓDIGO

5D70.861F.1375

Acesse https://www.exin.com/br-pt/#exin-anywhere e confira:

- ✓ Vídeos instrucionais (legendas em português) – dicas sobre o registro e resgate do voucher. Saiba o que fazer (e não fazer) durante seu exame
- ✓ Passo a passo para registro e pagamento
- ✓ Exame em casa com monitoramento remoto
- ✓ Teste de configuração

EXIN ANYWHERE EXAMS ONLINE

Atenção:

- ✓ Desconto de **6%** para a maioria dos exames EXIN (consulte eventuais pré-requerimentos para alguns exames)
- ✓ Válido até **31/12/2019** (consulte o EXIN após este prazo)
- ✓ Válido apenas para resgate no **EXIN Anywhere**
- ✓ Ao resgatar seu Voucher e efetuar o pagamento, você tem até **21 dias** para realizar seu exame.

Desde 1984, o EXIN é um instituto independente de certificação e exame, tendo certificado milhões de profissionais no domínio digital. O EXIN tem mais de 1000 parceiros credenciados em mais de 165 países em todo o mundo. Os serviços flexíveis e inovadores do EXIN permitem que os candidatos façam exames em muitos idiomas.

O EXIN possibilita a **transformação digital** através da avaliação e validação de competências, oferecendo uma ampla gama de certificações relevantes e muito exigidas no domínio do Gerenciamento de Serviços, como **VeriSM ™ e ITSM, Agile Scrum, DevOps, SIAM ™, Segurança da Informação ISO27001, Privacidade e Proteção de Dados (baseado em GDPR e LGPD), Cyber Security, Data Center Management e Cloud Computing** entre outros. Consulte nossos programas de qualificação disponíveis para alavancar sua carreira. **https://www.exin.com/BR/pt/exames/**

+ de 200
Títulos
BRASPORT
e-Book
50% mais barato que o livro impresso.
Confira
nosso
catálogo!
À venda nos sites das melhores livrarias.

Acompanhe a BRASPORT nas redes sociais e receba regularmente informações sobre atualizações, promoções e lançamentos.

@Brasport

/brasporteditora

/editorabrasport

/editoraBrasport

Sua sugestão será bem-vinda!

Envie uma mensagem para **marketing@brasport.com.br** informando se deseja receber nossas newsletters através do seu e-mail.

BRASPORT

Este livro foi impresso nas oficinas gráficas da Editora Vozes Ltda.,
Rua Frei Luís, 100 – Petrópolis, RJ.